Originalstory: Ezogingitune
Manga: PIG3rd
Charakterdesign: TEDDY

03

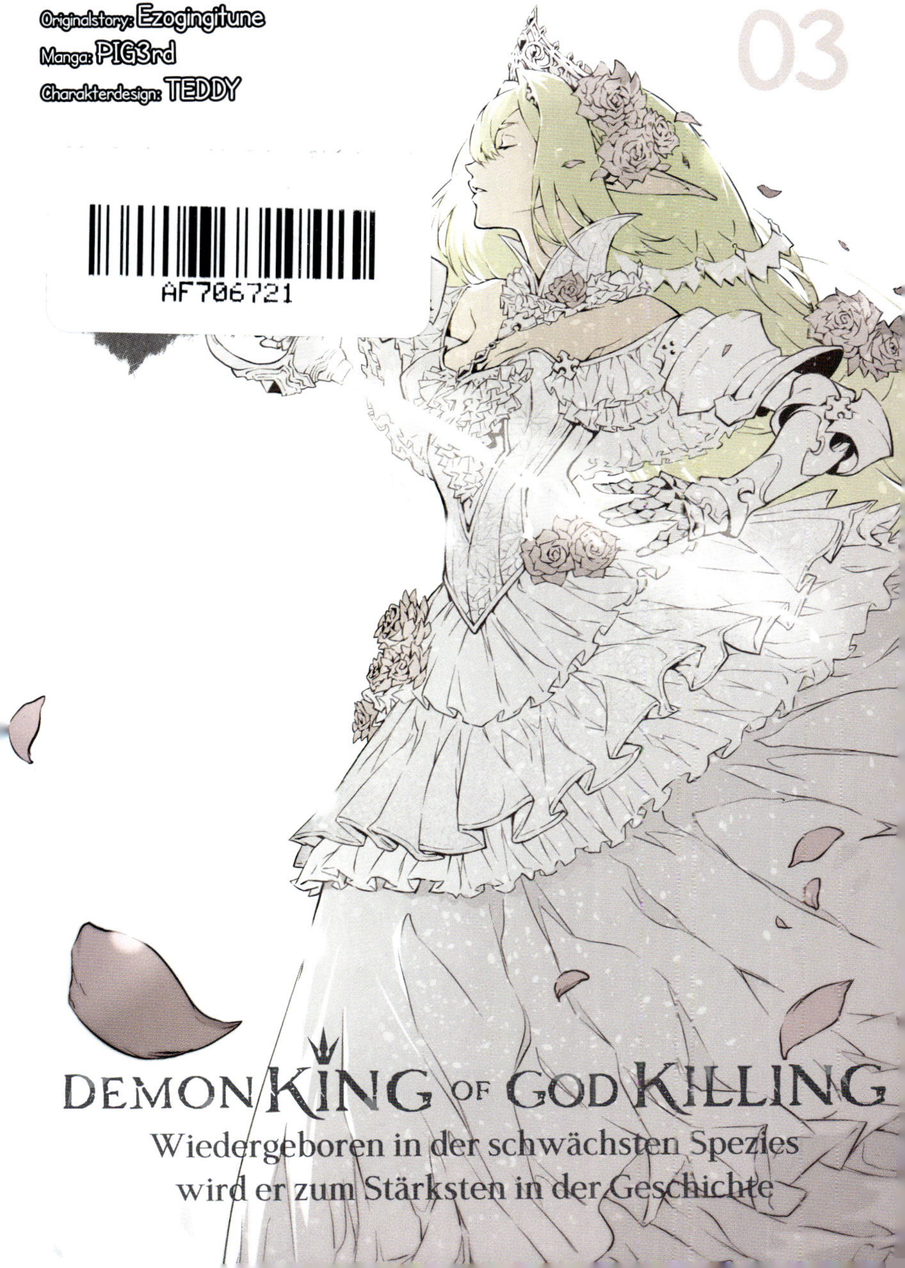

DEMON KING OF GOD KILLING

Wiedergeboren in der schwächsten Spezies wird er zum Stärksten in der Geschichte

Inhalt

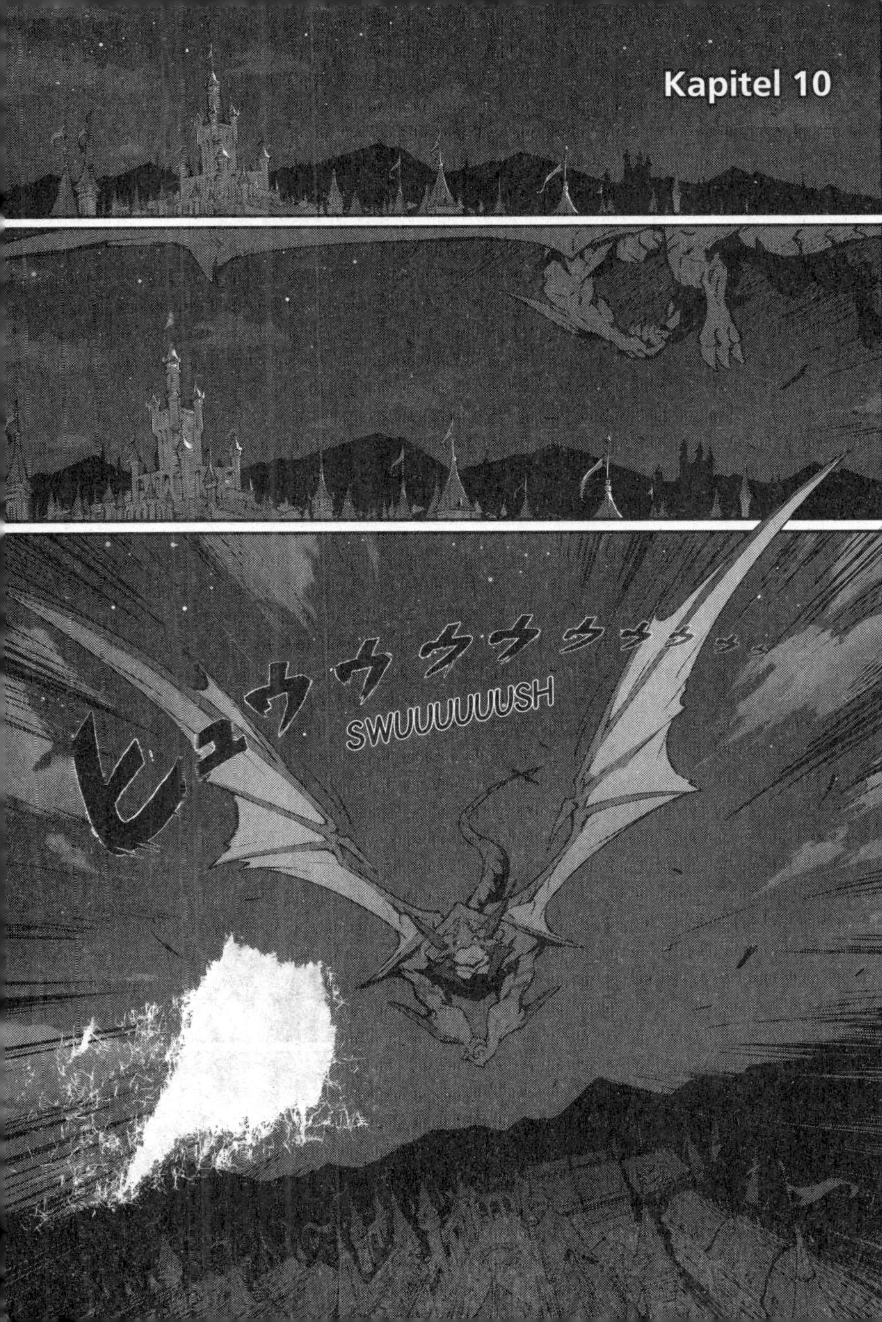
Kapitel 10
SWUUUUUUSH

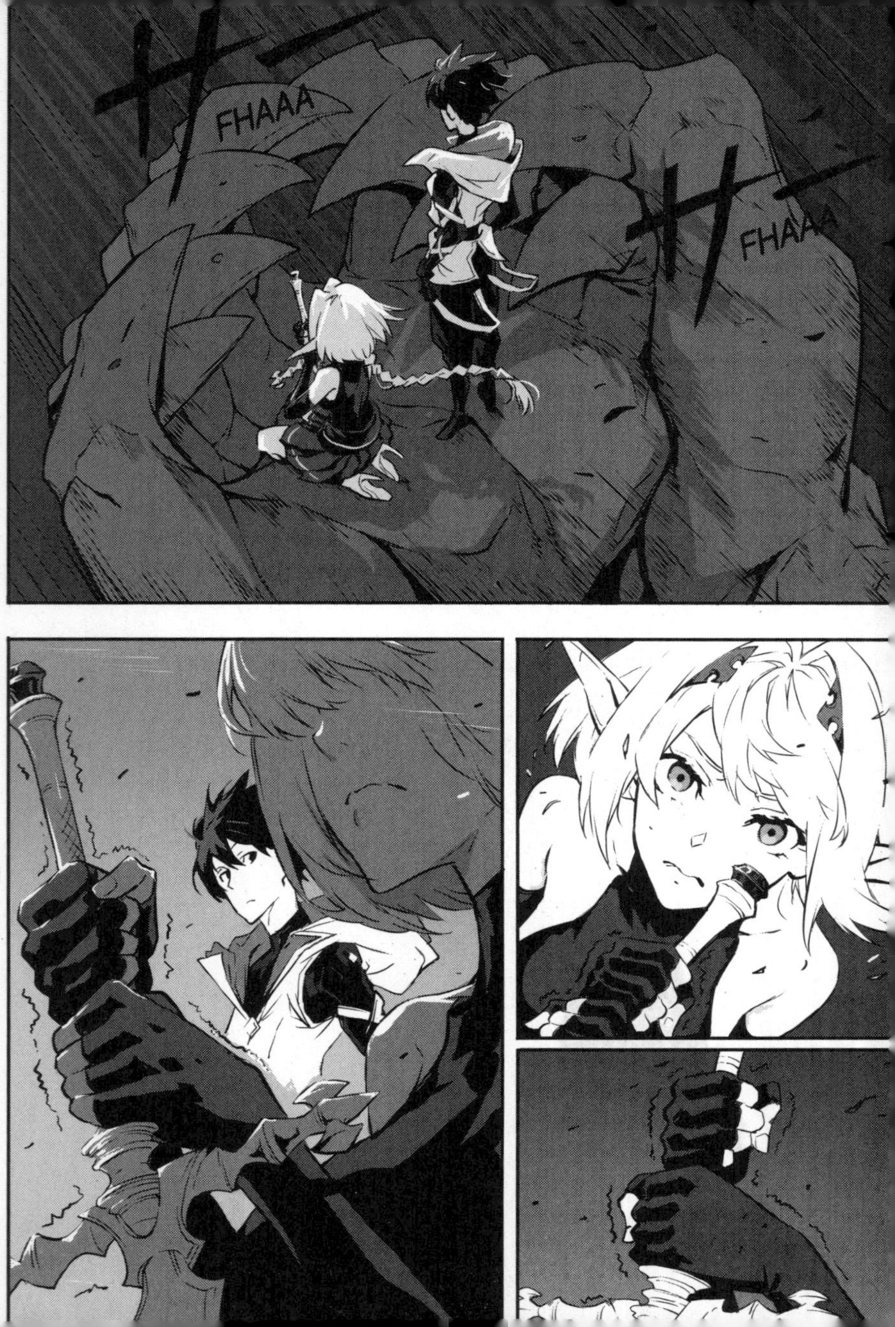
FHAAA
FHAAA

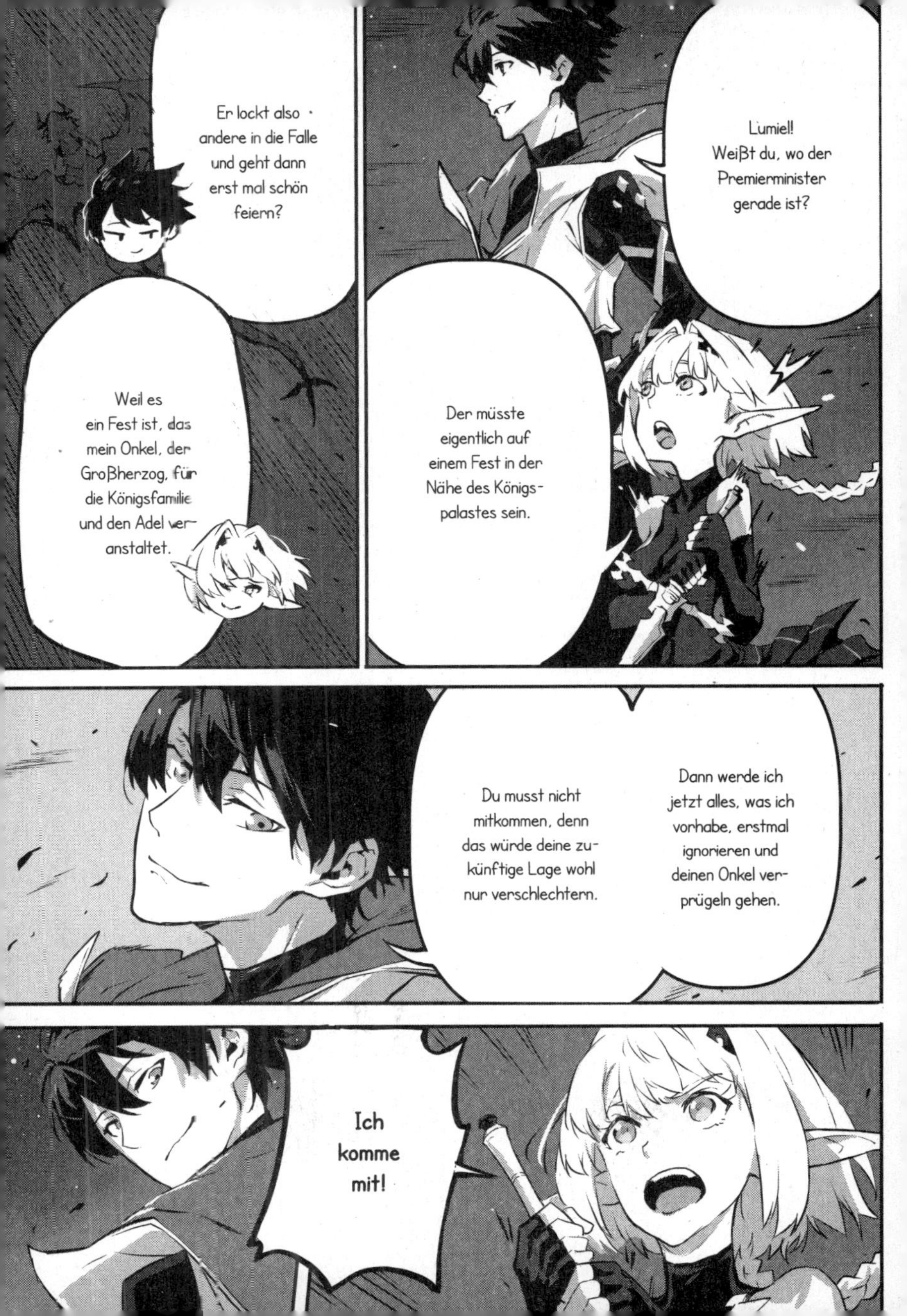
Lumiel! Weißt du, wo der Premierminister gerade ist?
Der müsste eigentlich auf einem Fest in der Nähe des Königspalastes sein.
Er lockt also andere in die Falle und geht dann erst mal schön feiern?
Weil es ein Fest ist, das mein Onkel, der Großherzog, für die Königsfamilie und den Adel veranstaltet.
Dann werde ich jetzt alles, was ich vorhabe, erstmal ignorieren und deinen Onkel verprügeln gehen.
Du musst nicht mitkommen, denn das würde deine zukünftige Lage wohl nur verschlechtern.
Ich komme mit!

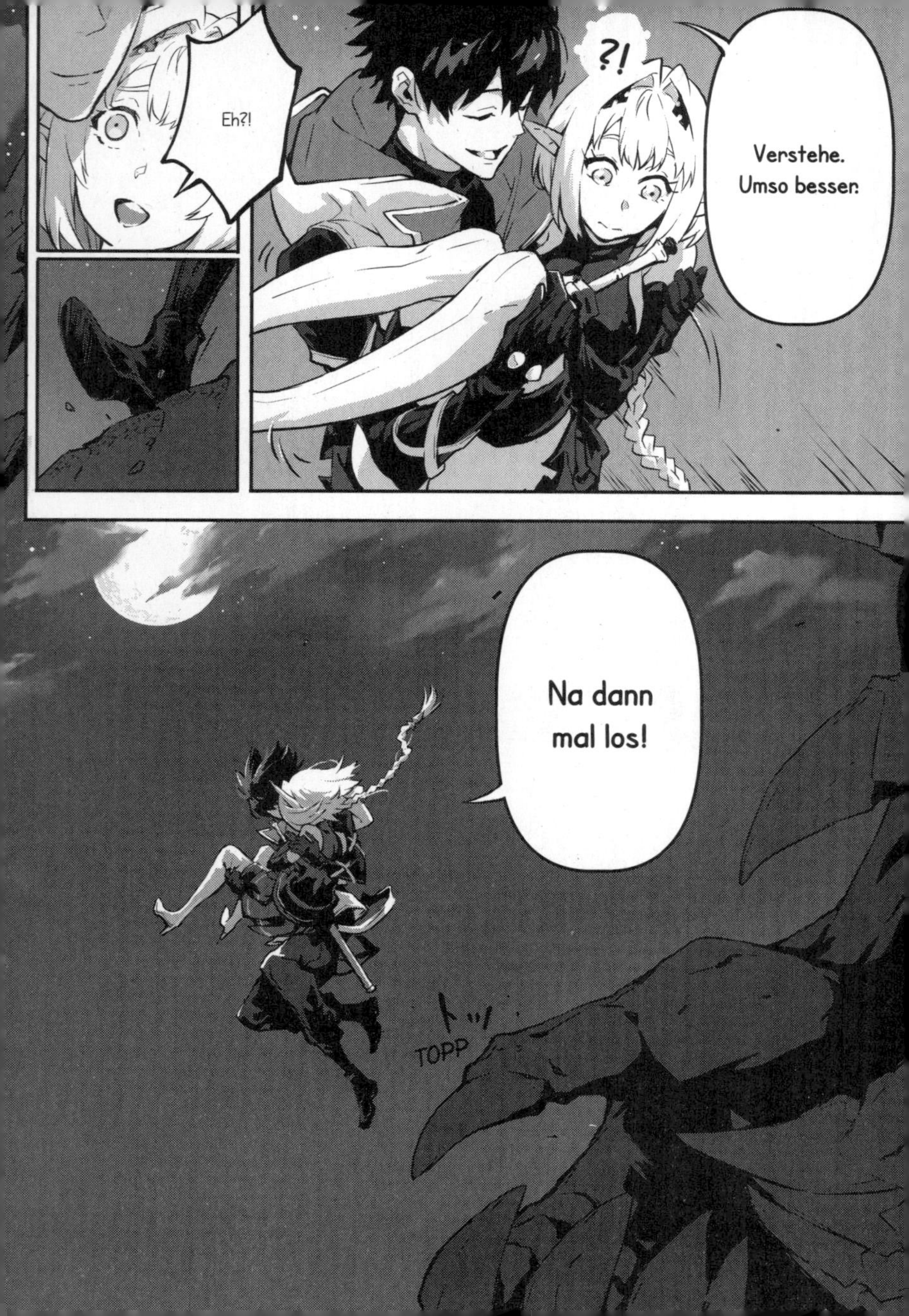
Verstehe.
Umso besser.
?!
Eh?!
Na dann
mal los!
TOPP

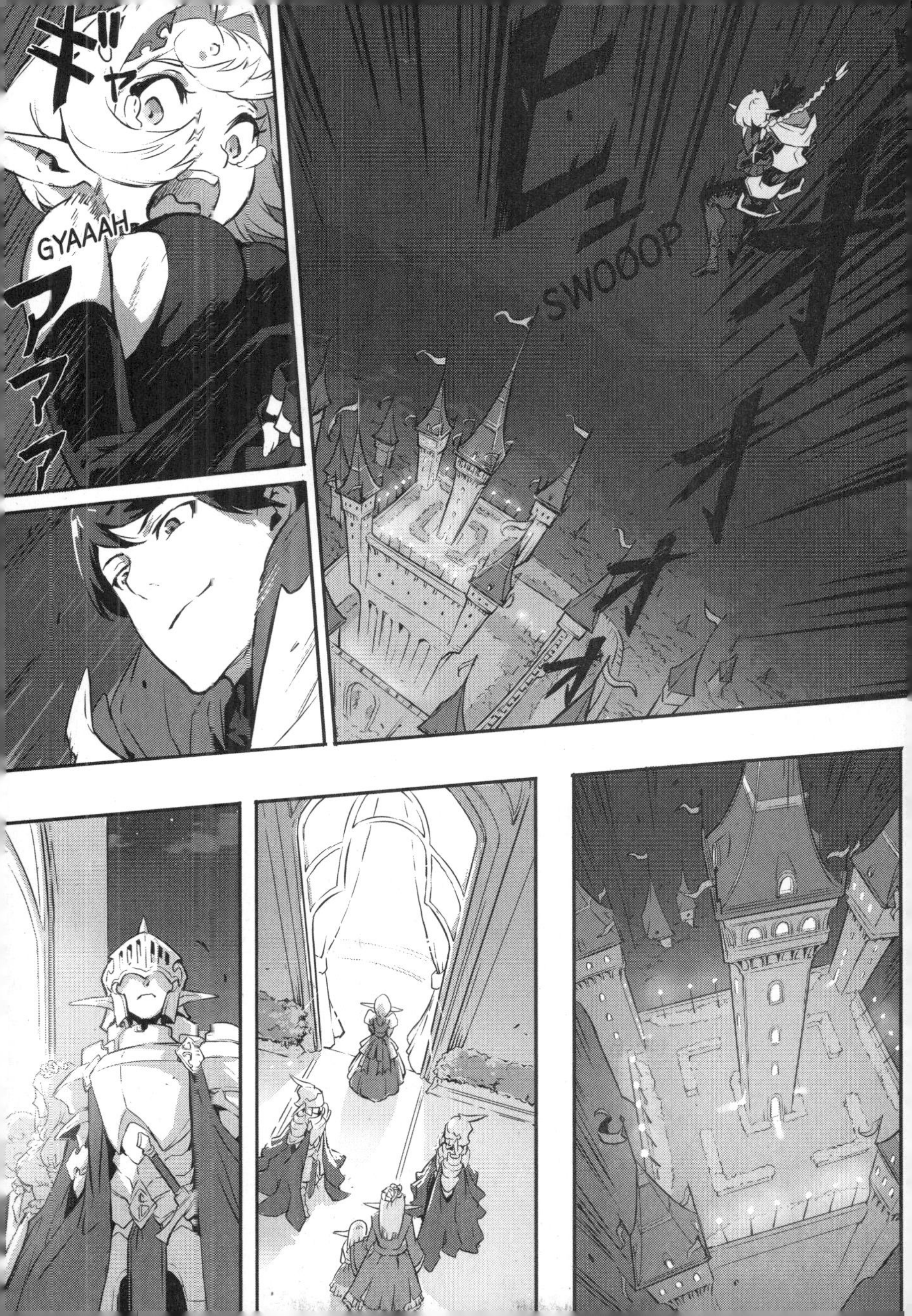
SWOOOP
GYAAAH

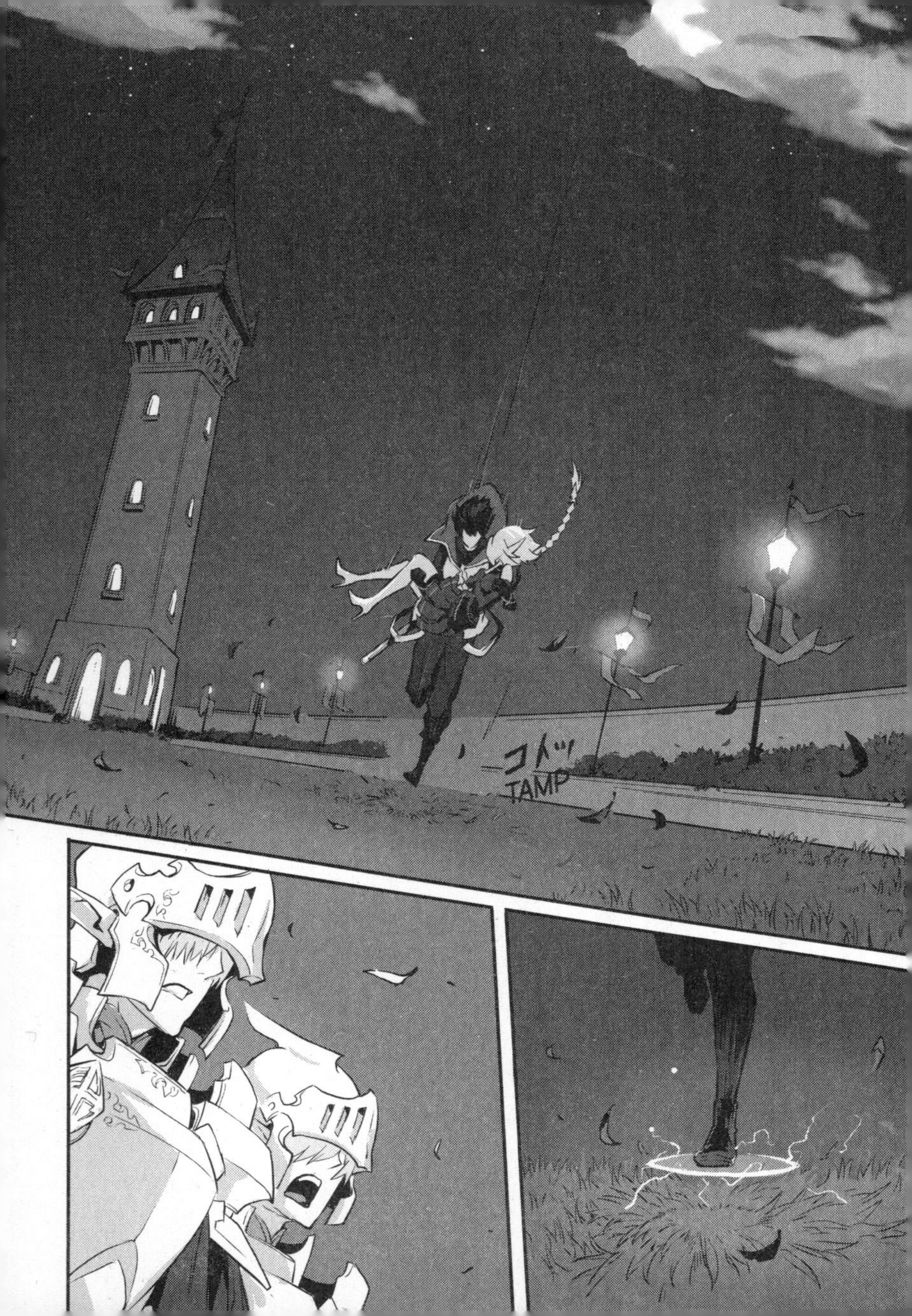

コトッ
TAMP

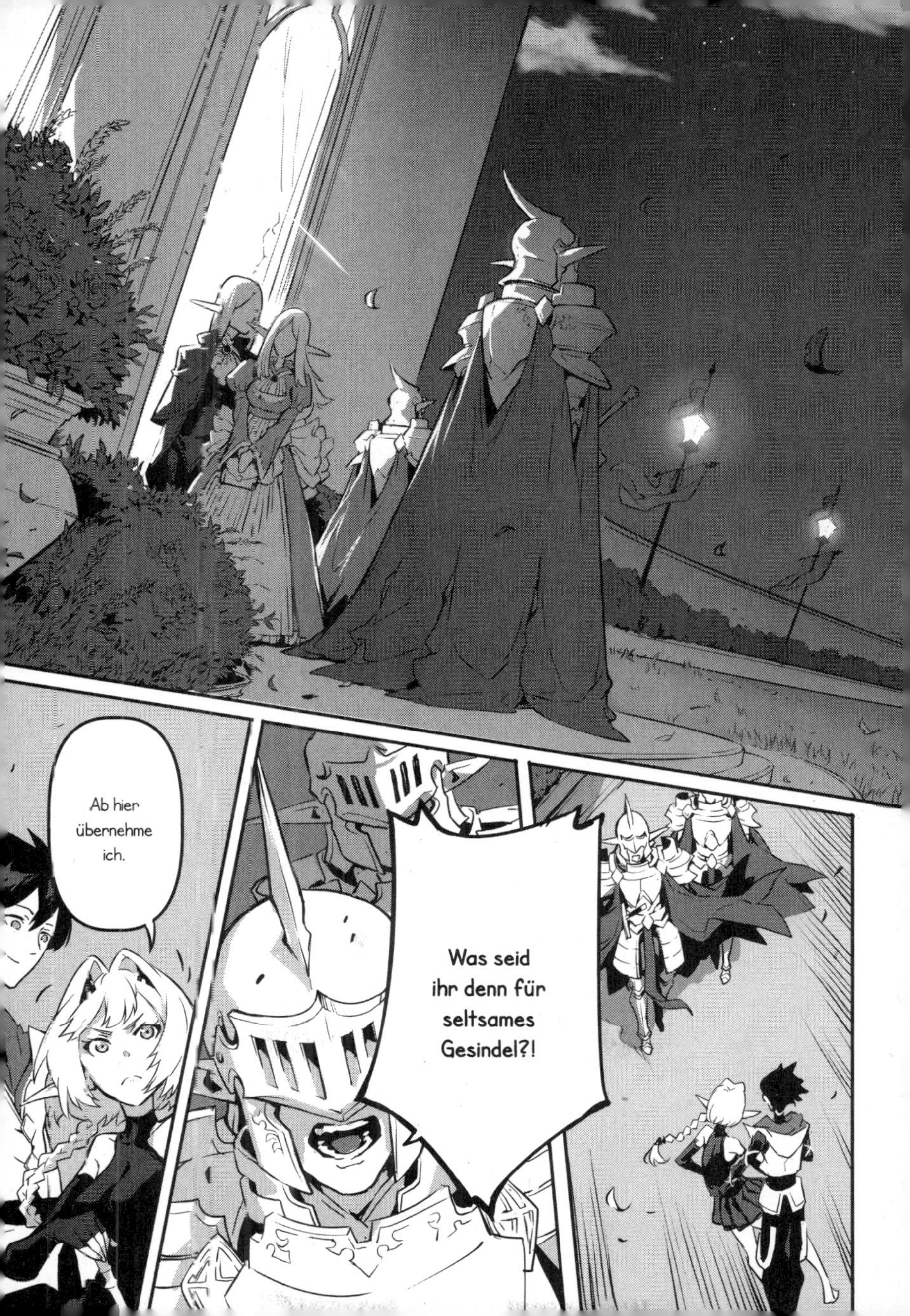
Was seid ihr denn für seltsames Gesindel?!
Ab hier übernehme ich.

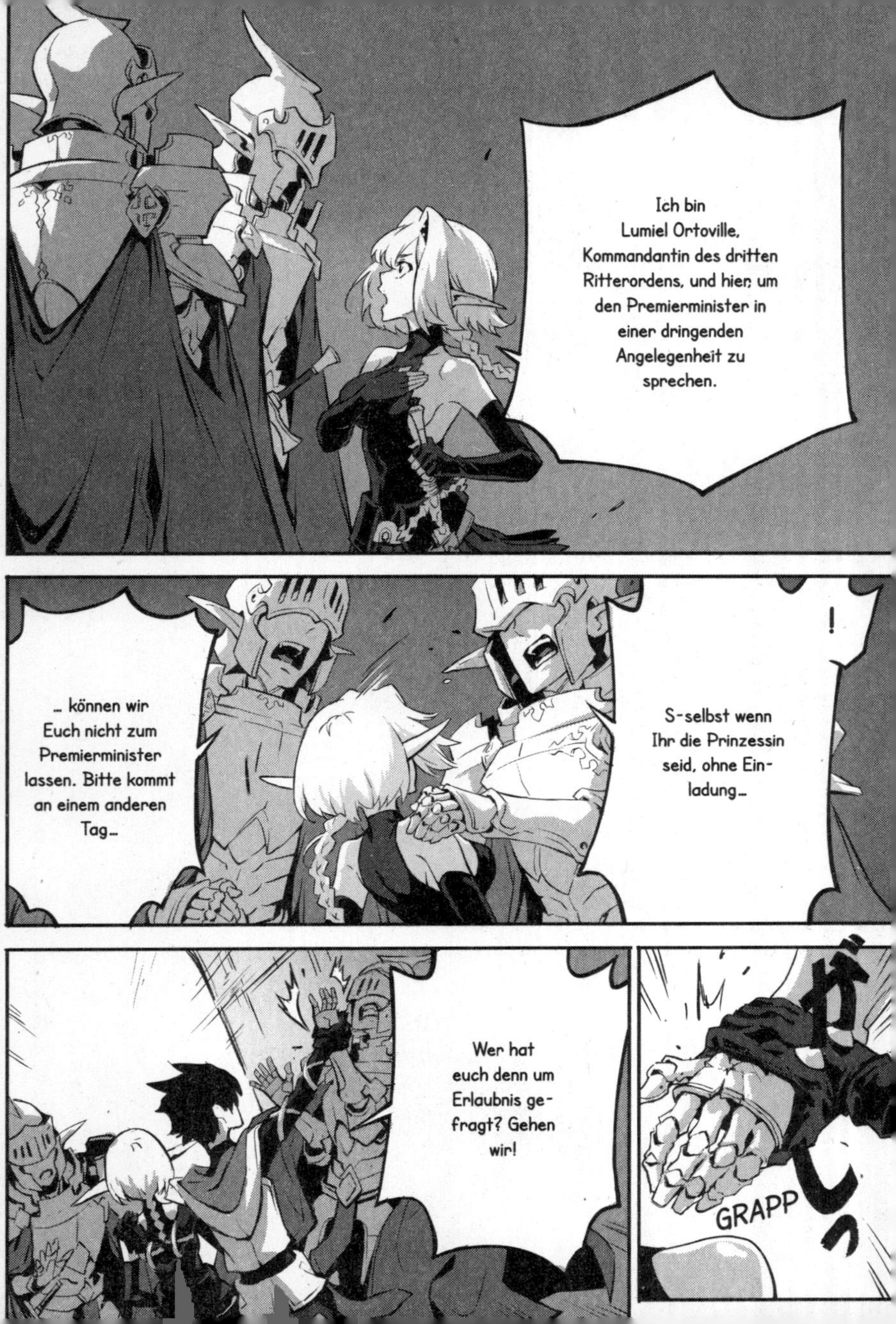
Ich bin Lumiel Ortoville, Kommandantin des dritten Ritterordens, und hier, um den Premierminister in einer dringenden Angelegenheit zu sprechen.
!
S-selbst wenn Ihr die Prinzessin seid, ohne Einladung…
… können wir Euch nicht zum Premierminister lassen. Bitte kommt an einem anderen Tag…
GRAPP
Wer hat euch denn um Erlaubnis gefragt? Gehen wir!

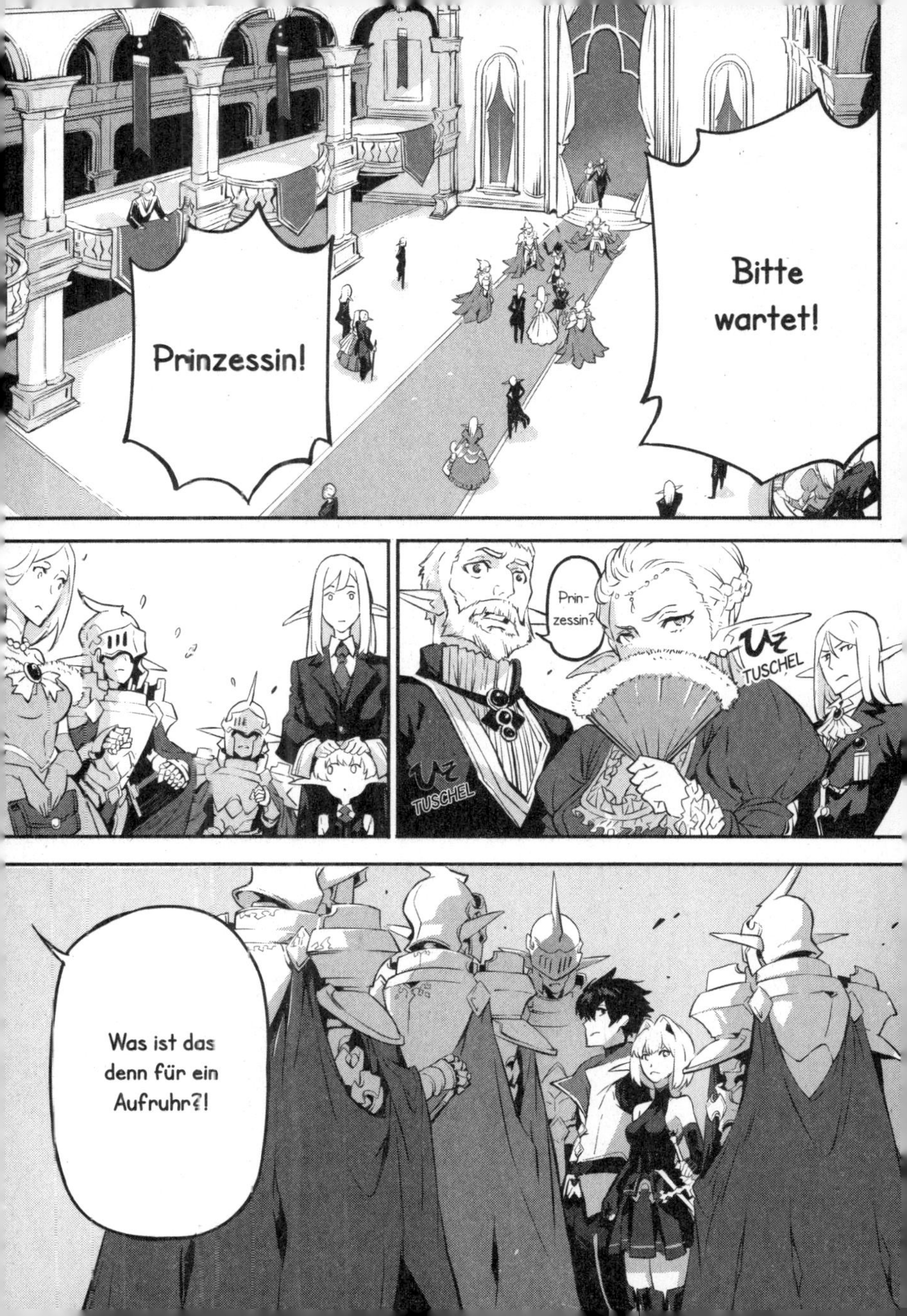
Bitte wartet!
Prinzessin!
Prin-zessin?
TUSCHEL
TUSCHEL
Was ist das denn für ein Aufruhr?!

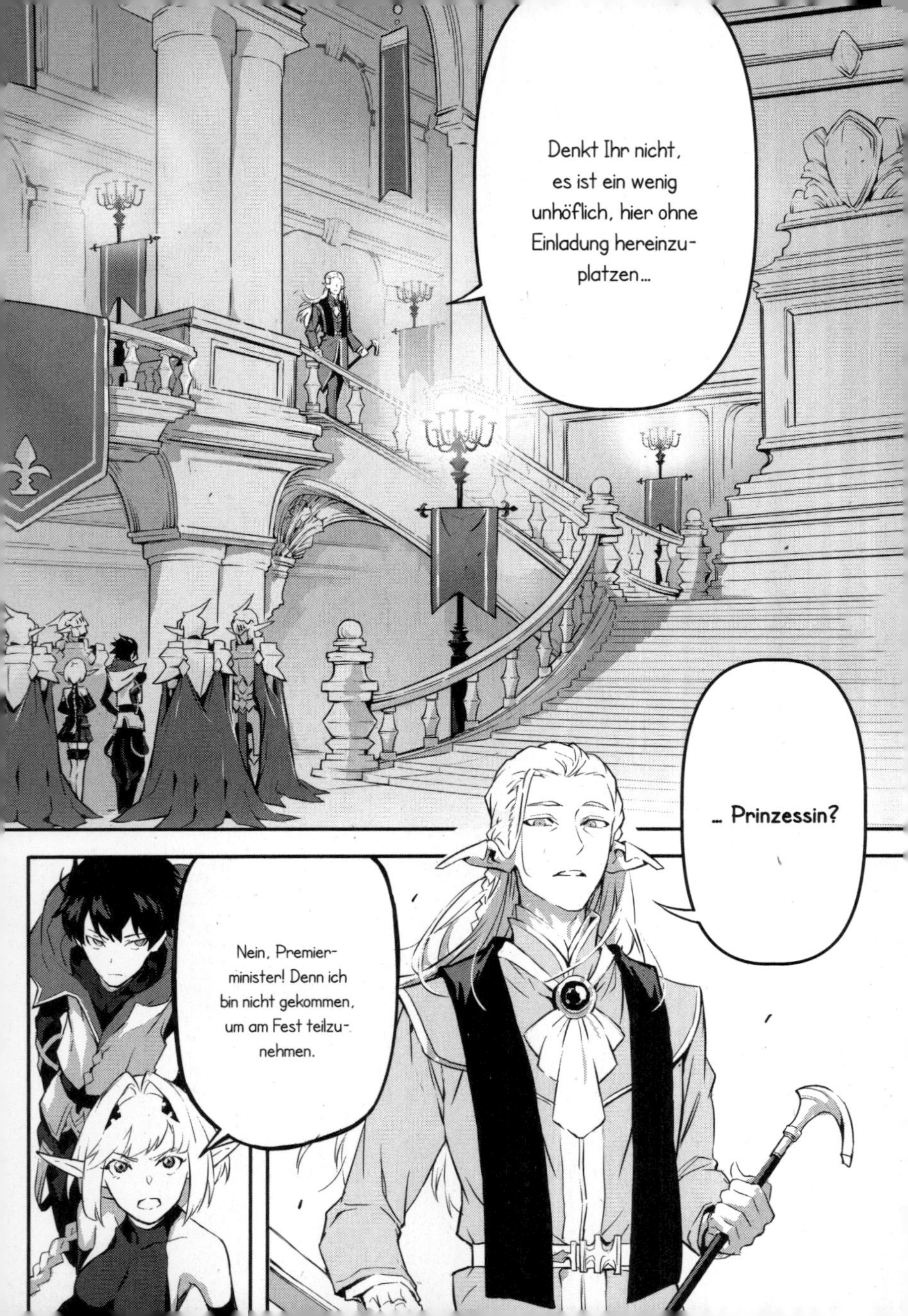
Denkt Ihr nicht, es ist ein wenig unhöflich, hier ohne Einladung hereinzu-platzen…
… Prinzessin?
Nein, Premier-minister! Denn ich bin nicht gekommen, um am Fest teilzu-nehmen.

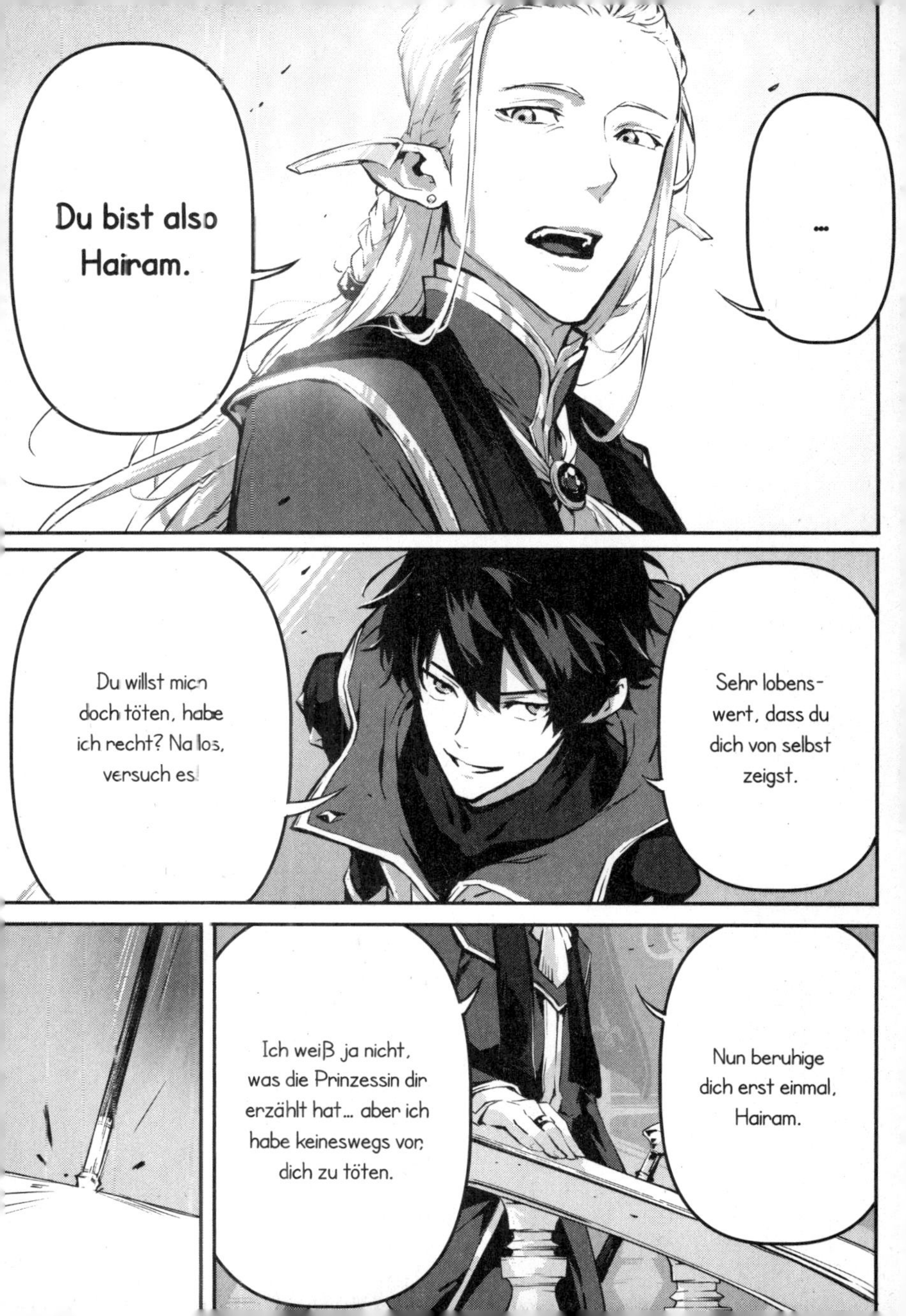
…
Du bist also Hairam.
Sehr lobenswert, dass du dich von selbst zeigst.
Du willst mich doch töten, habe ich recht? Na los, versuch es!
Nun beruhige dich erst einmal, Hairam.
Ich weiß ja nicht, was die Prinzessin dir erzählt hat… aber ich habe keineswegs vor, dich zu töten.

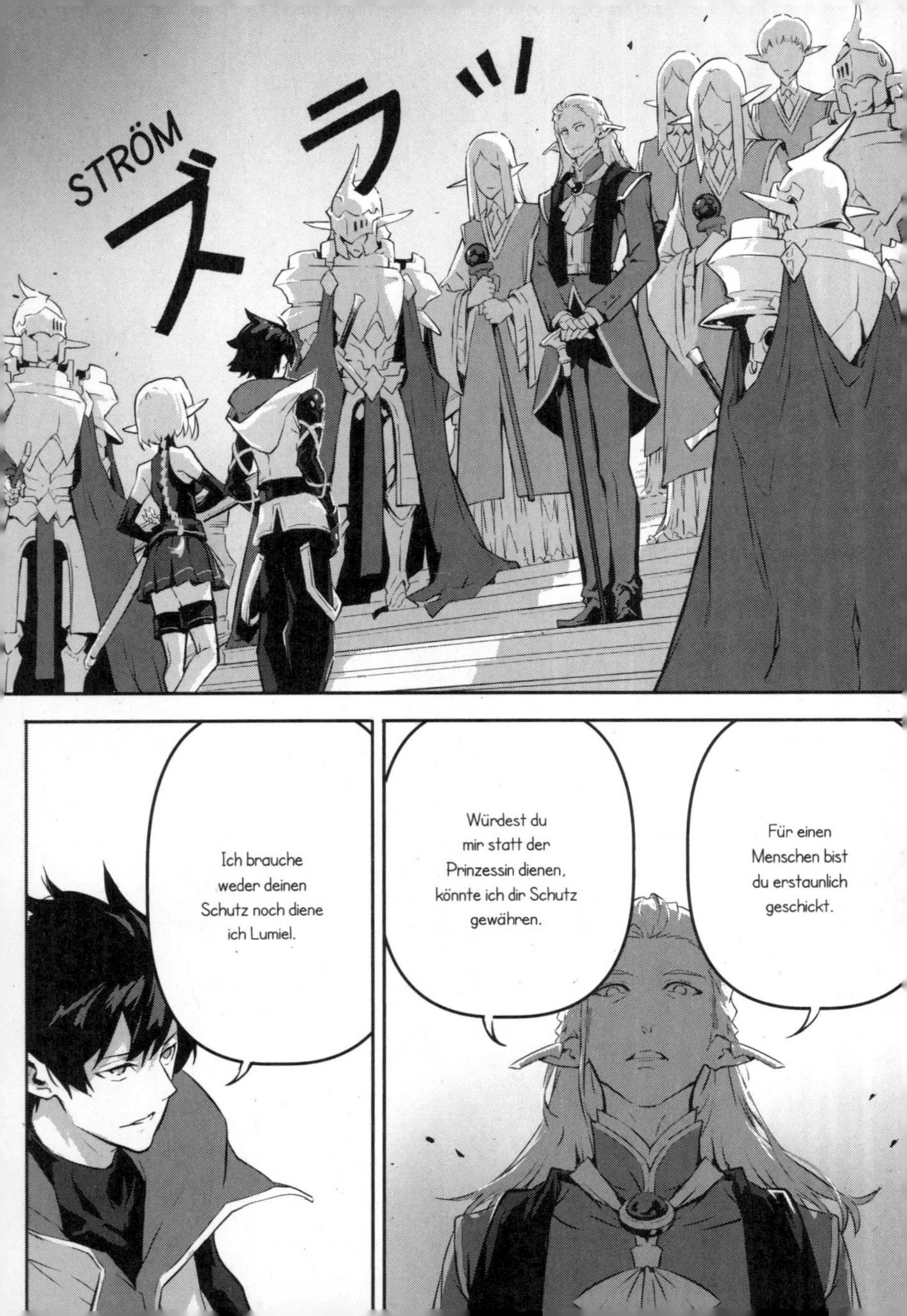
STRÖM
スラッ
Für einen Menschen bist du erstaunlich geschickt.
Würdest du mir statt der Prinzessin dienen, könnte ich dir Schutz gewähren.
Ich brauche weder deinen Schutz noch diene ich Lumiel.

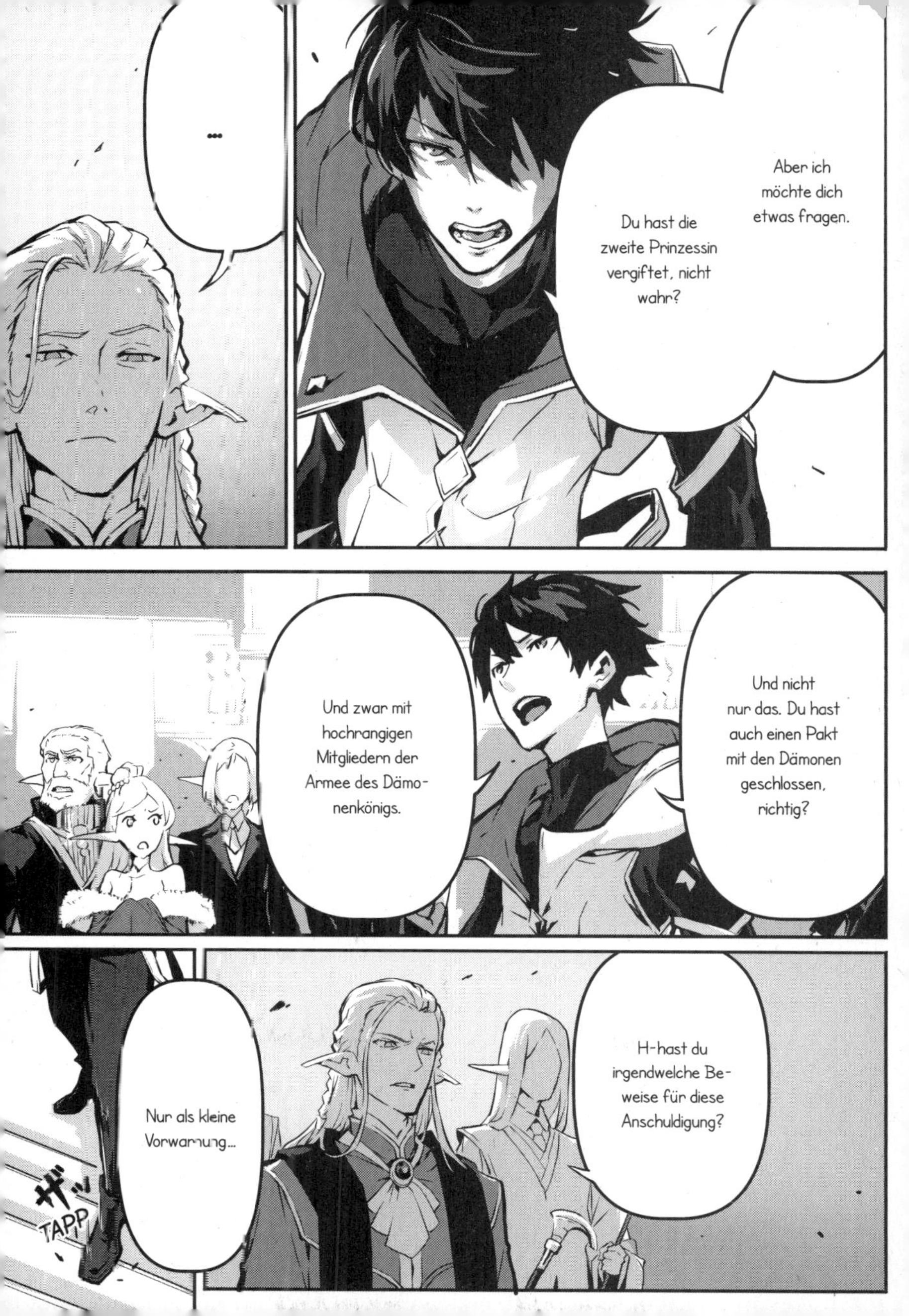
Aber ich möchte dich etwas fragen.
Du hast die zweite Prinzessin vergiftet, nicht wahr?
...
Und nicht nur das. Du hast auch einen Pakt mit den Dämonen geschlossen, richtig?
Und zwar mit hochrangigen Mitgliedern der Armee des Dämonenkönigs.
H-hast du irgendwelche Beweise für diese Anschuldigung?
Nur als kleine Vorwarnung...
TAPP

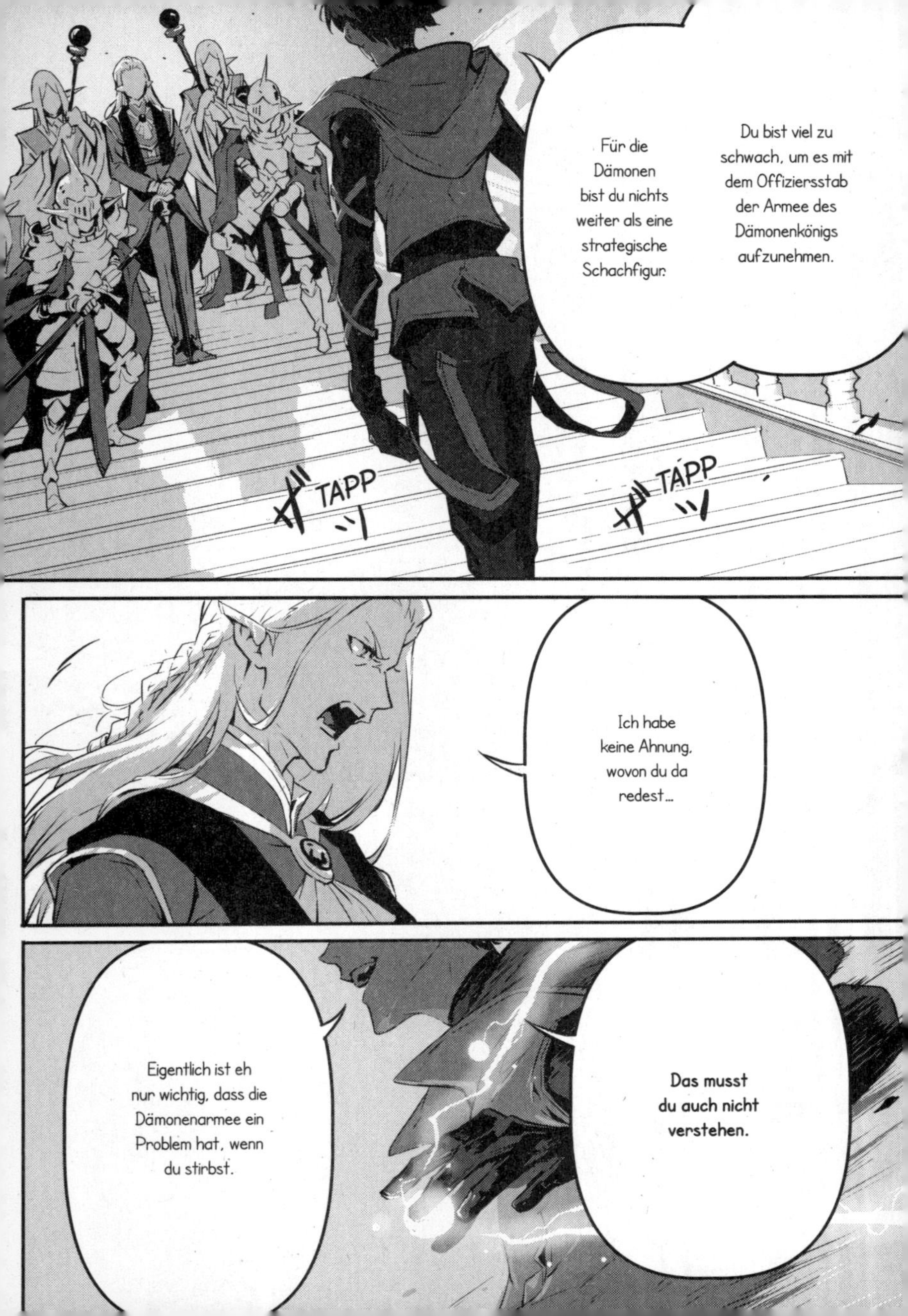
Du bist viel zu schwach, um es mit dem Offiziersstab der Armee des Dämonenkönigs aufzunehmen.
Für die Dämonen bist du nichts weiter als eine strategische Schachfigur.
TAPP
TAPP
Ich habe keine Ahnung, wovon du da redest…
Das musst du auch nicht verstehen.
Eigentlich ist eh nur wichtig, dass die Dämonenarmee ein Problem hat, wenn du stirbst.

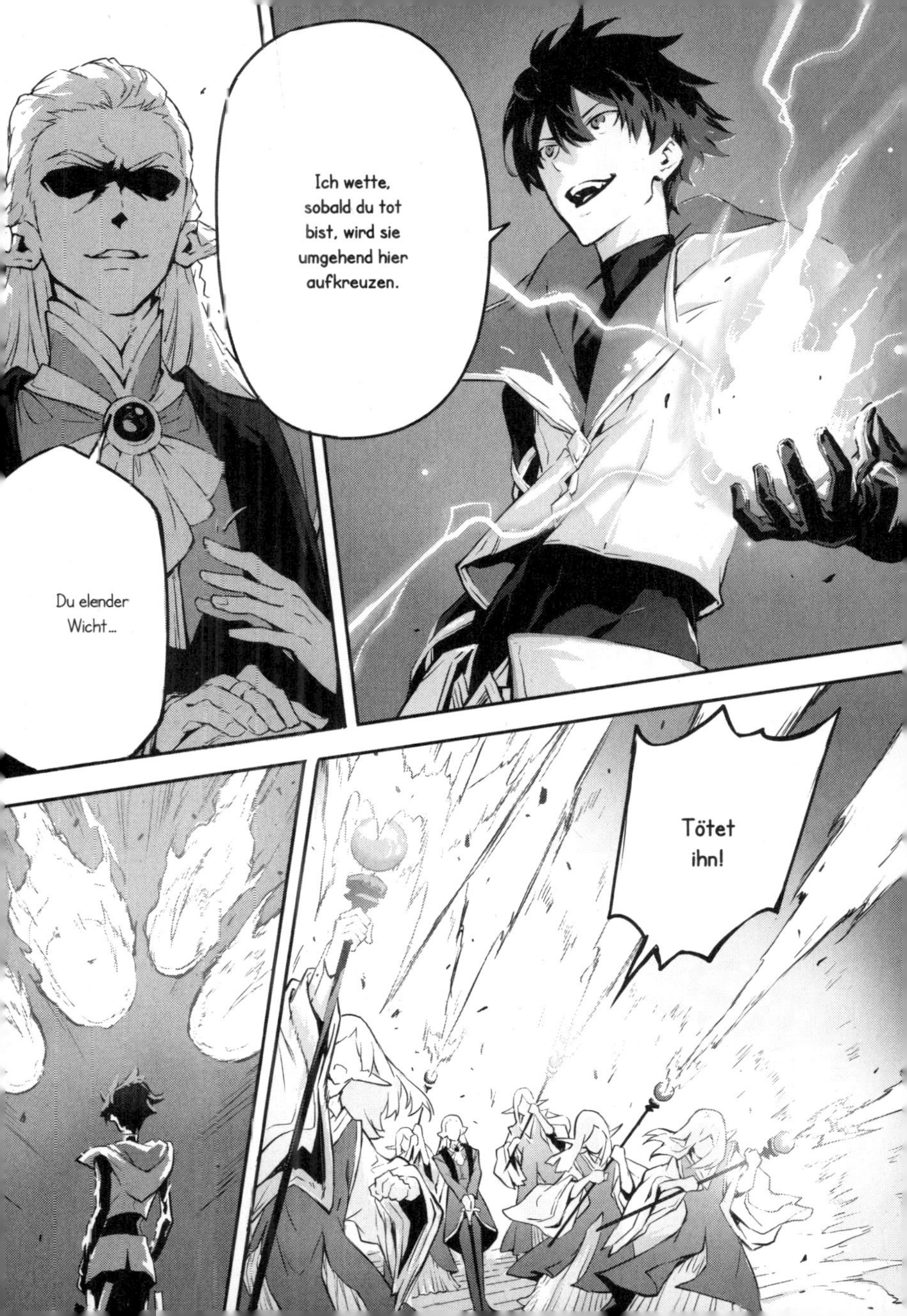
Ich wette, sobald du tot bist, wird sie umgehend hier aufkreuzen.
Du elender Wicht…
Tötet ihn!

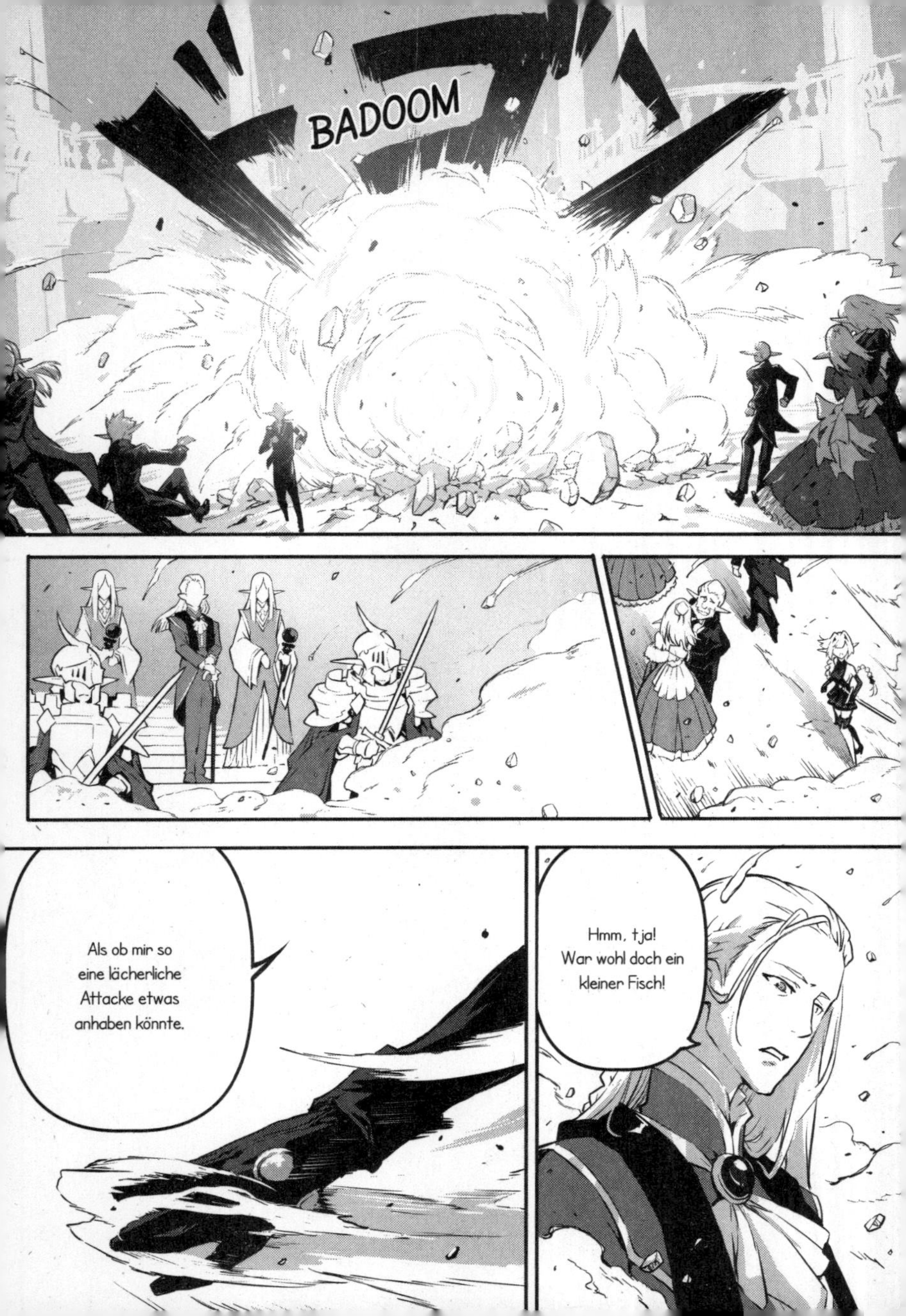
BADOOM
Hmm, tja! War wohl doch ein kleiner Fisch!
Als ob mir so eine lächerliche Attacke etwas anhaben könnte.

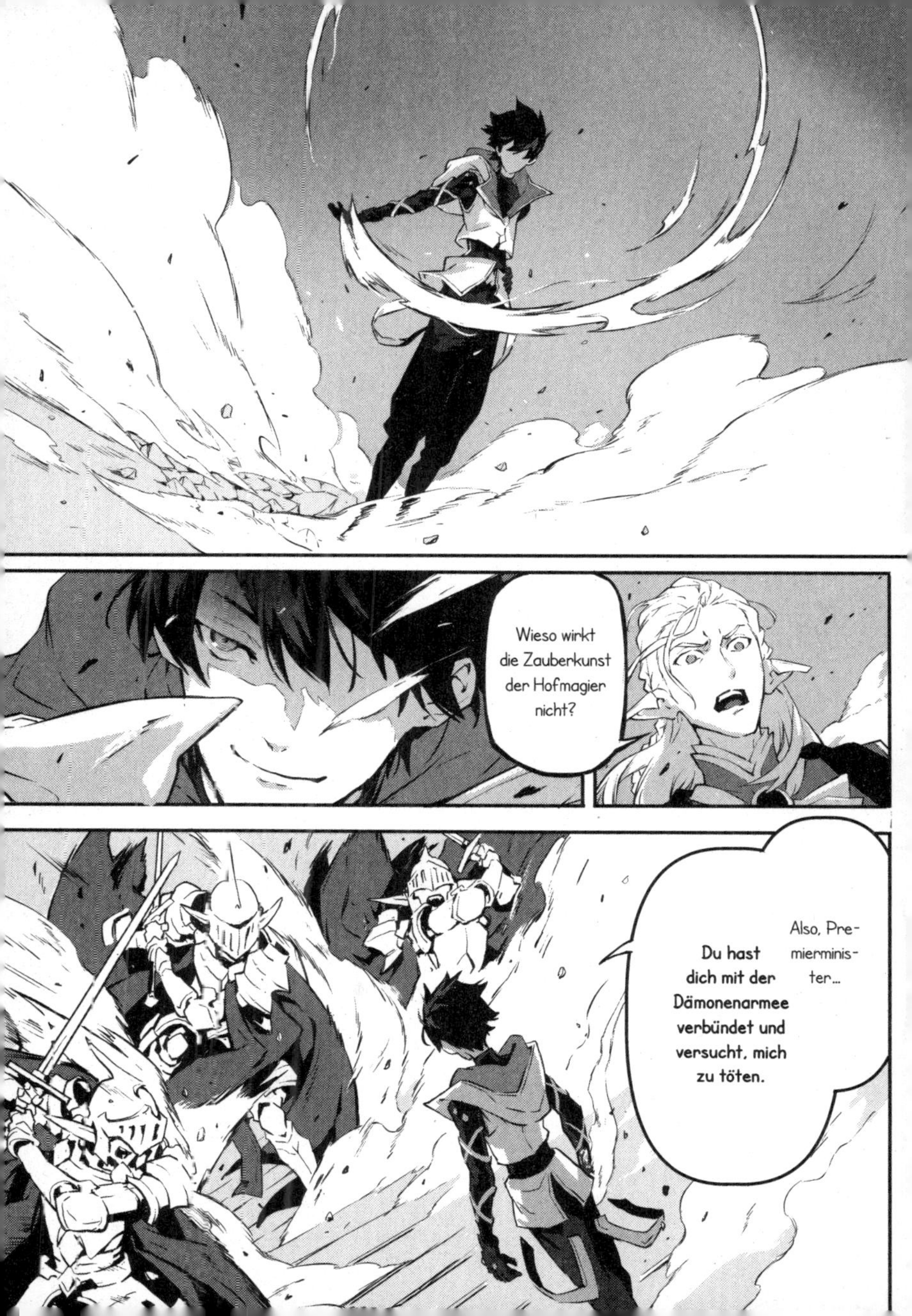

Wieso wirkt die Zauberkunst der Hofmagier nicht?
Also, Premierminister...
Du hast dich mit der Dämonenarmee verbündet und versucht, mich zu töten.

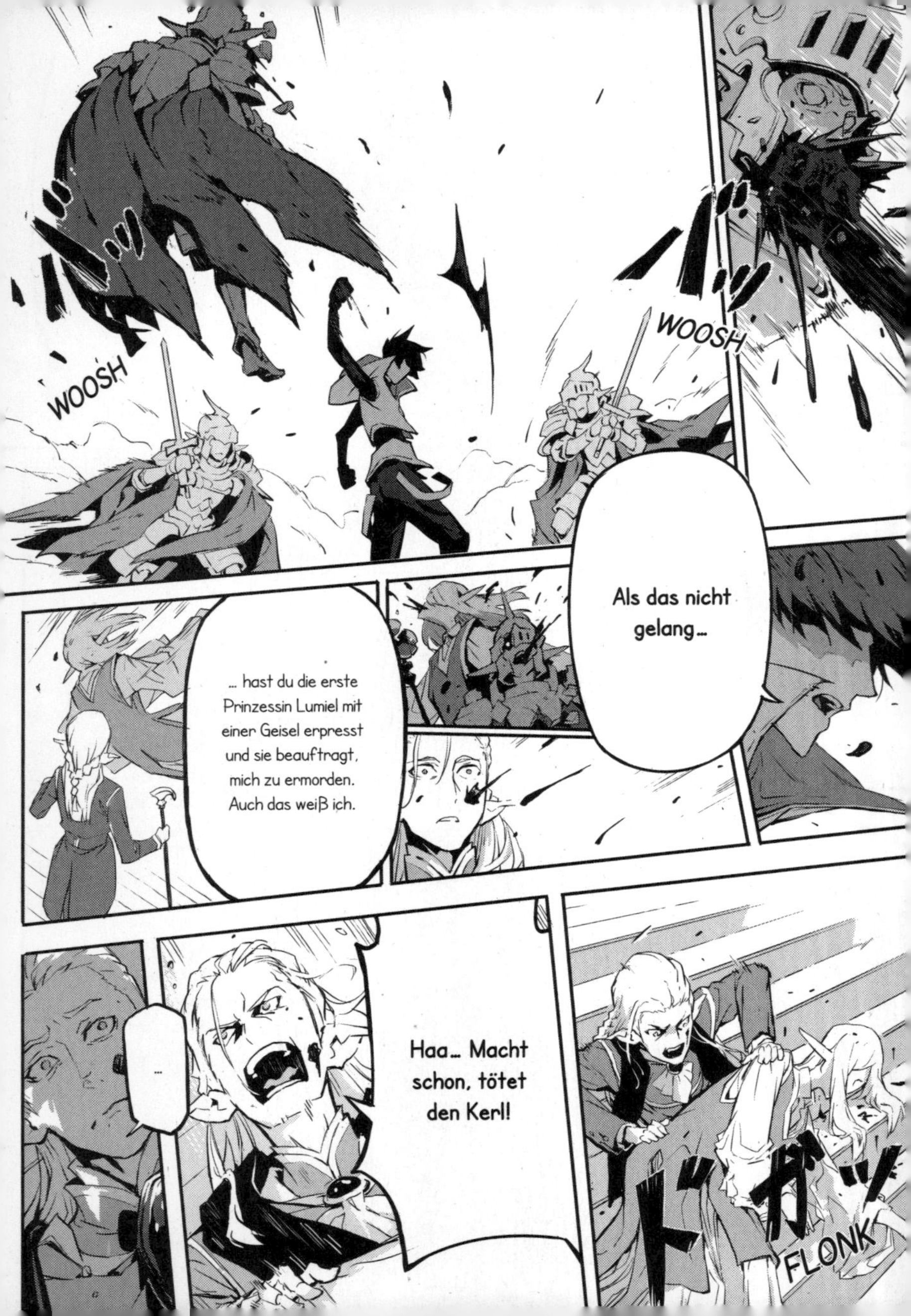
WOOSH
WOOSH
Als das nicht gelang…
… hast du die erste Prinzessin Lumiel mit einer Geisel erpresst und sie beauftragt, mich zu ermorden. Auch das weiß ich.
FLONK
Haa… Macht schon, tötet den Kerl!
…

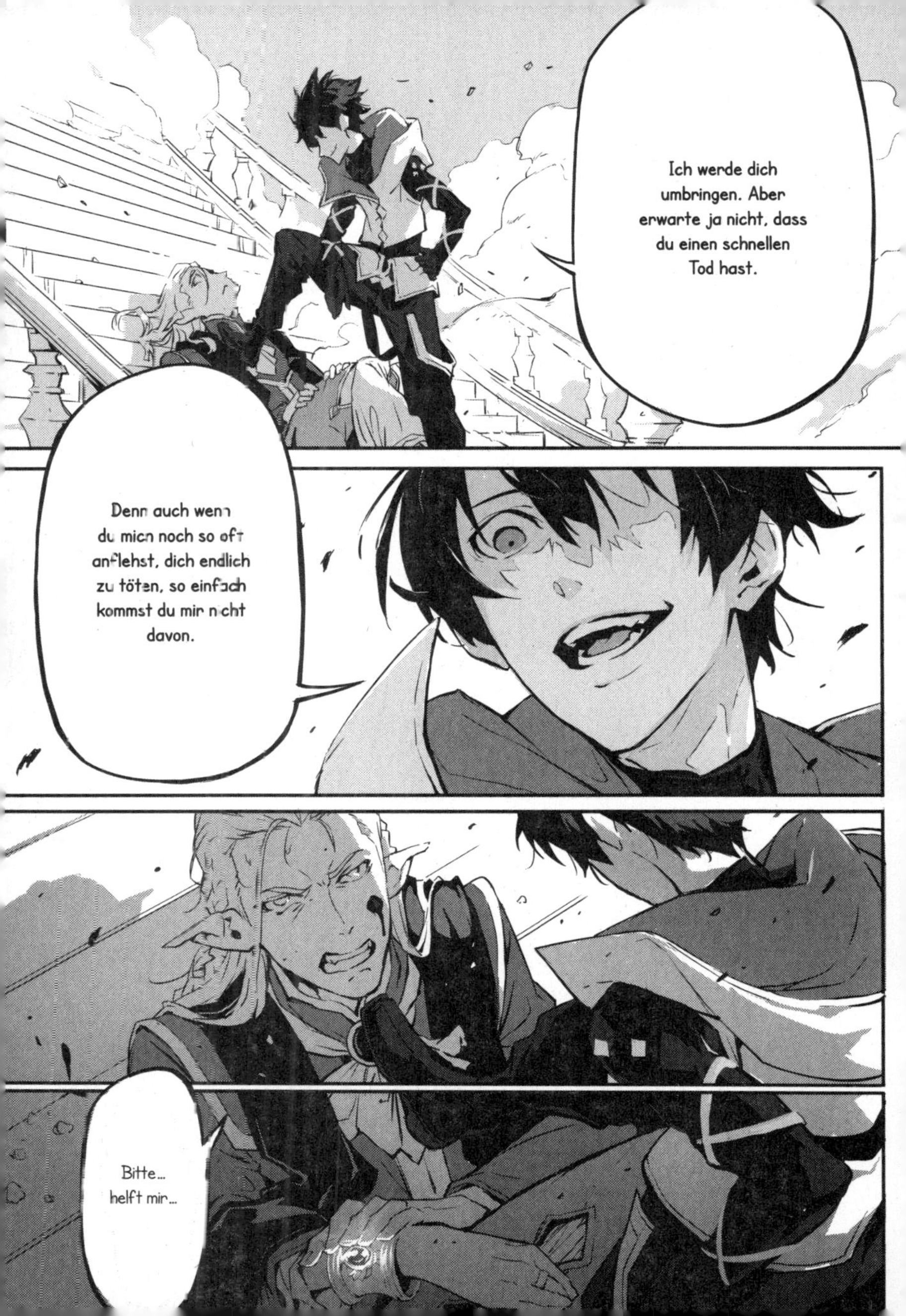
Ich werde dich umbringen. Aber erwarte ja nicht, dass du einen schnellen Tod hast.
Denn auch wenn du mich noch so oft anflehst, dich endlich zu töten, so einfach kommst du mir nicht davon.
Bitte... helft mir...

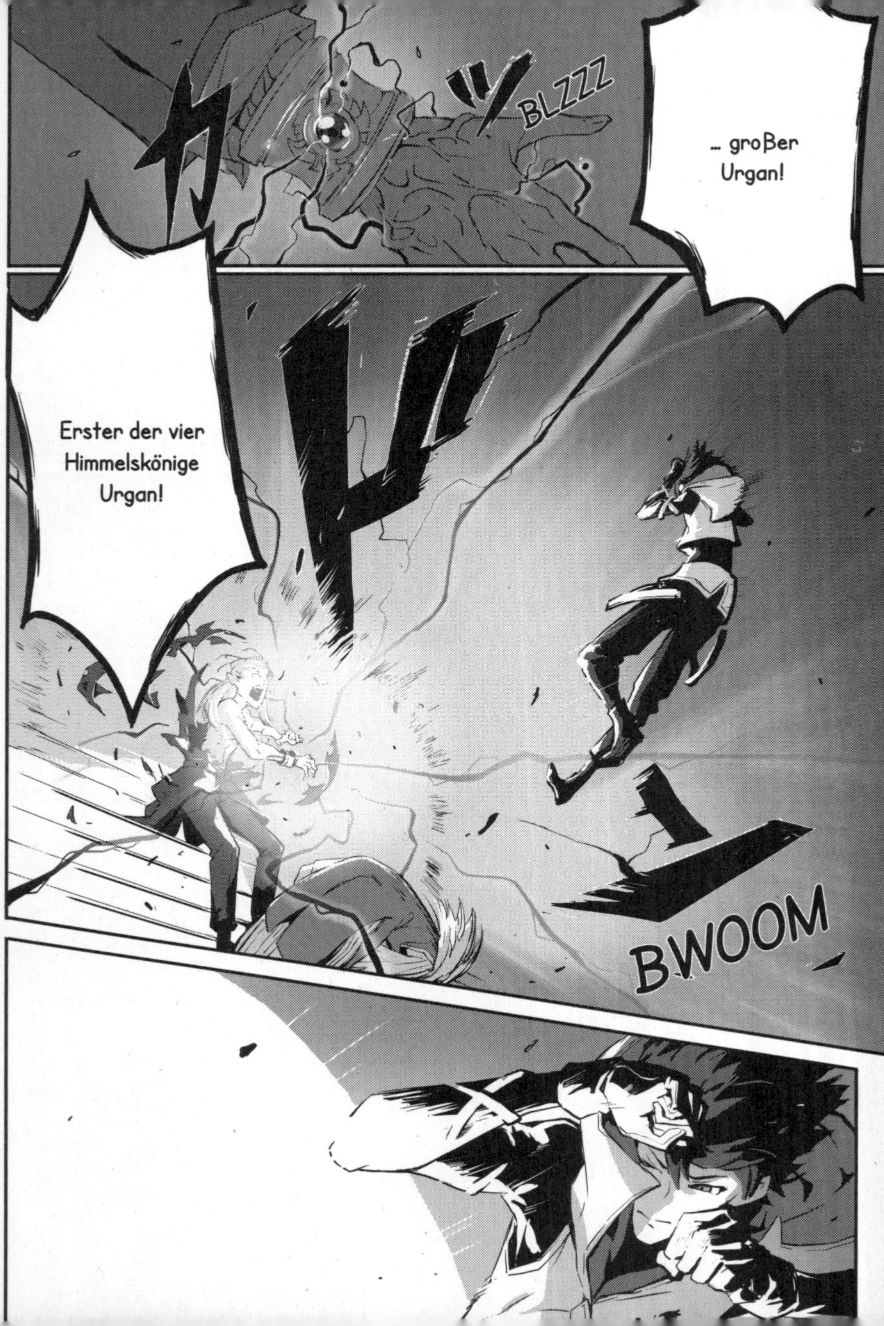
… großer
Urgan!
BLZZZ
Erster der vier
Himmelskönige
Urgan!
BWOOM

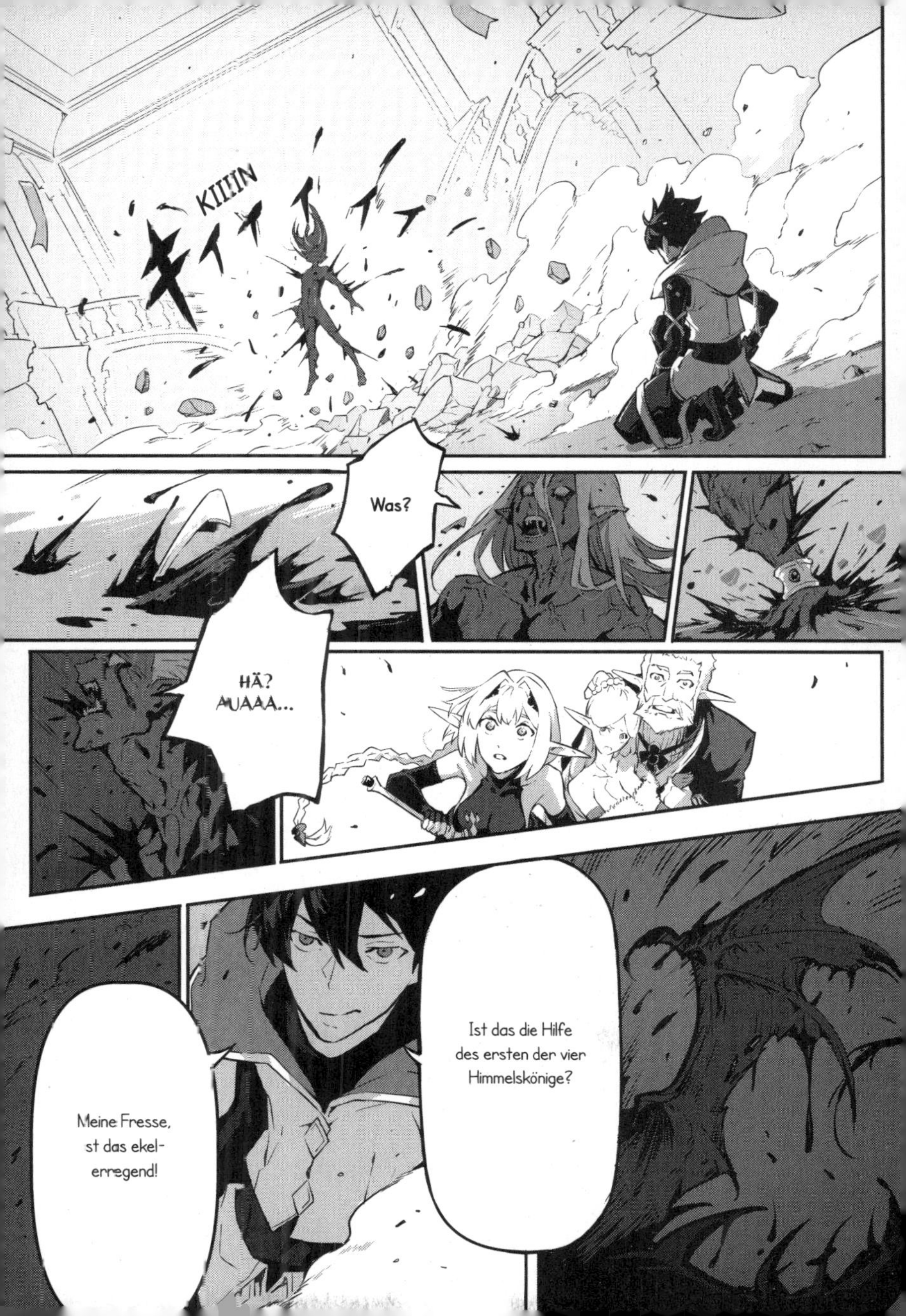
KIIIIN
Was?
HÄ? AUAAA...
Ist das die Hilfe des ersten der vier Himmelskönige?
Meine Fresse, st das ekel-erregend!

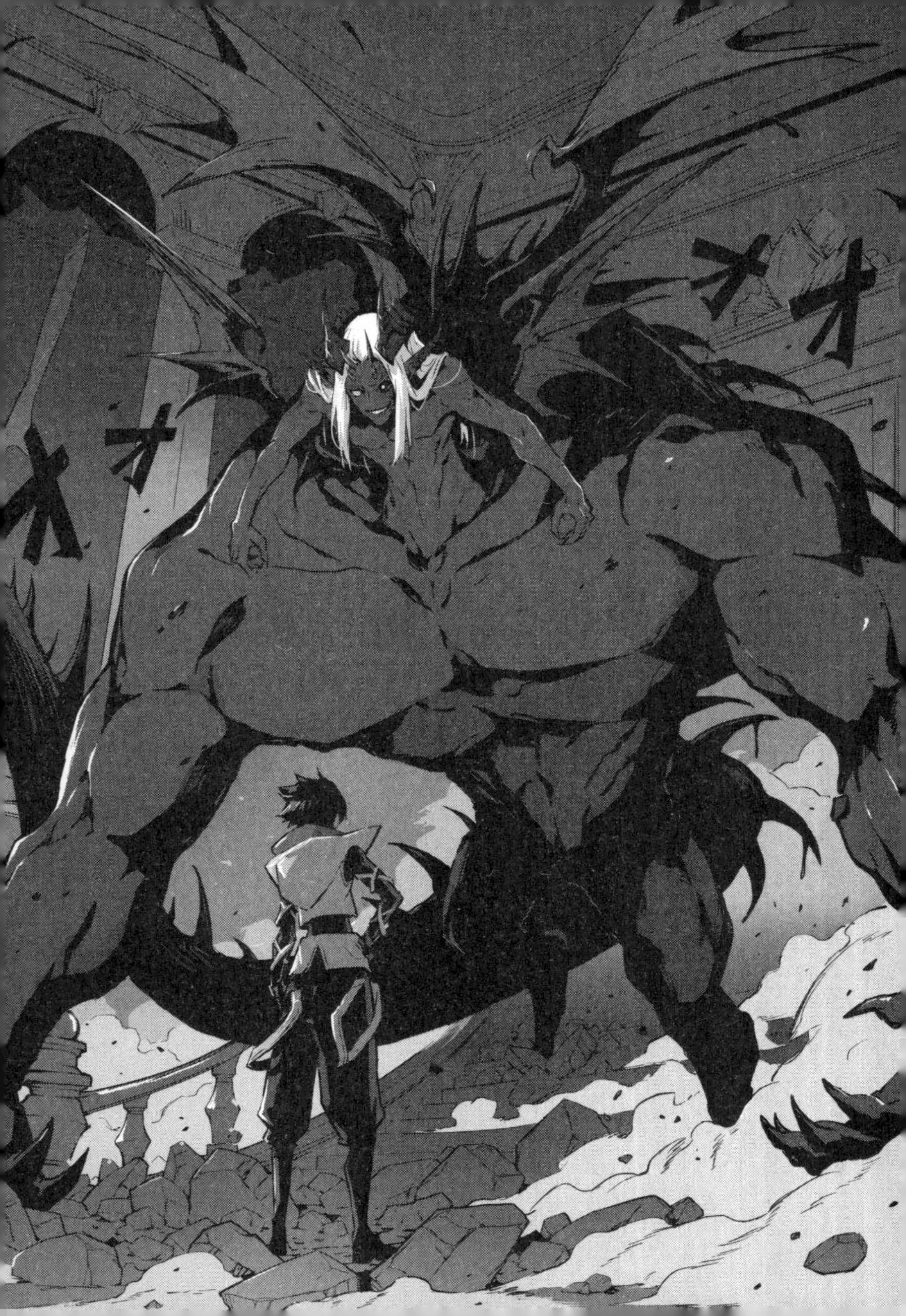
オオ
オオ

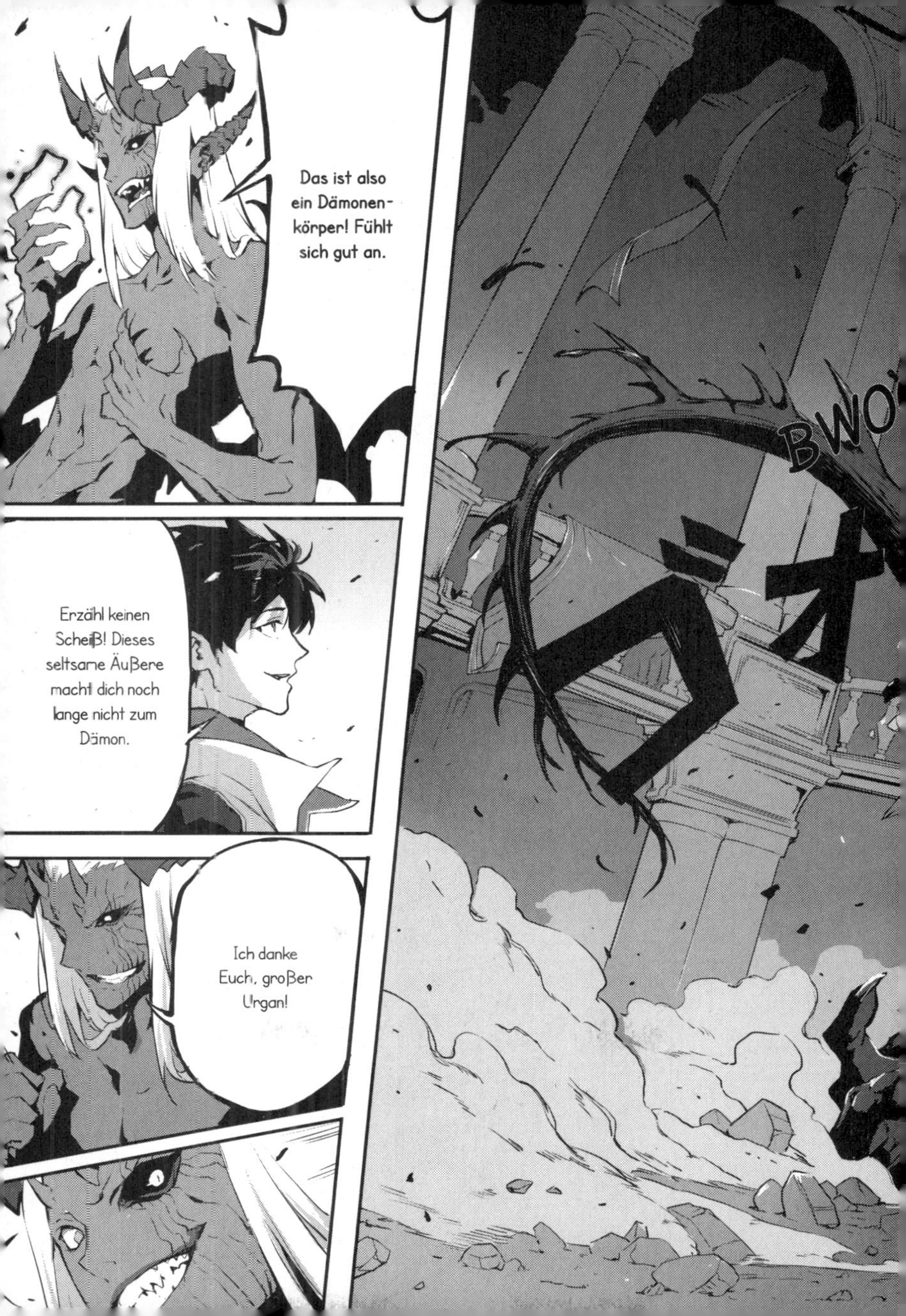
BWO
Das ist also ein Dämonen-körper! Fühlt sich gut an.
Erzähl keinen Scheiß! Dieses seltsame Äußere macht dich noch lange nicht zum Dämon.
Ich danke Euch, großer Urgan!

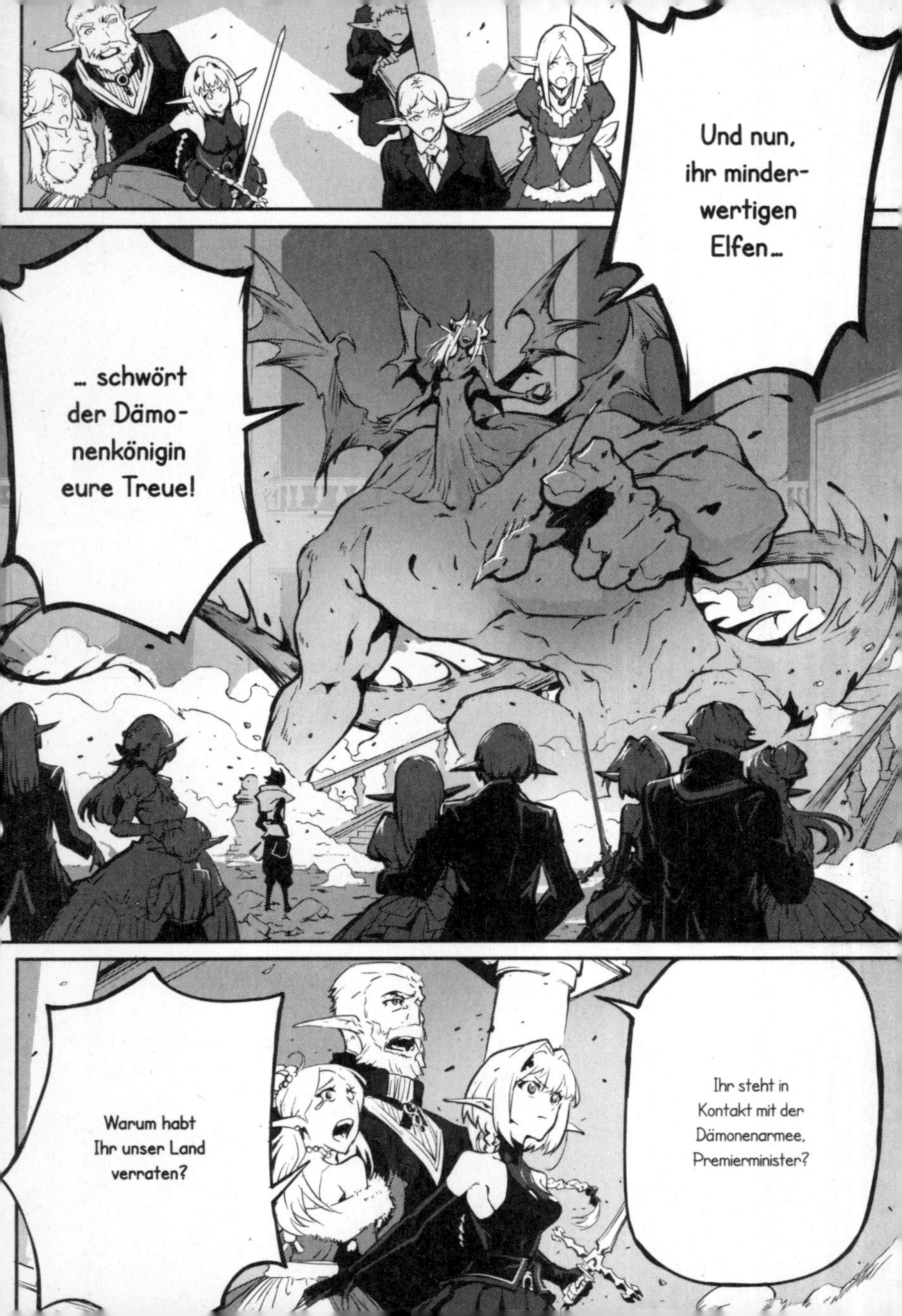
Und nun, ihr minderwertigen Elfen…
… schwört der Dämonenkönigin eure Treue!
Ihr steht in Kontakt mit der Dämonenarmee, Premierminister?
Warum habt Ihr unser Land verraten?

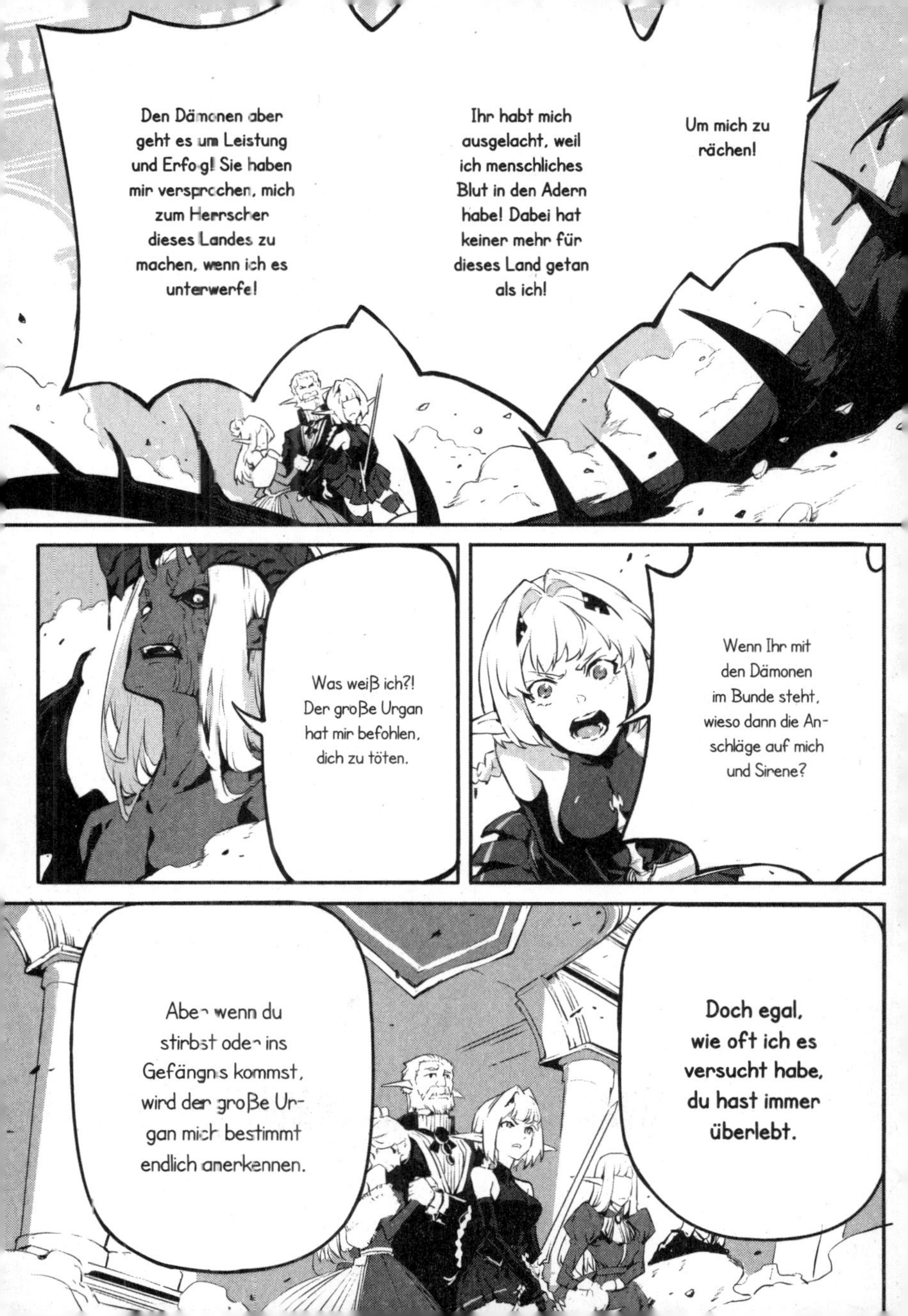
Um mich zu rächen!
Ihr habt mich ausgelacht, weil ich menschliches Blut in den Adern habe! Dabei hat keiner mehr für dieses Land getan als ich!
Den Dämonen aber geht es um Leistung und Erfolg! Sie haben mir versprochen, mich zum Herrscher dieses Landes zu machen, wenn ich es unterwerfe!
Wenn Ihr mit den Dämonen im Bunde steht, wieso dann die Anschläge auf mich und Sirene?
Was weiß ich?! Der große Urgan hat mir befohlen, dich zu töten.
Doch egal, wie oft ich es versucht habe, du hast immer überlebt.
Aber wenn du stirbst oder ins Gefängnis kommst, wird der große Urgan mich bestimmt endlich anerkennen.

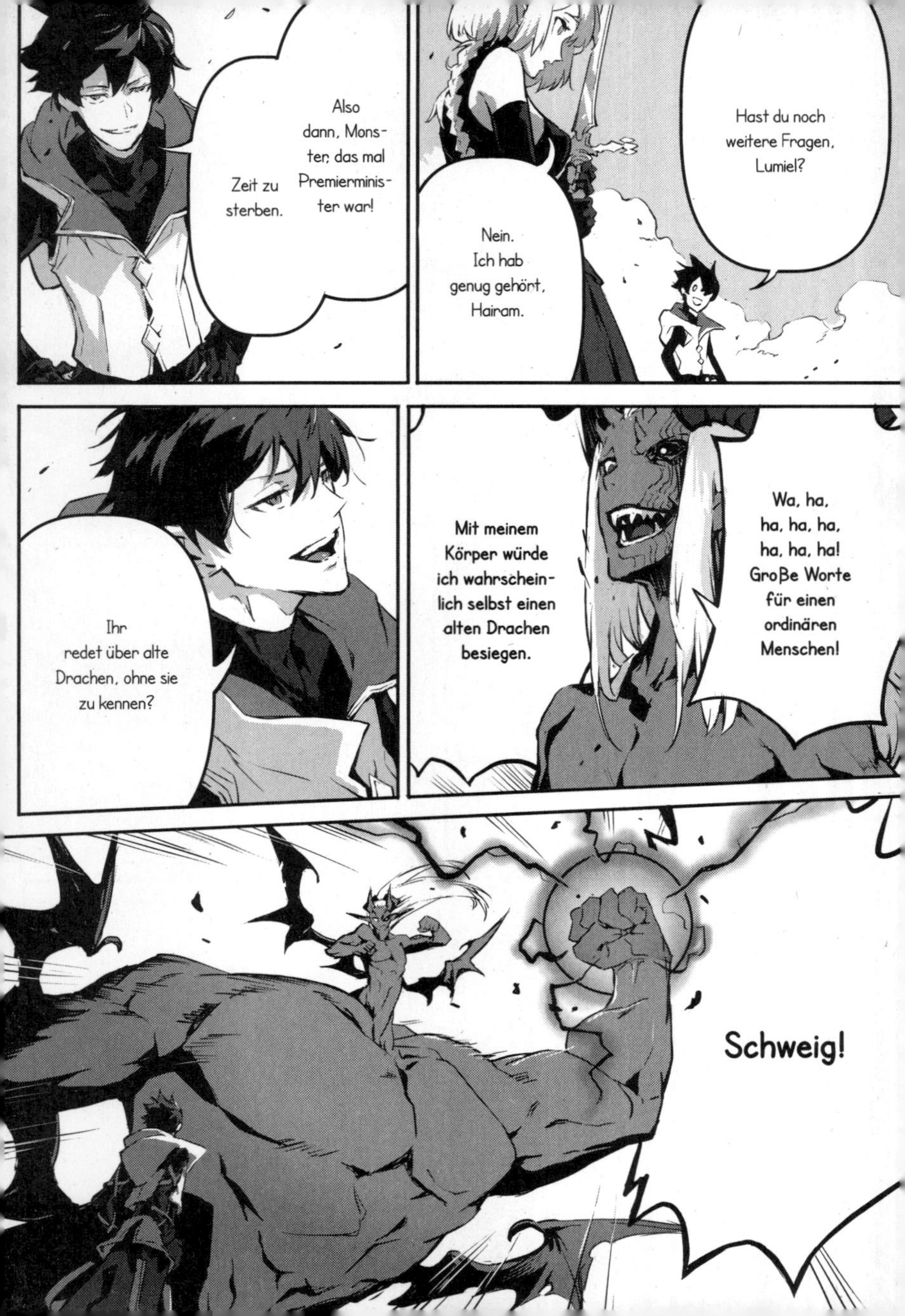
Hast du noch weitere Fragen, Lumiel?
Nein. Ich hab genug gehört, Hairam.
Also dann, Monster, das mal Premierminister war!
Zeit zu sterben.
Wa, ha, ha, ha, ha, ha, ha, ha! Große Worte für einen ordinären Menschen!
Mit meinem Körper würde ich wahrscheinlich selbst einen alten Drachen besiegen.
Ihr redet über alte Drachen, ohne sie zu kennen?
Schweig!

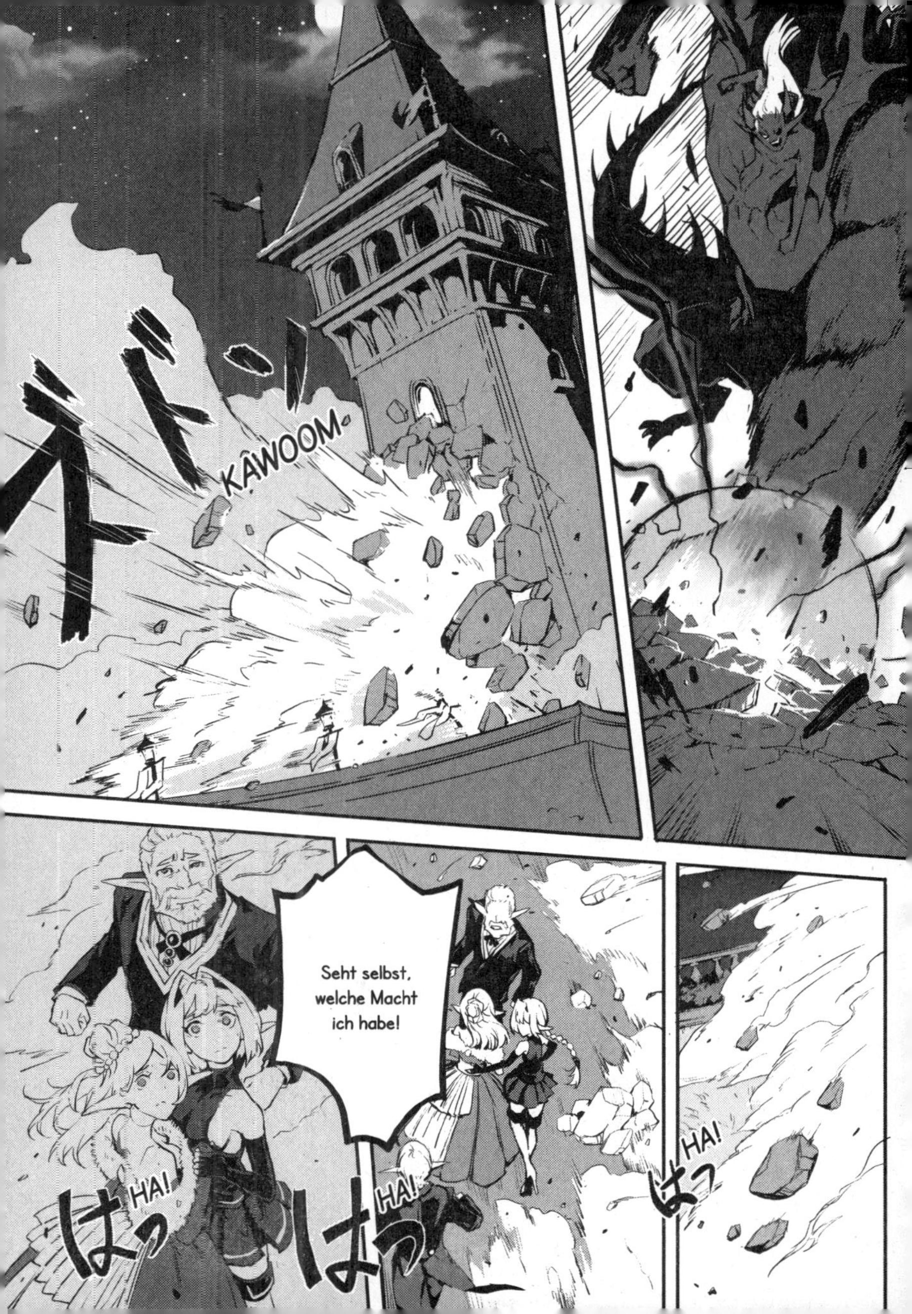
KAWOOM
Seht selbst, welche Macht ich habe!
HA!
HA!
HA!

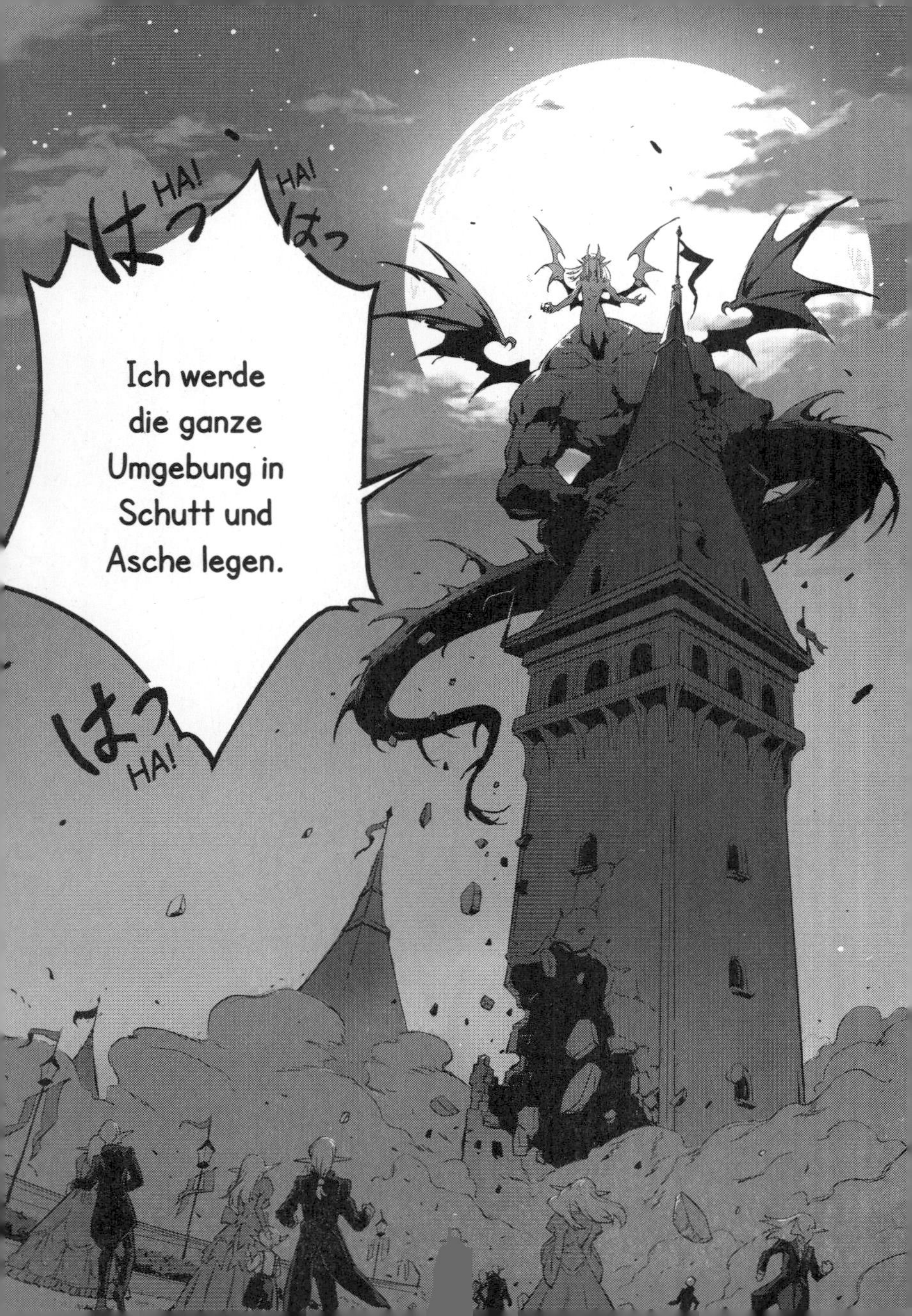
はっ HA! はっ HA!
Ich werde die ganze Umgebung in Schutt und Asche legen.
はっ HA!

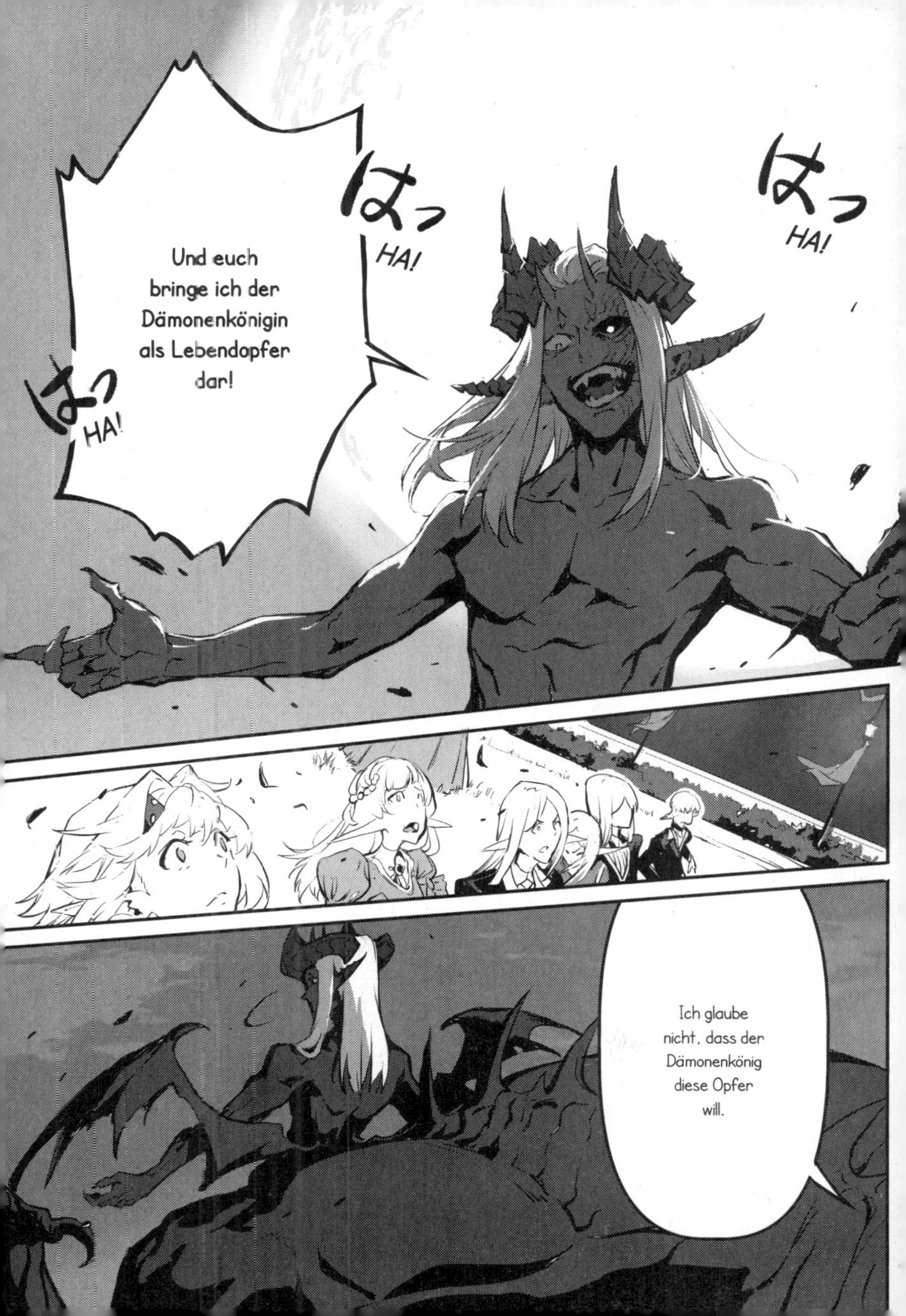
はっ HA!
Und euch bringe ich der Dämonenkönigin als Lebendopfer dar!
はっ HA!
はっ HA!
Ich glaube nicht, dass der Dämonenkönig diese Opfer will.

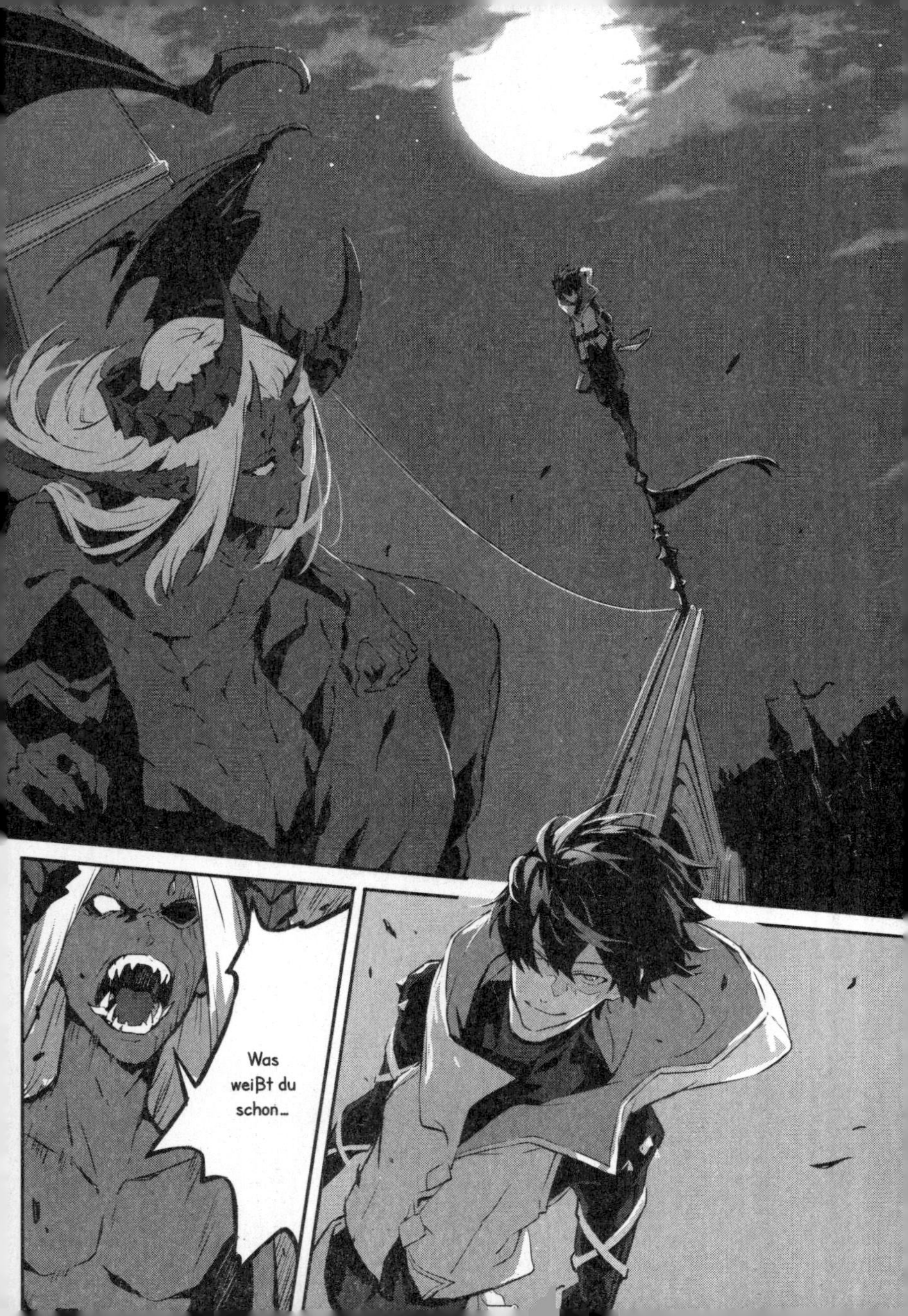
Was weißt du schon…

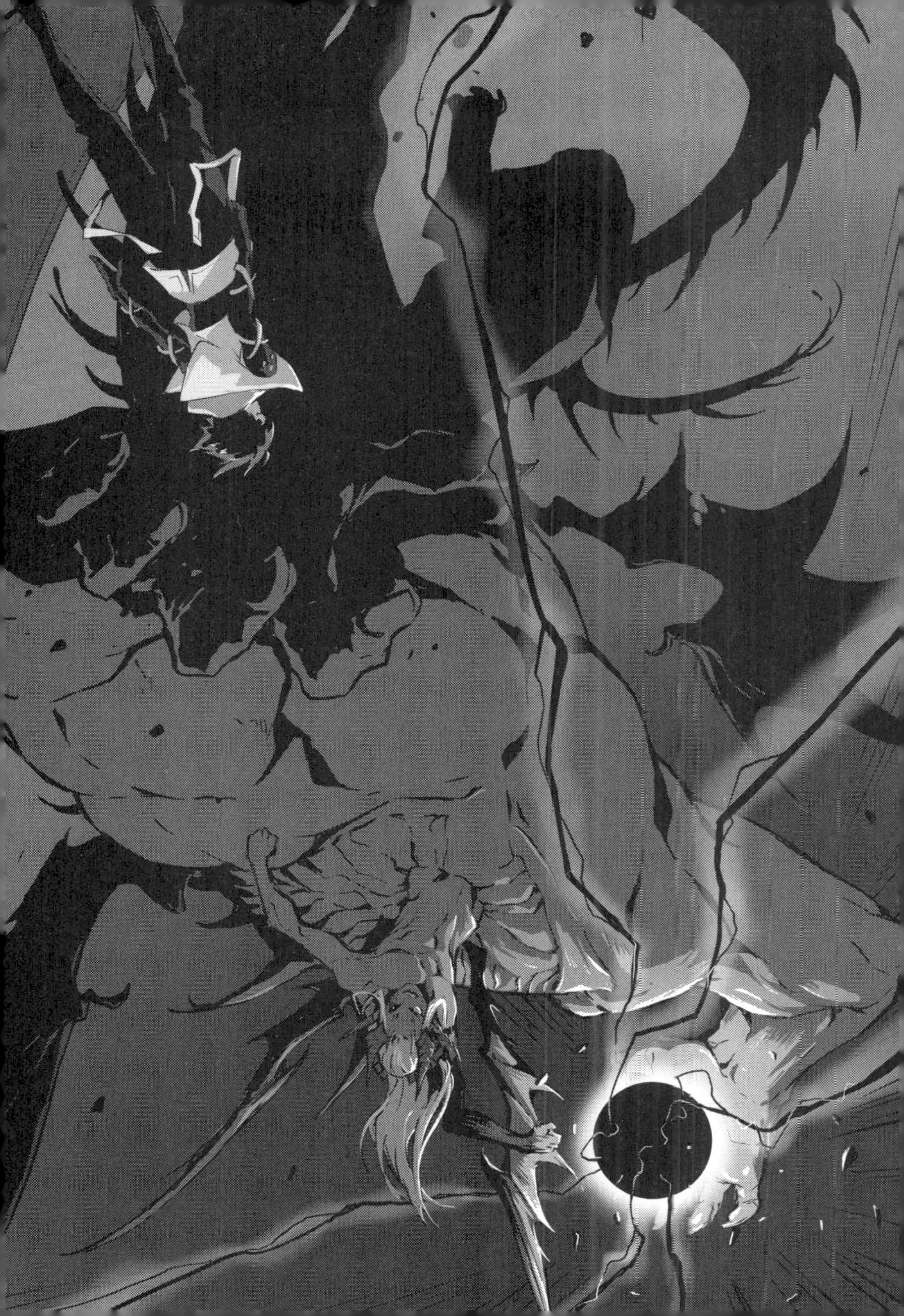

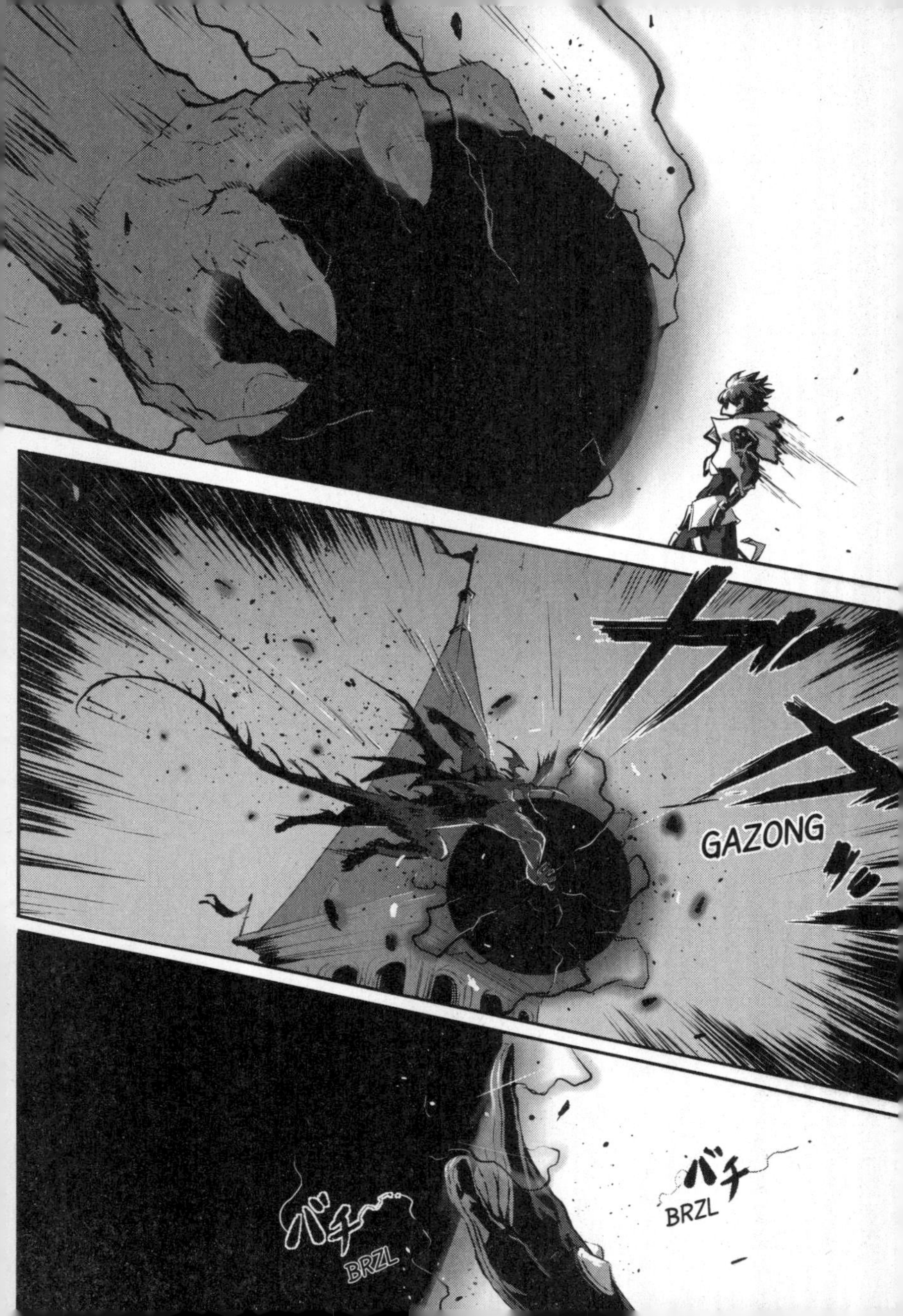
ガガッ
GAZONG
バチ
BRZL
バチ
BRZL

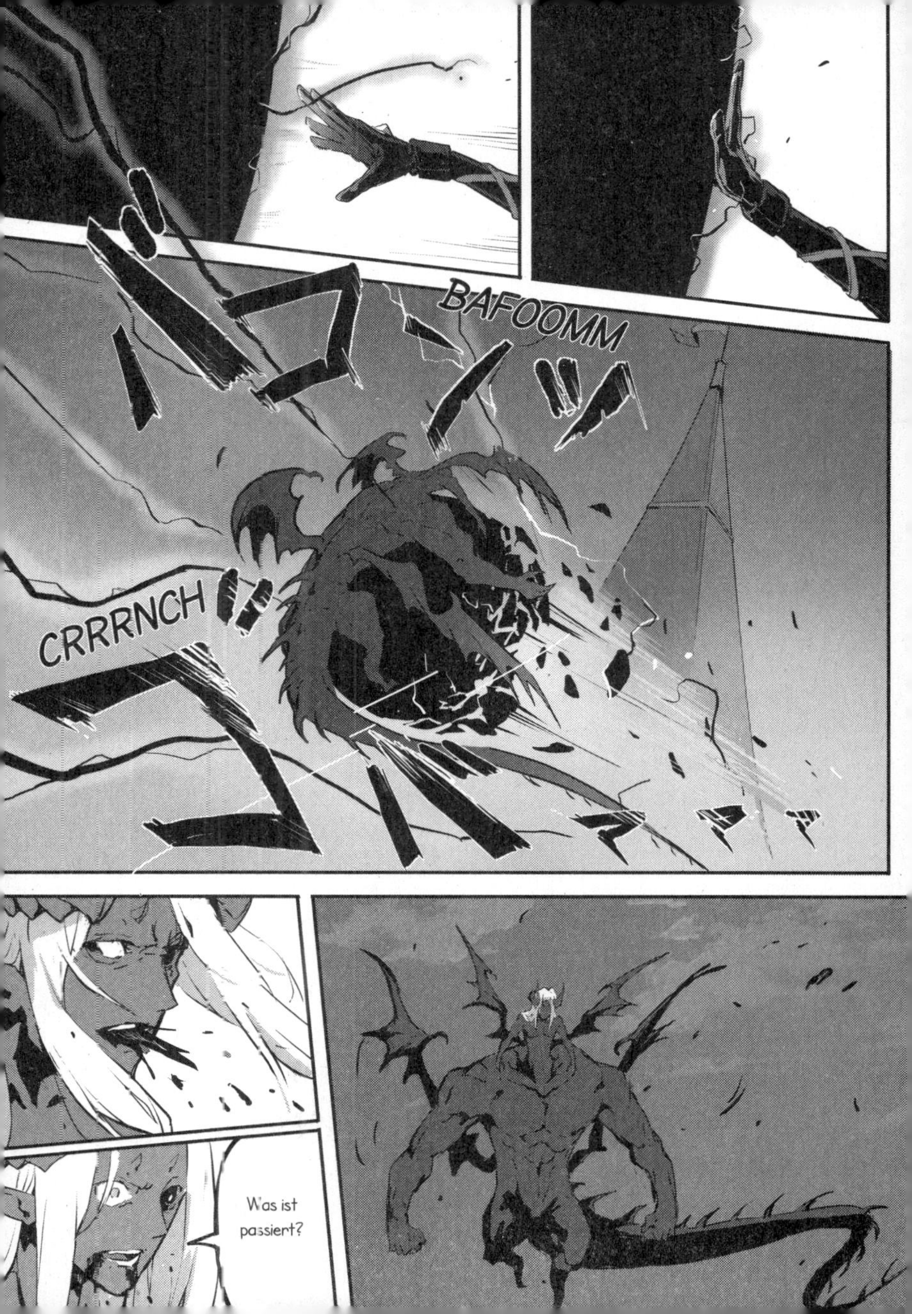
BAFOOMM
CRRRNCH
Was ist passiert?

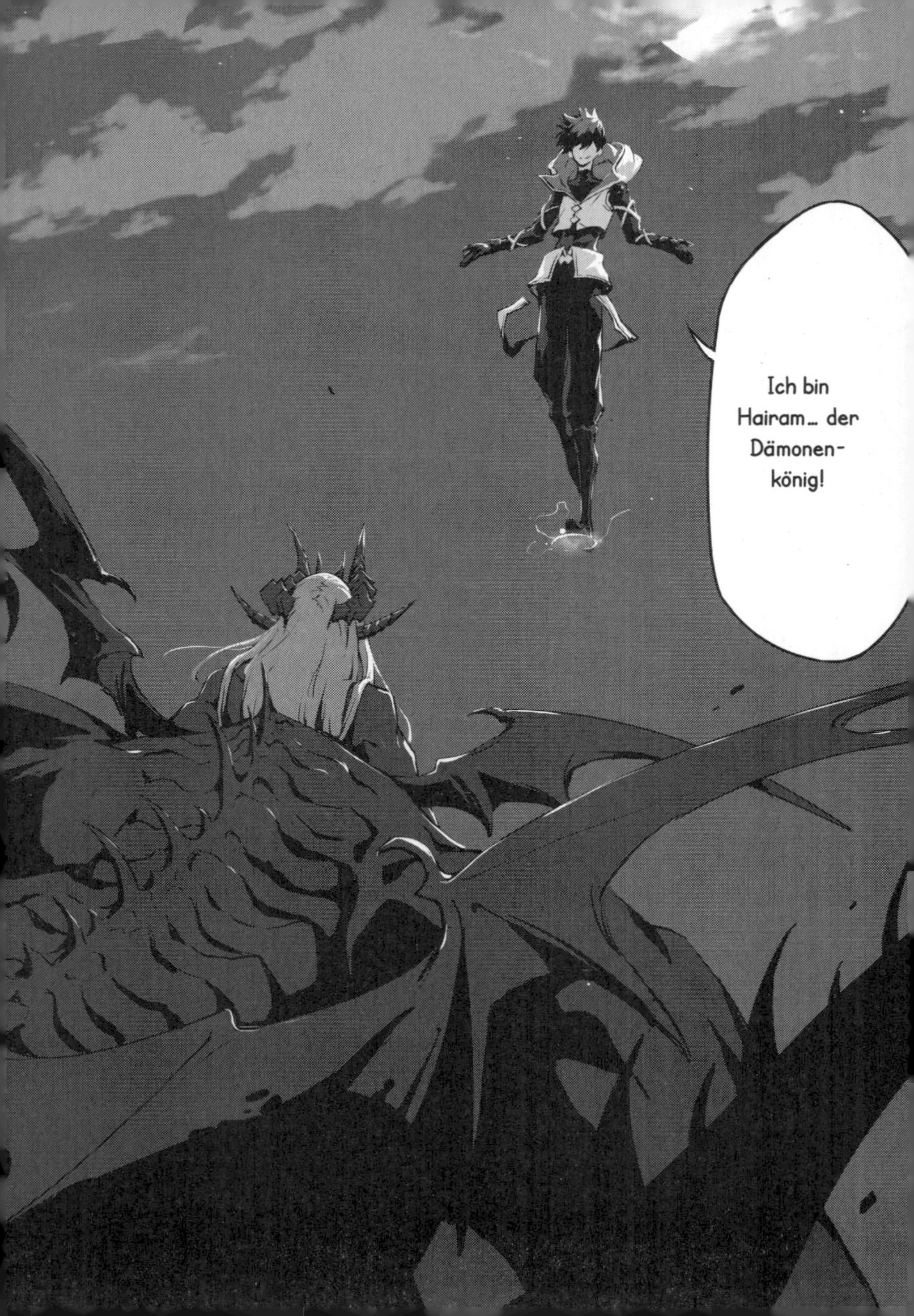
Ich bin Hairam… der Dämonen-könig!

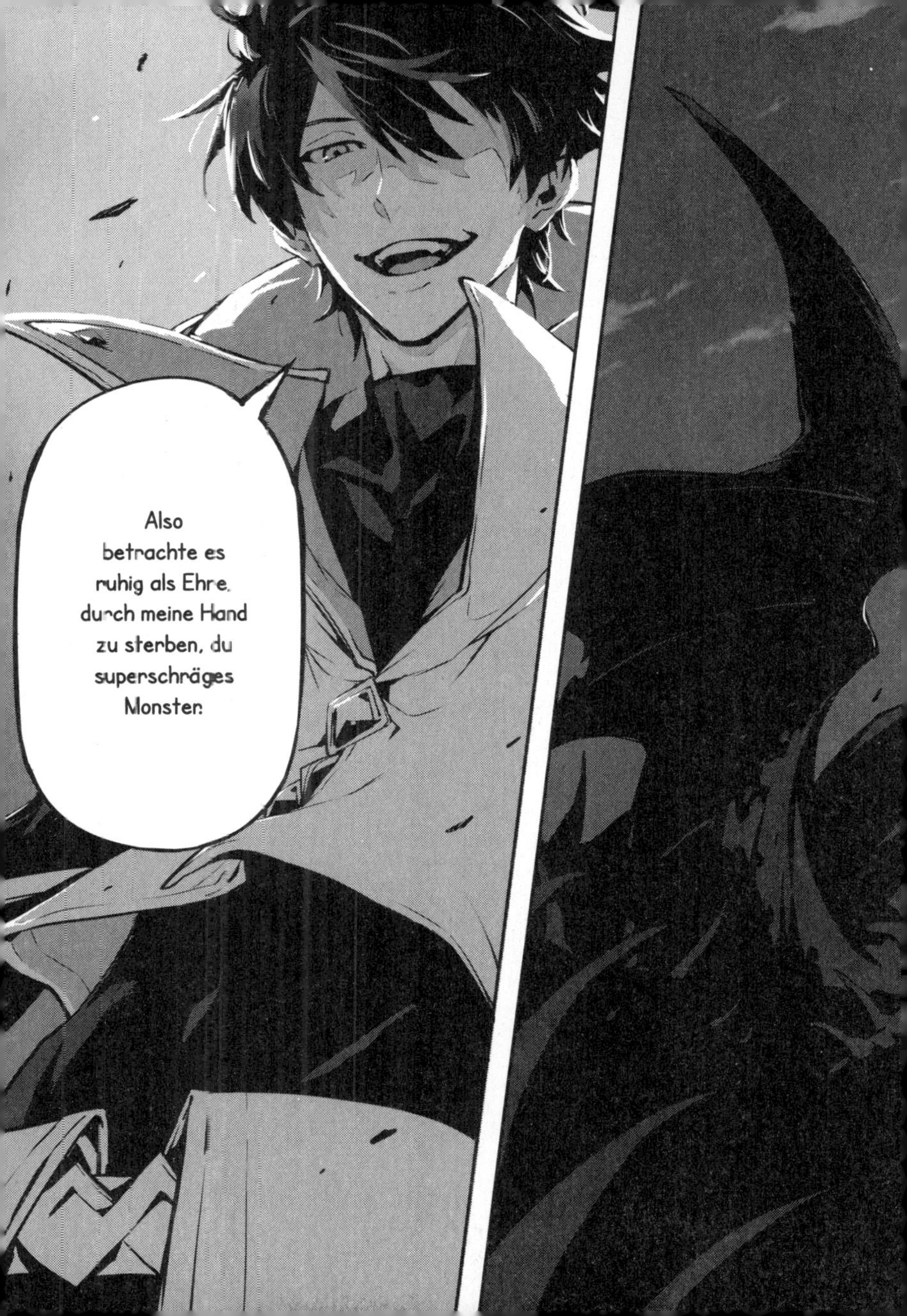
Also betrachte es ruhig als Ehre, durch meine Hand zu sterben, du superschräges Monster.

Demon King of God Killing

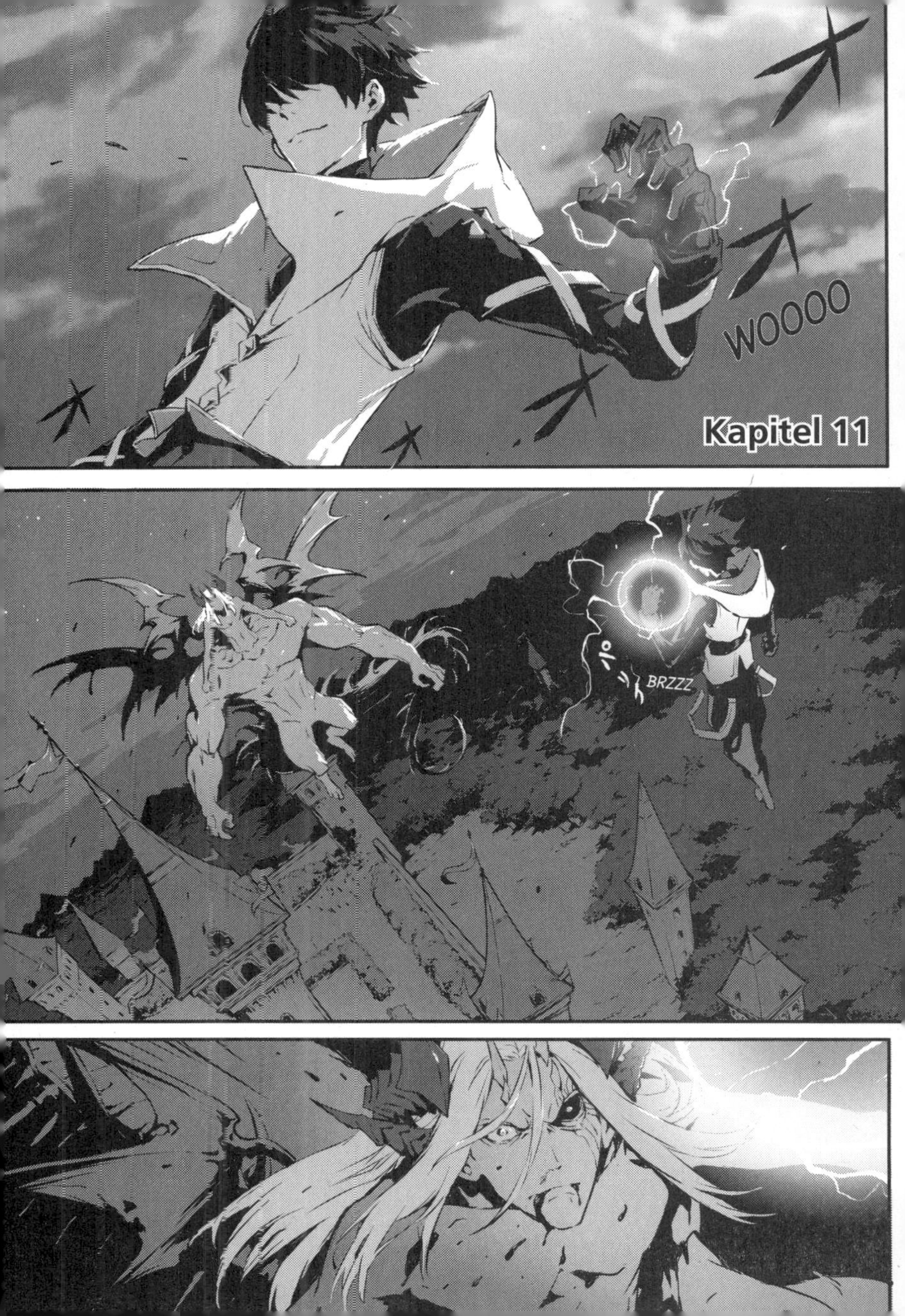

Kapitel 11
WOOOO
BRZZZ

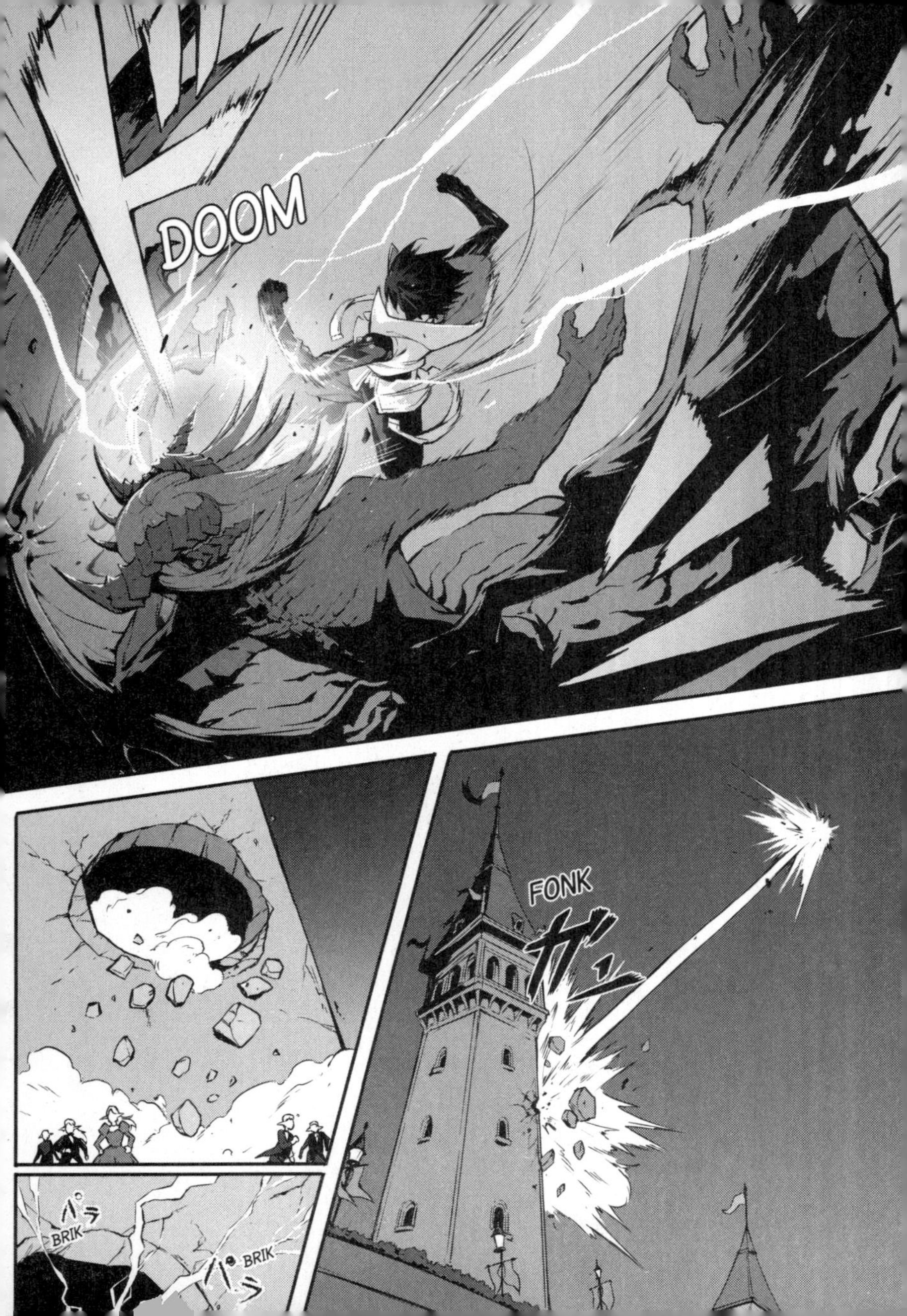
DOOM
ガッ
FONK
パラ
BRIK
パラ
BRIK

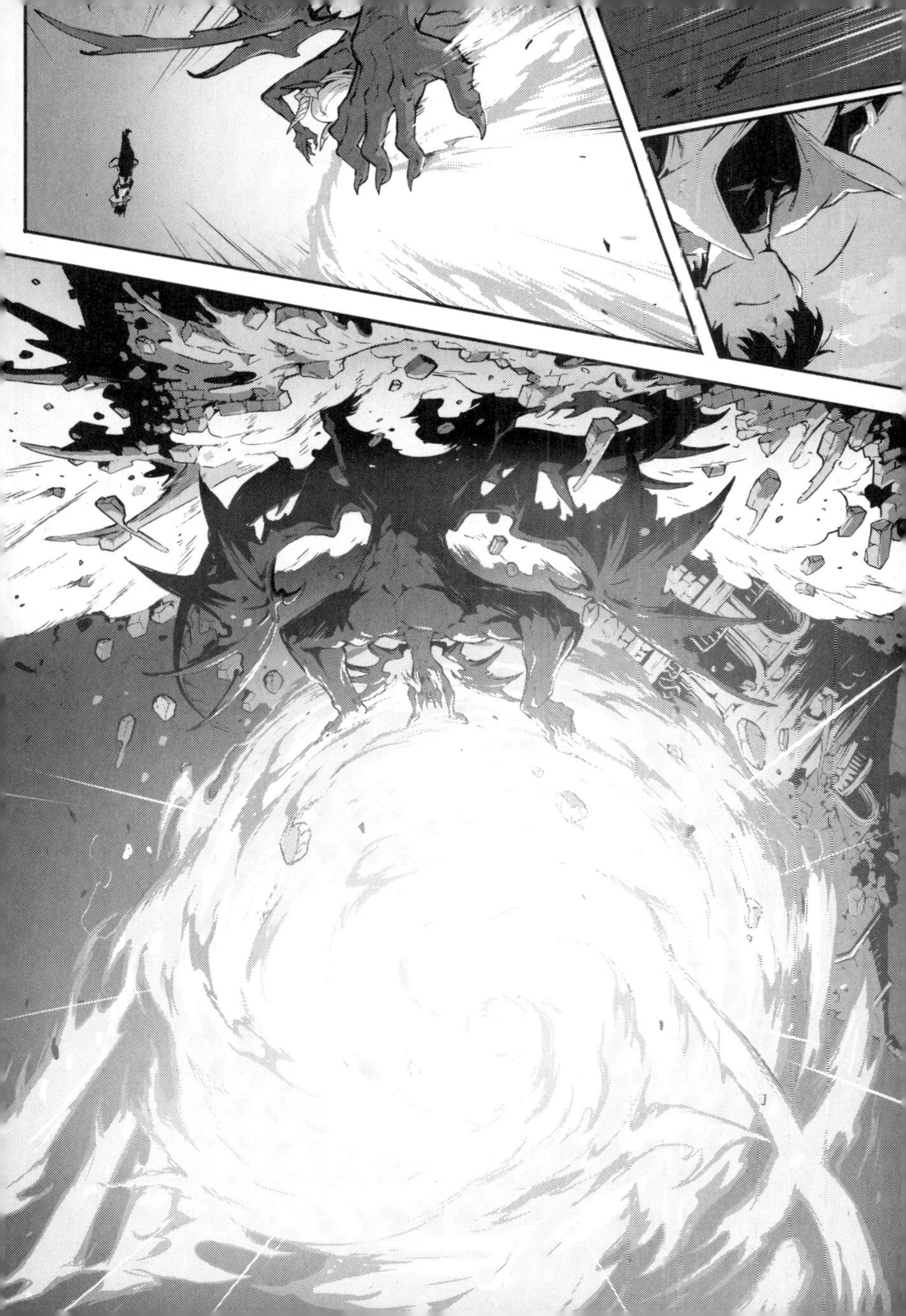

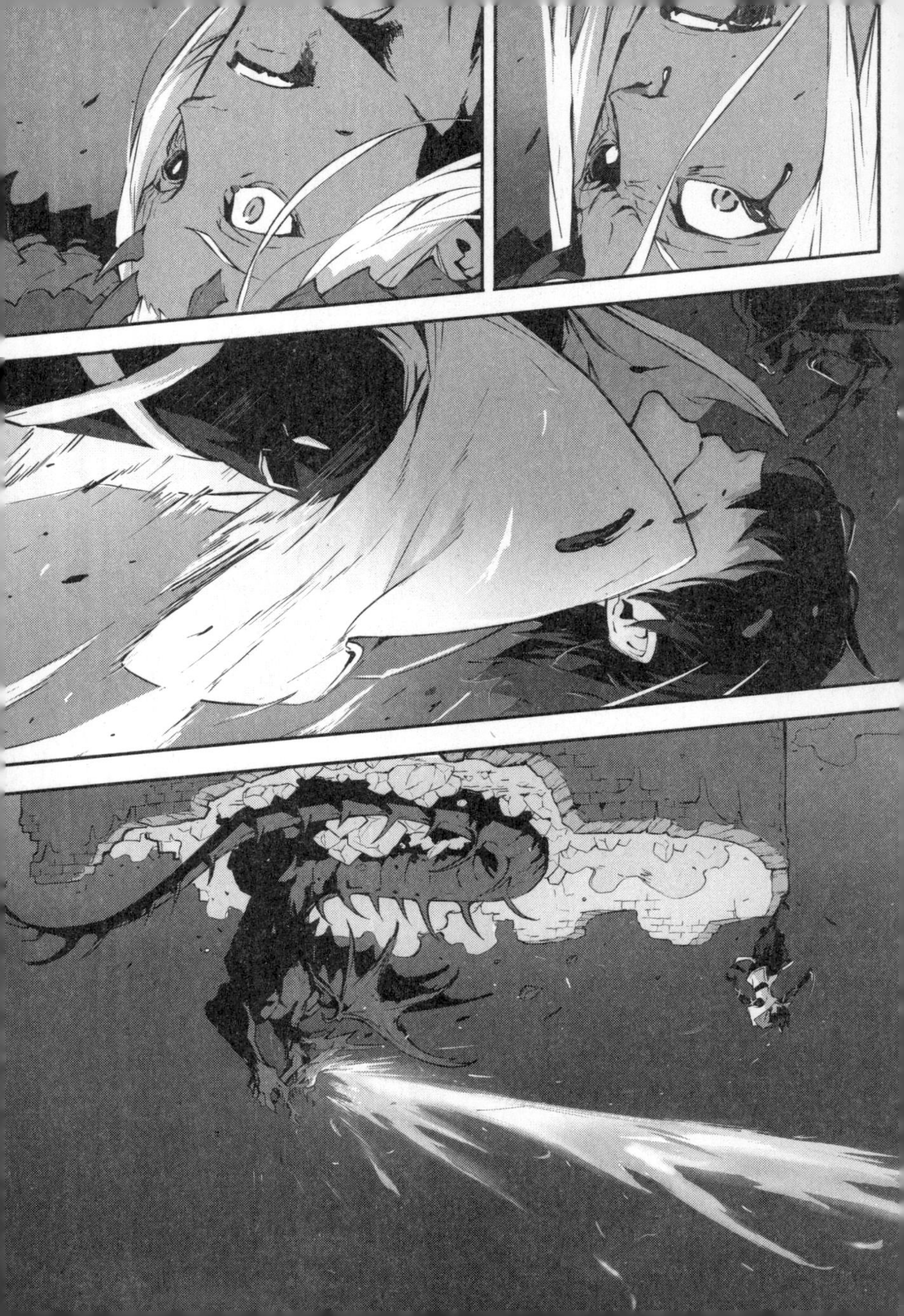

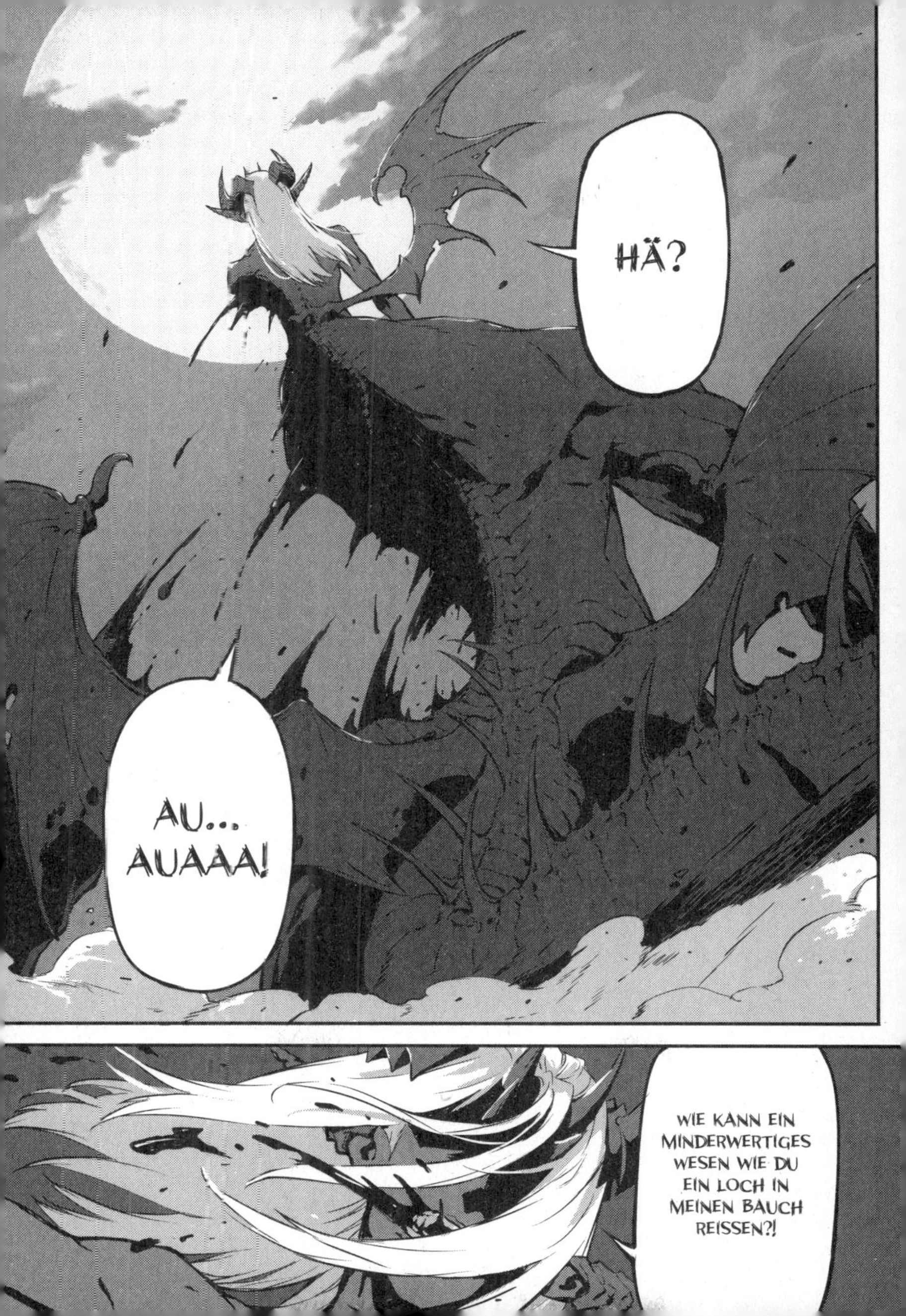
HÄ?
AU... AUAAA!
WIE KANN EIN MINDERWERTIGES WESEN WIE DU EIN LOCH IN MEINEN BAUCH REISSEN?!

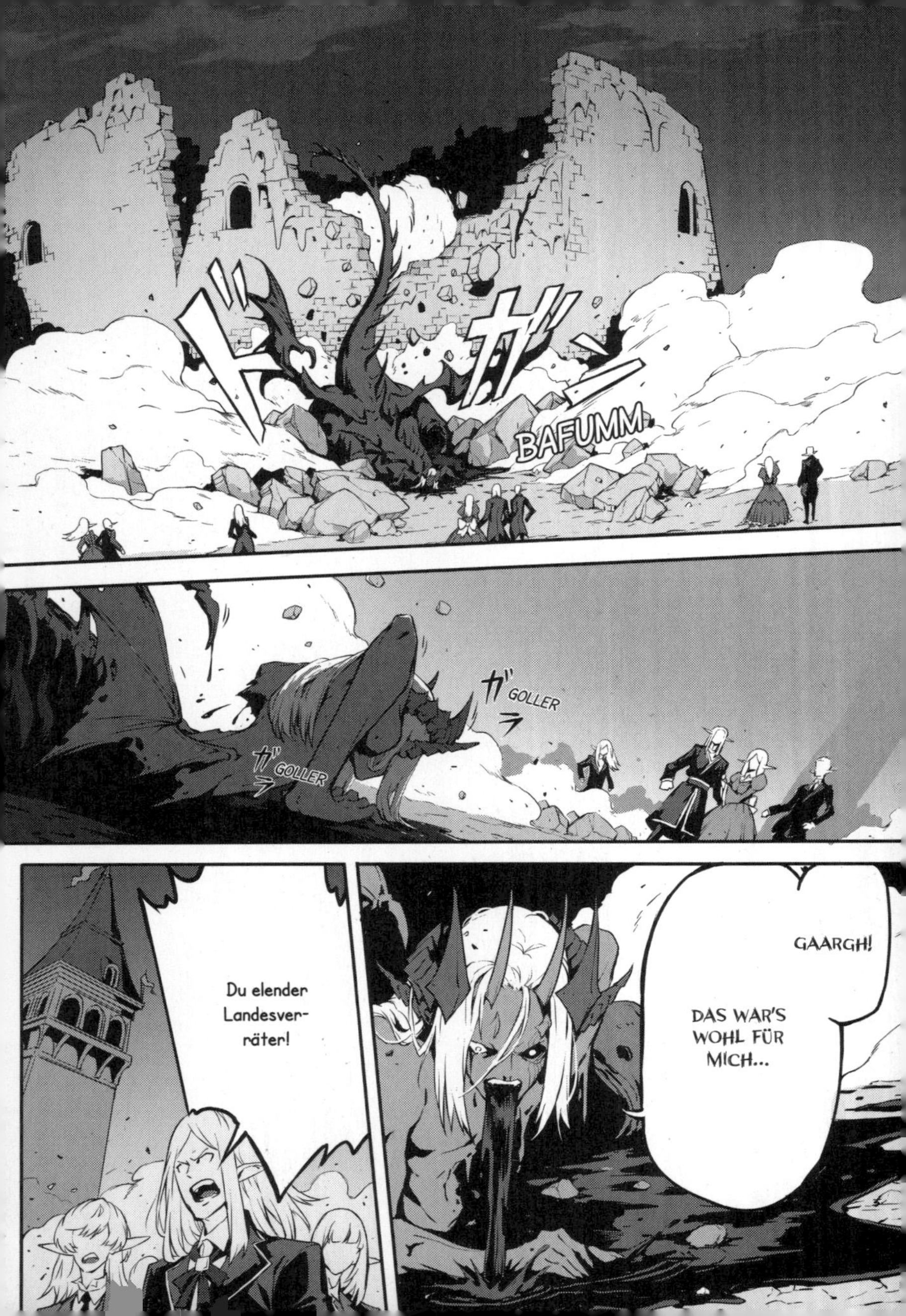
BAFUMM
GOLLER
GOLLER
GAARGH!
DAS WAR'S WOHL FÜR MICH...
Du elender Landesverräter!

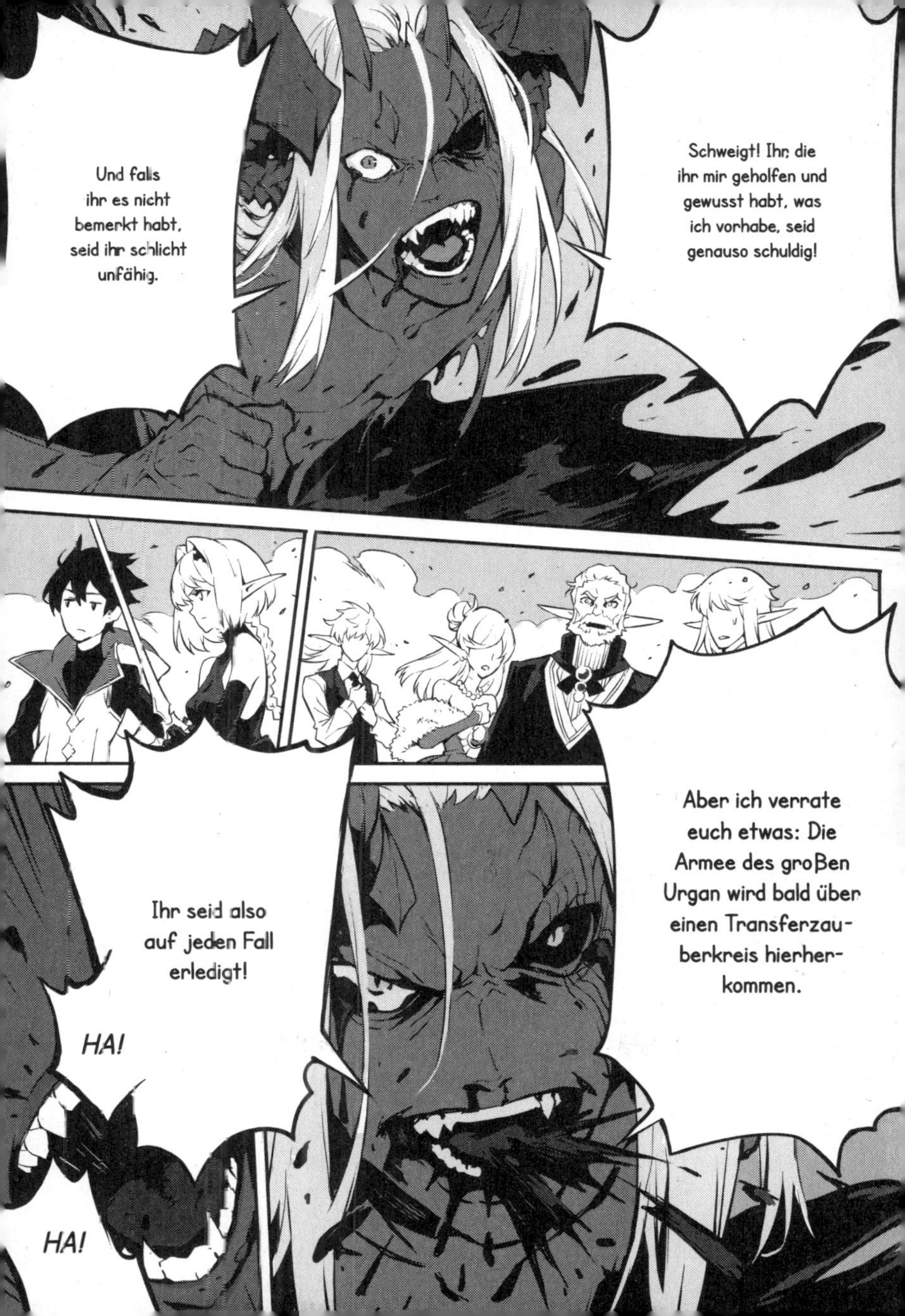
Schweigt! Ihr, die ihr mir geholfen und gewusst habt, was ich vorhabe, seid genauso schuldig!
Und falls ihr es nicht bemerkt habt, seid ihr schlicht unfähig.
Aber ich verrate euch etwas: Die Armee des großen Urgan wird bald über einen Transferzauberkreis hierherkommen.
Ihr seid also auf jeden Fall erledigt!
HA!
HA!

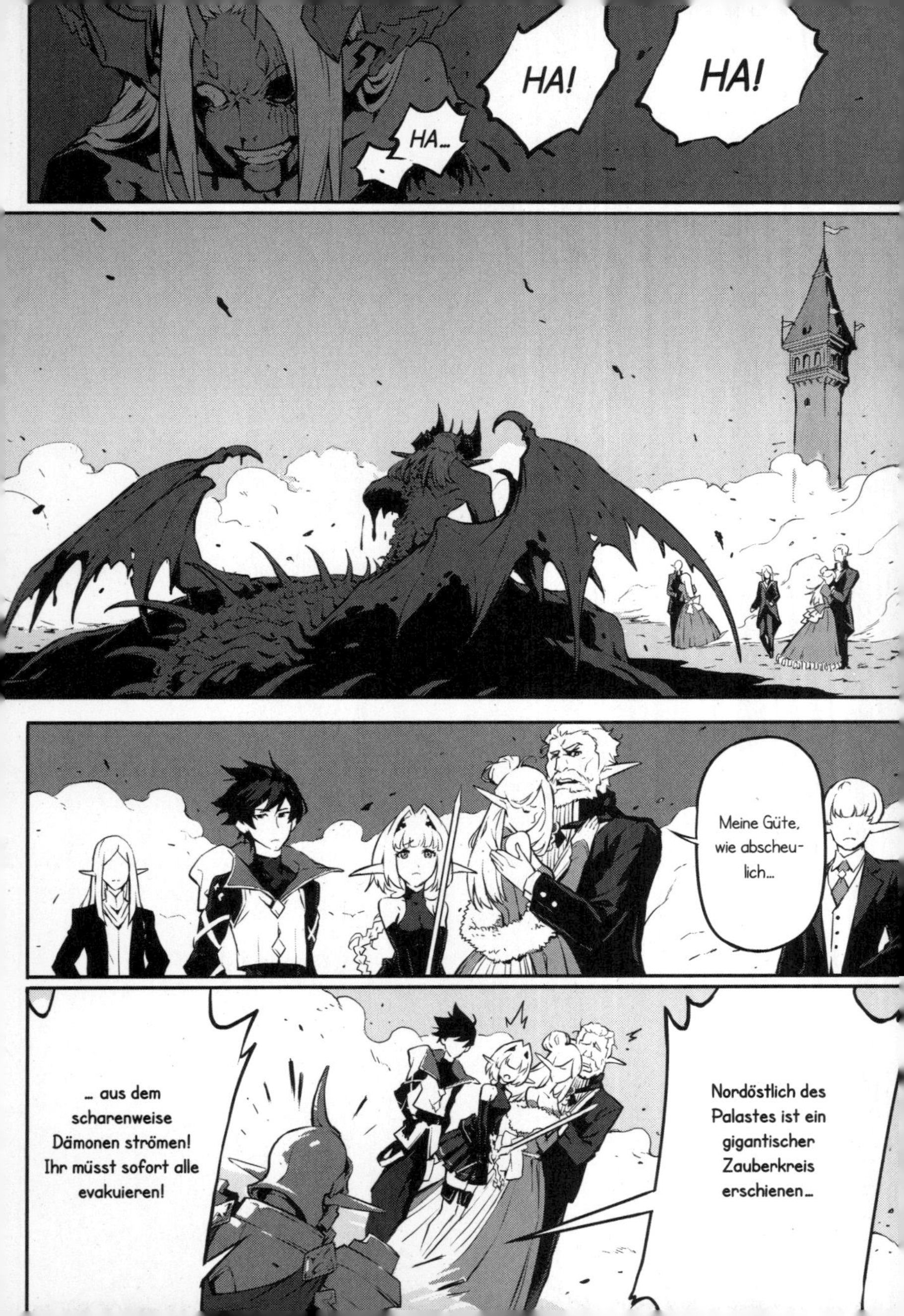
HA!
HA!
HA...
Meine Güte, wie abscheu-lich...
Nordöstlich des Palastes ist ein gigantischer Zauberkreis erschienen...
... aus dem scharenweise Dämonen strömen! Ihr müsst sofort alle evakuieren!

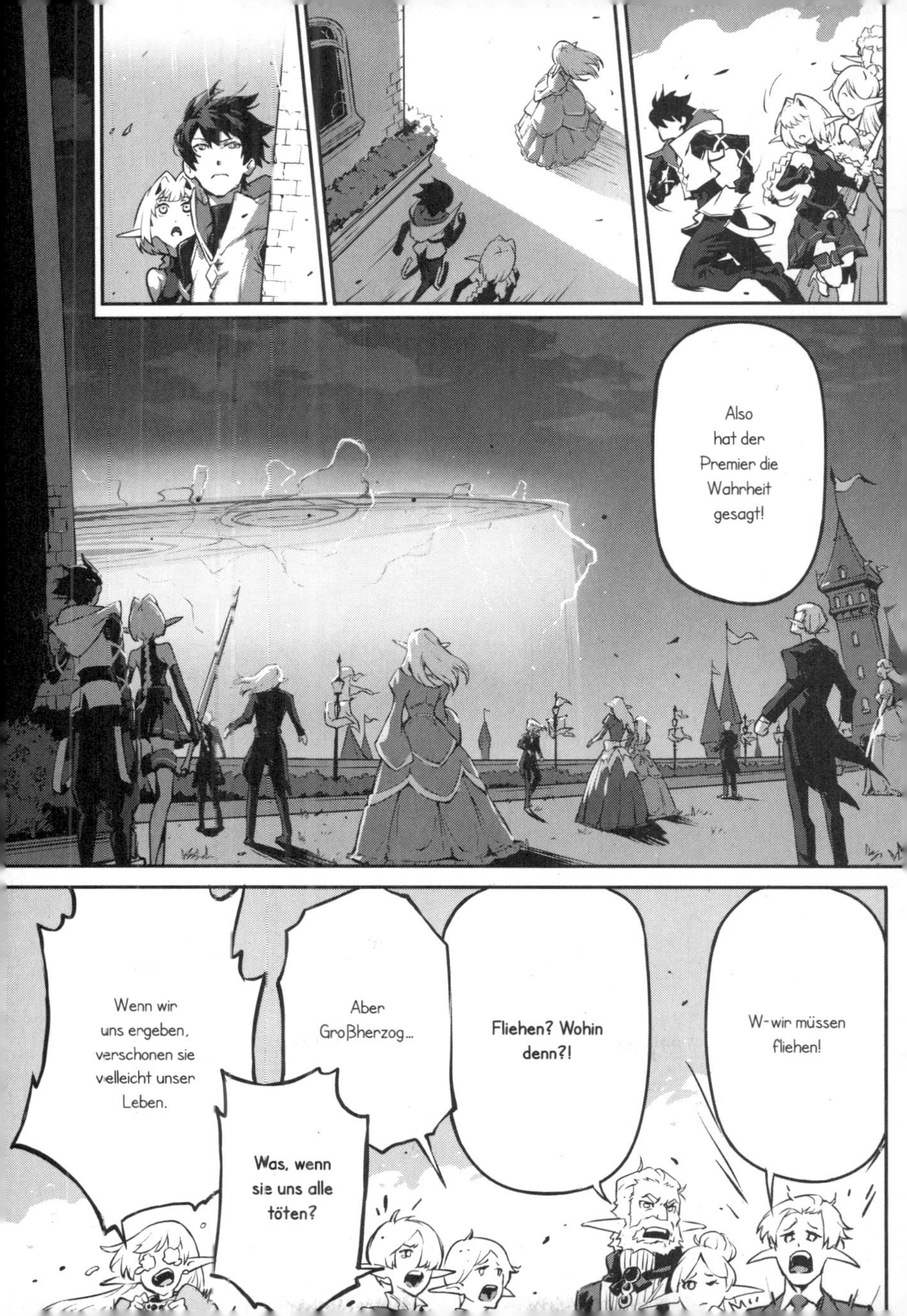
Also hat der Premier die Wahrheit gesagt!
W-wir müssen fliehen!
Fliehen? Wohin denn?!
Aber Großherzog...
Was, wenn sie uns alle töten?
Wenn wir uns ergeben, verschonen sie vielleicht unser Leben.

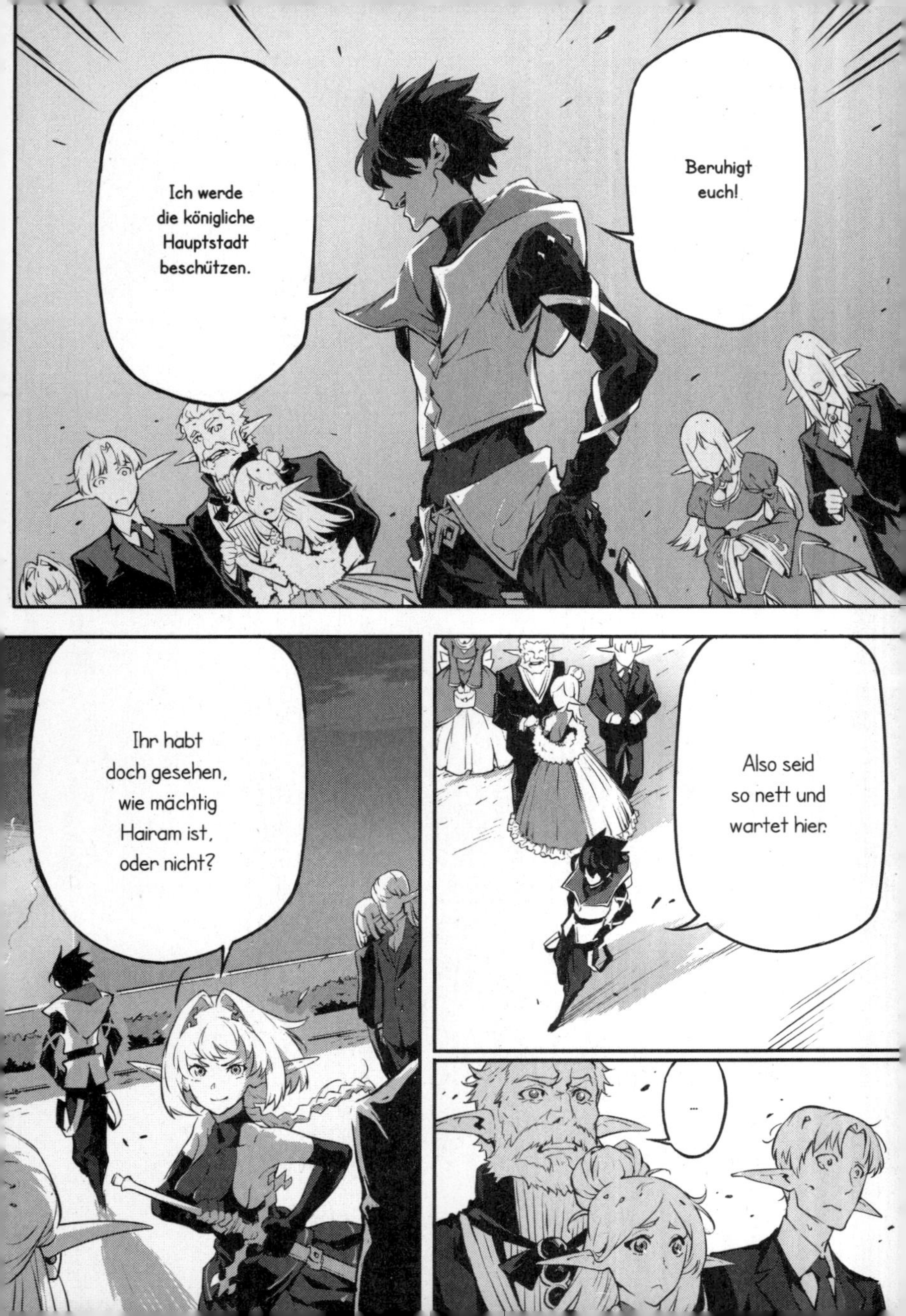
Beruhigt euch!
Ich werde die königliche Hauptstadt beschützen.
Also seid so nett und wartet hier.
...
Ihr habt doch gesehen, wie mächtig Hairam ist, oder nicht?

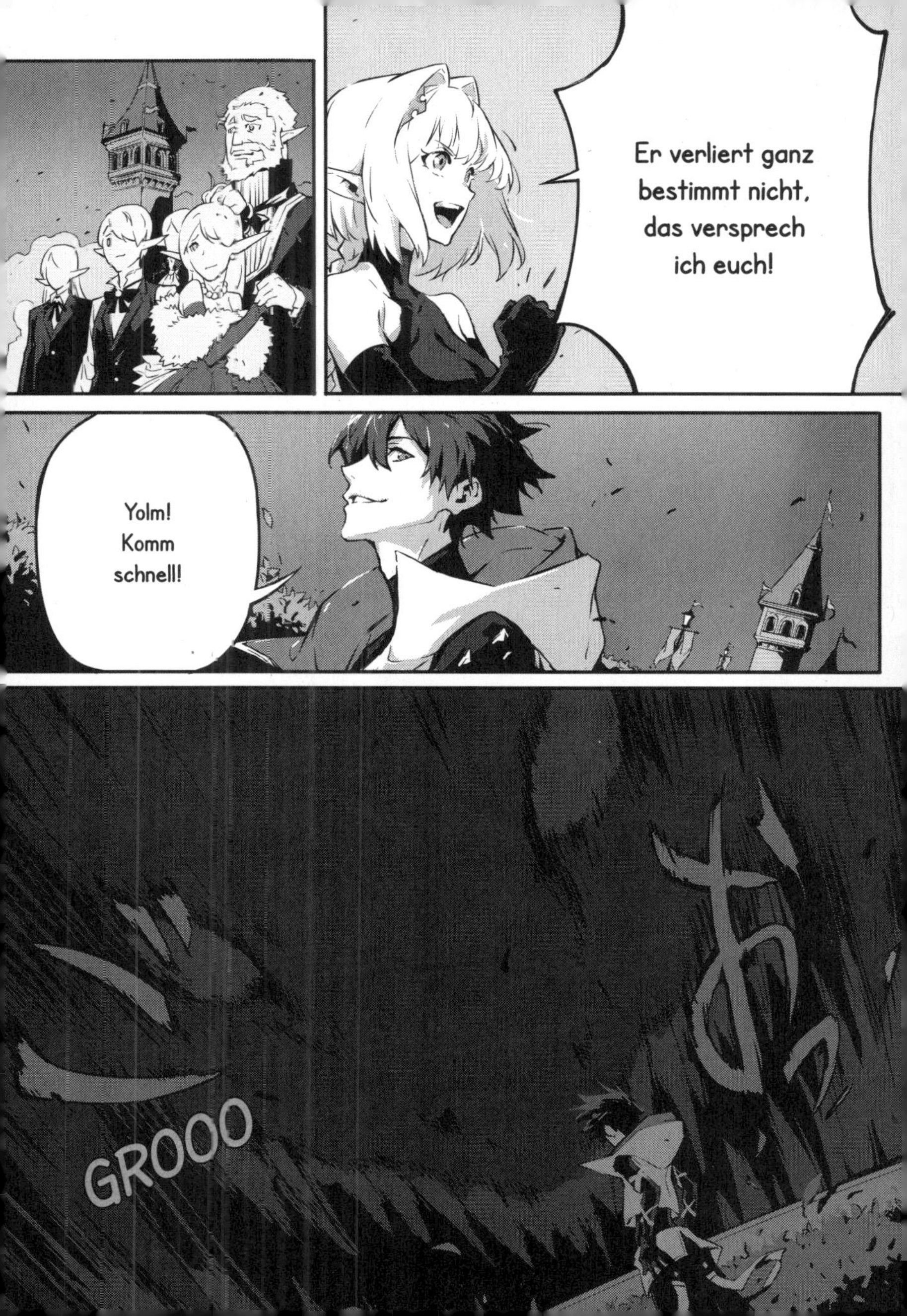
Er verliert ganz bestimmt nicht, das versprech ich euch!
Yolm! Komm schnell!
GROOO

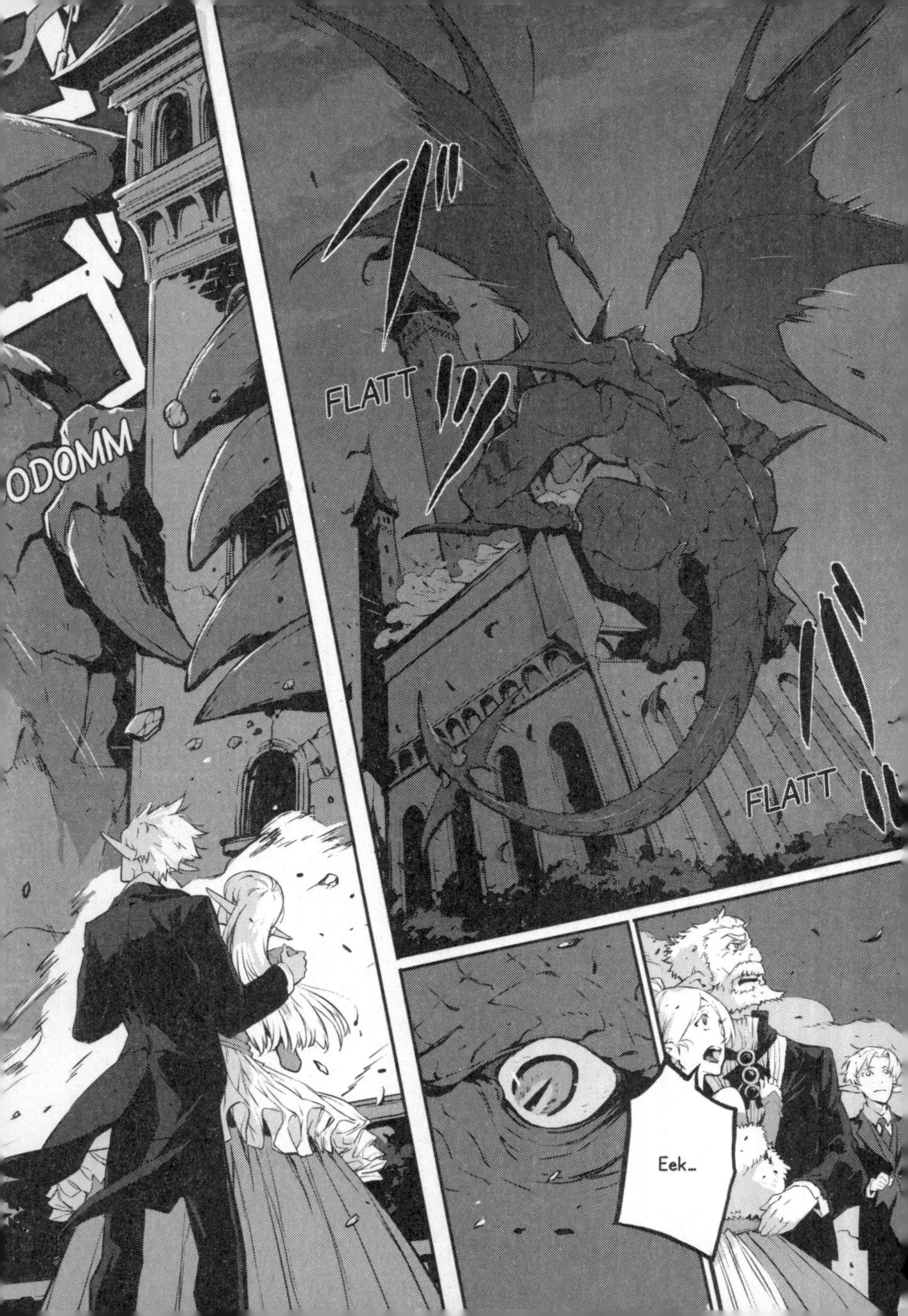
FLATT
FLATT
ODOMM
Eek…

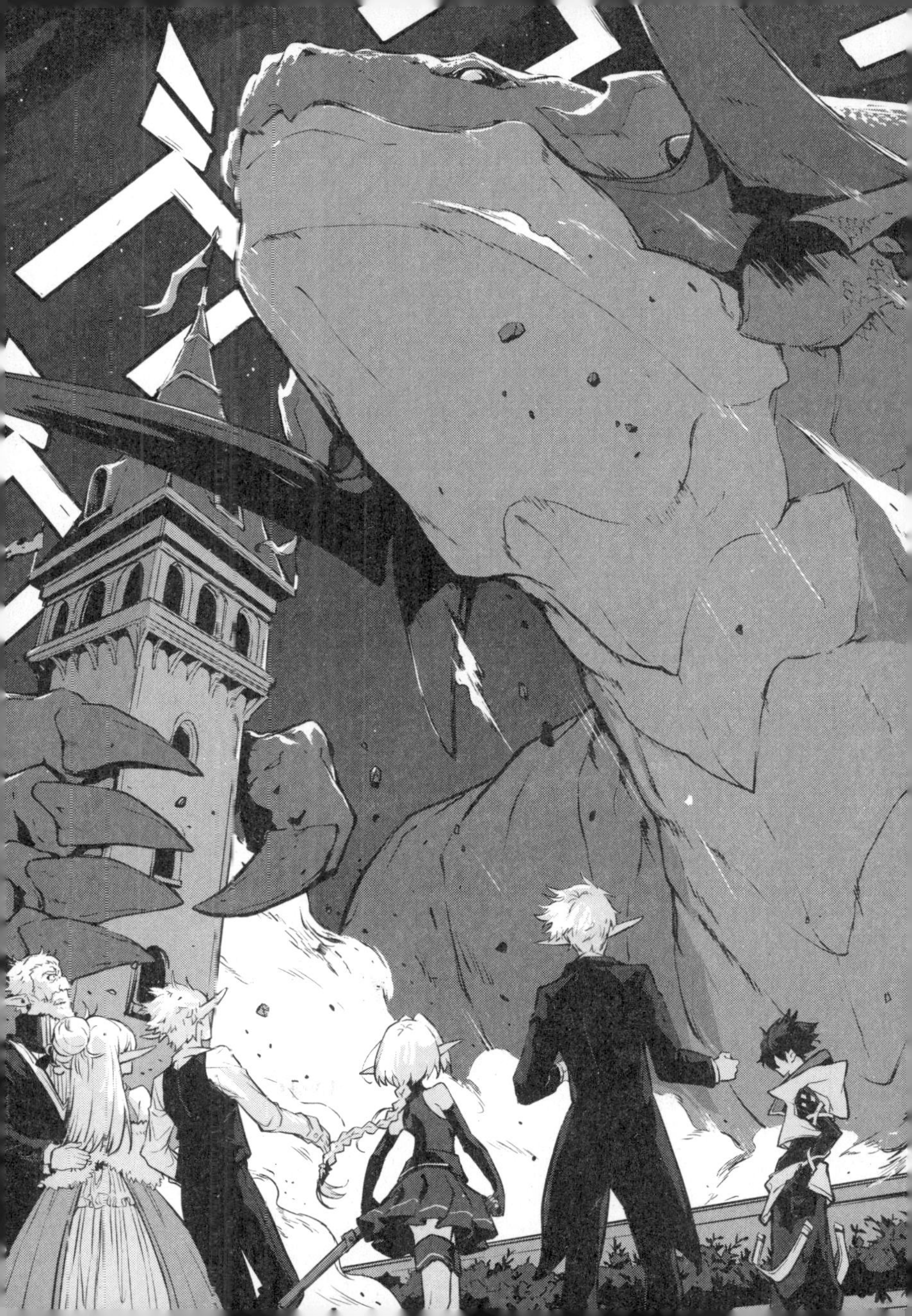

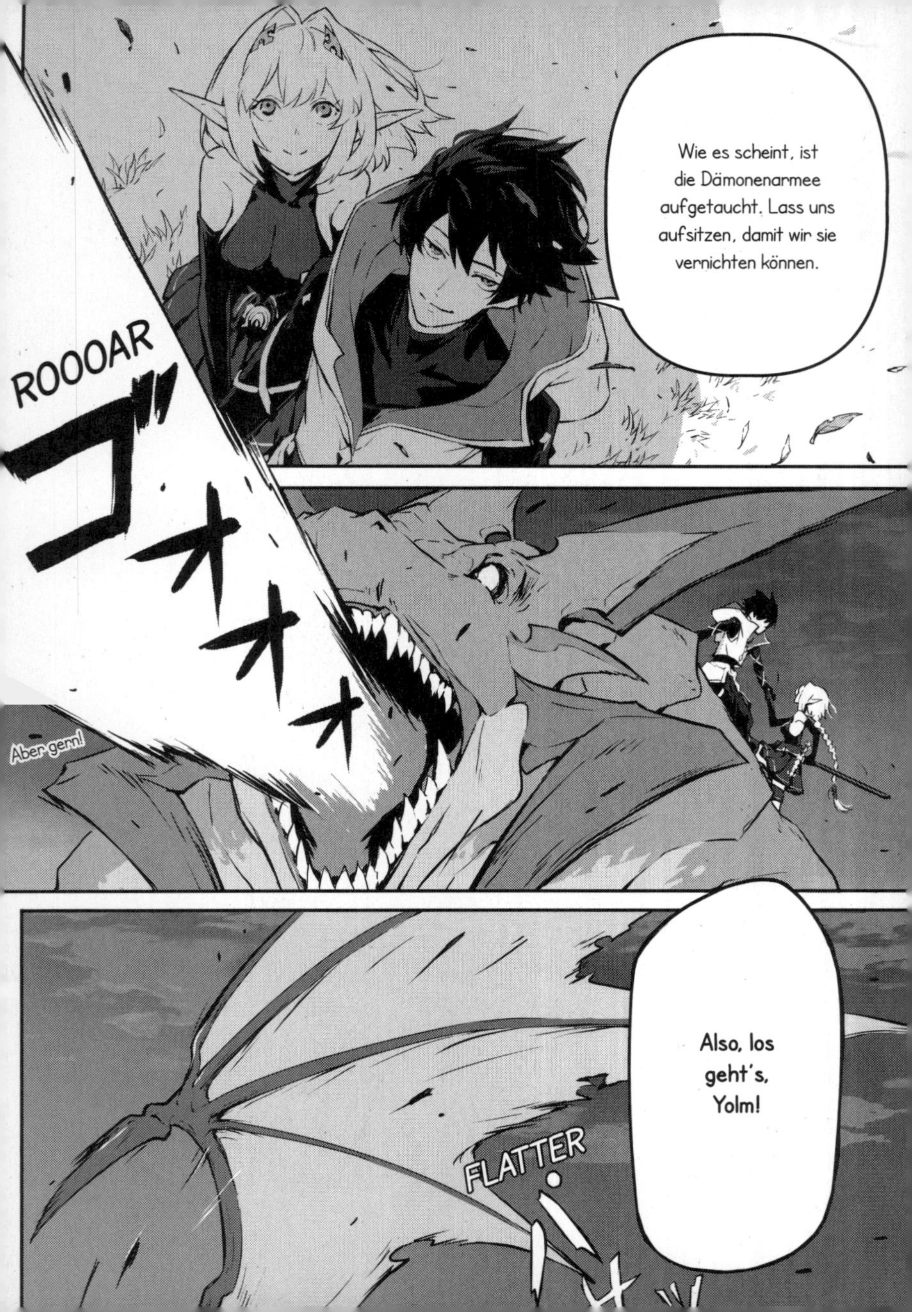
Wie es scheint, ist die Dämonenarmee aufgetaucht. Lass uns aufsitzen, damit wir sie vernichten können.
ROOOAR
Aber gern!
Also, los geht's, Yolm!
FLATTER

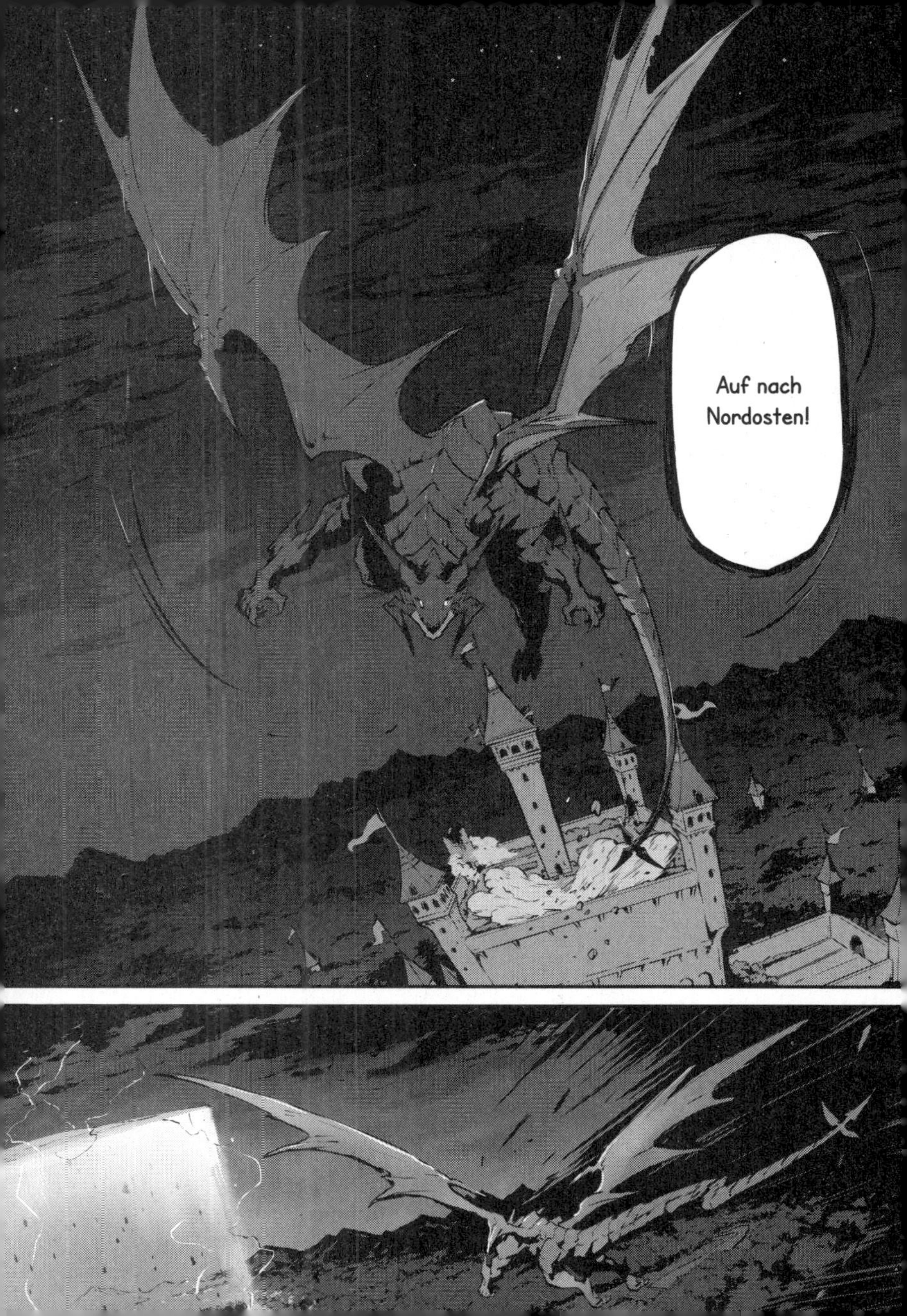
Auf nach Nordosten!

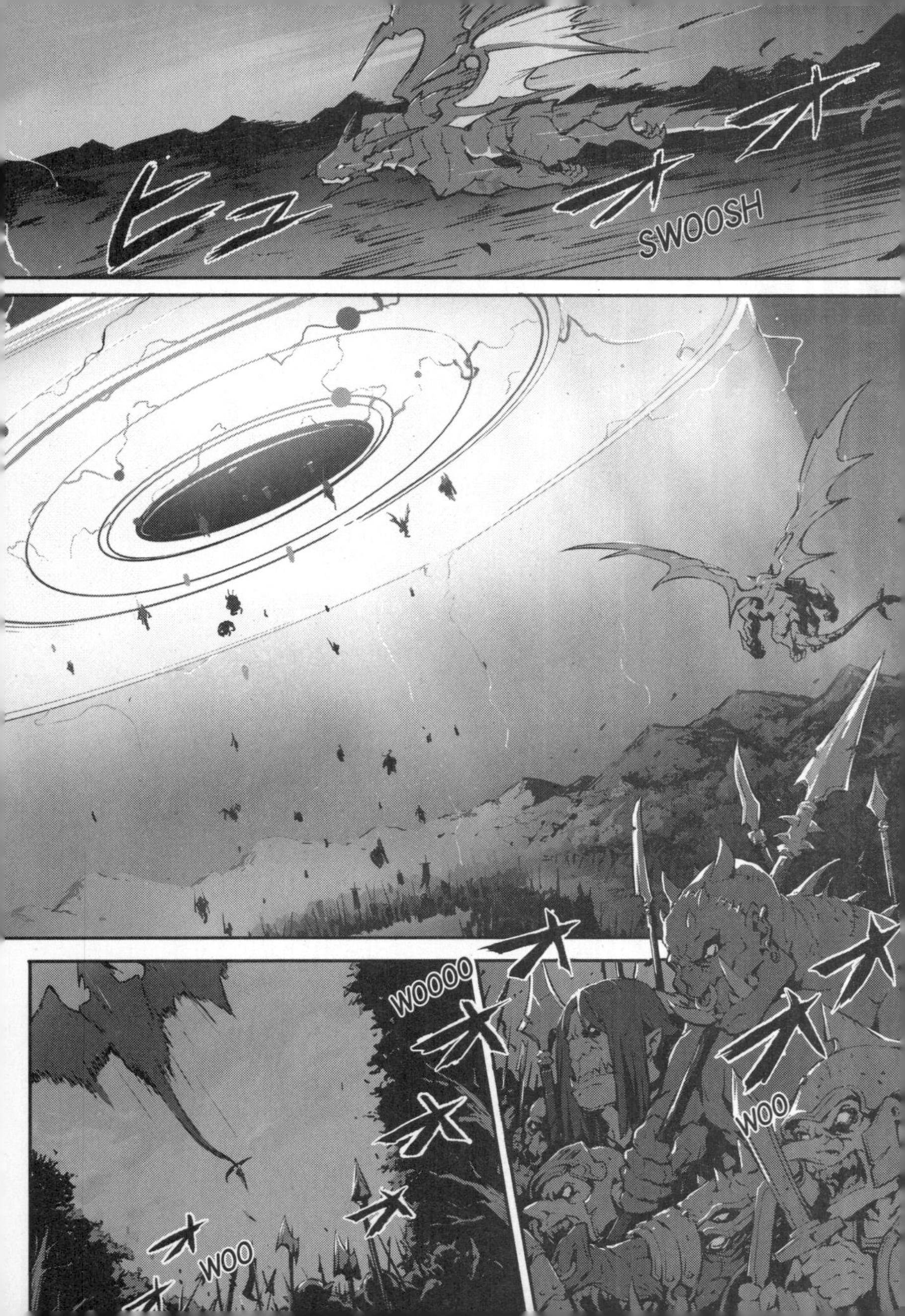

SWOOSH
WOO
WOOOO
WOO

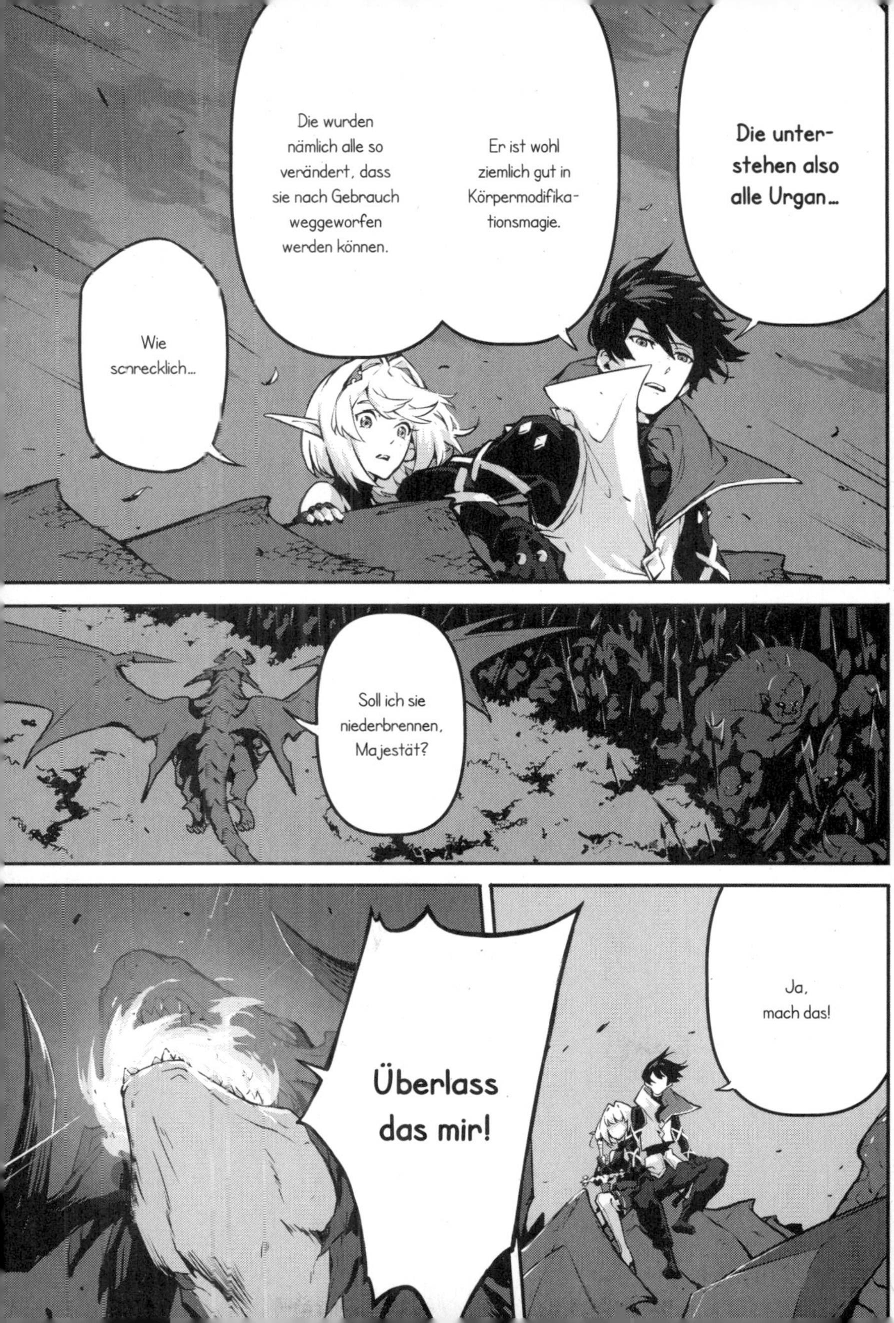

Die unter-
stehen also
alle Urgan...
Er ist wohl
ziemlich gut in
Körpermodifika-
tionsmagie.
Die wurden
nämlich alle so
verändert, dass
sie nach Gebrauch
weggeworfen
werden können.
Wie
schrecklich...
Soll ich sie
niederbrennen,
Majestät?
Ja,
mach das!
Überlass
das mir!

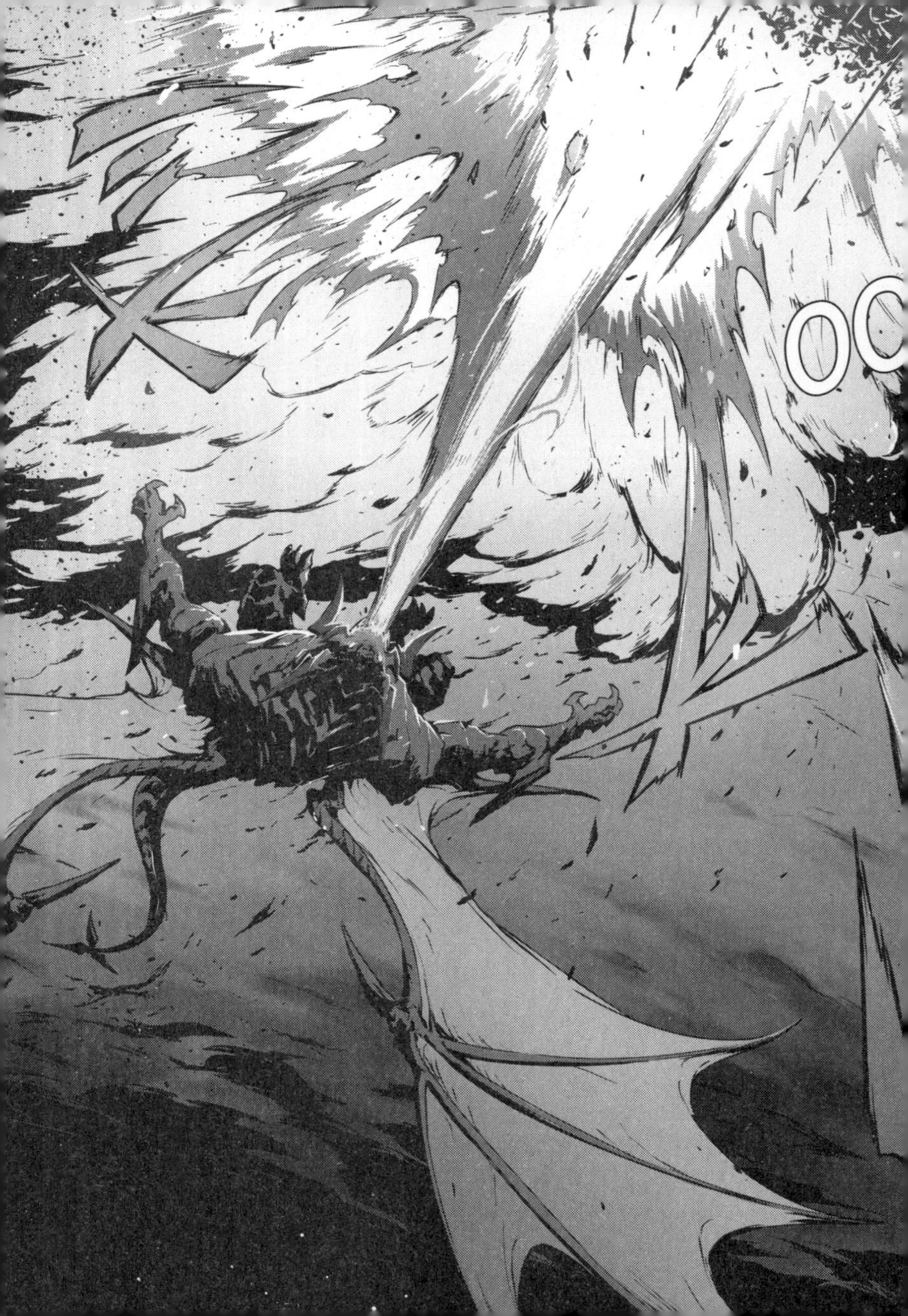

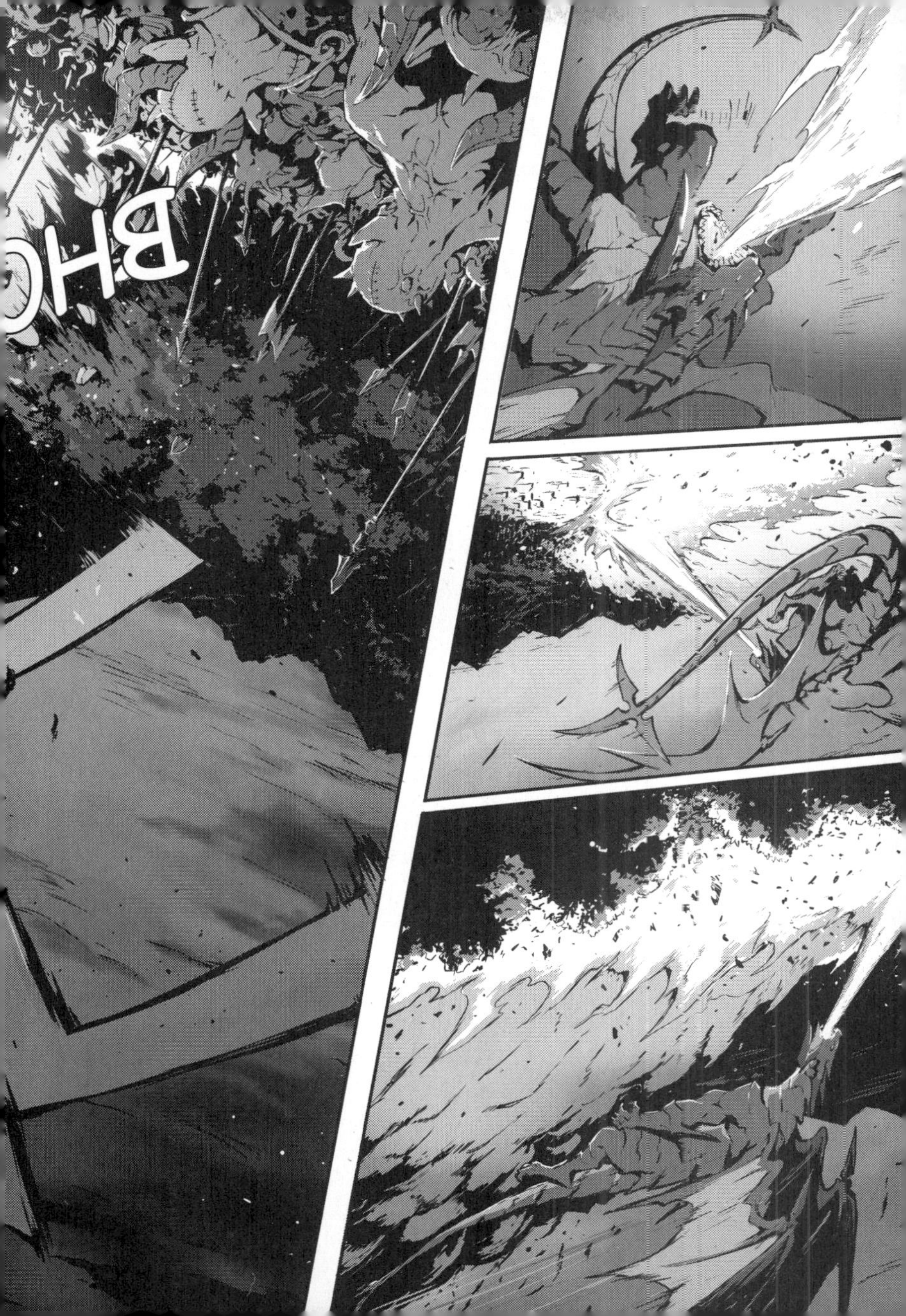
BHO

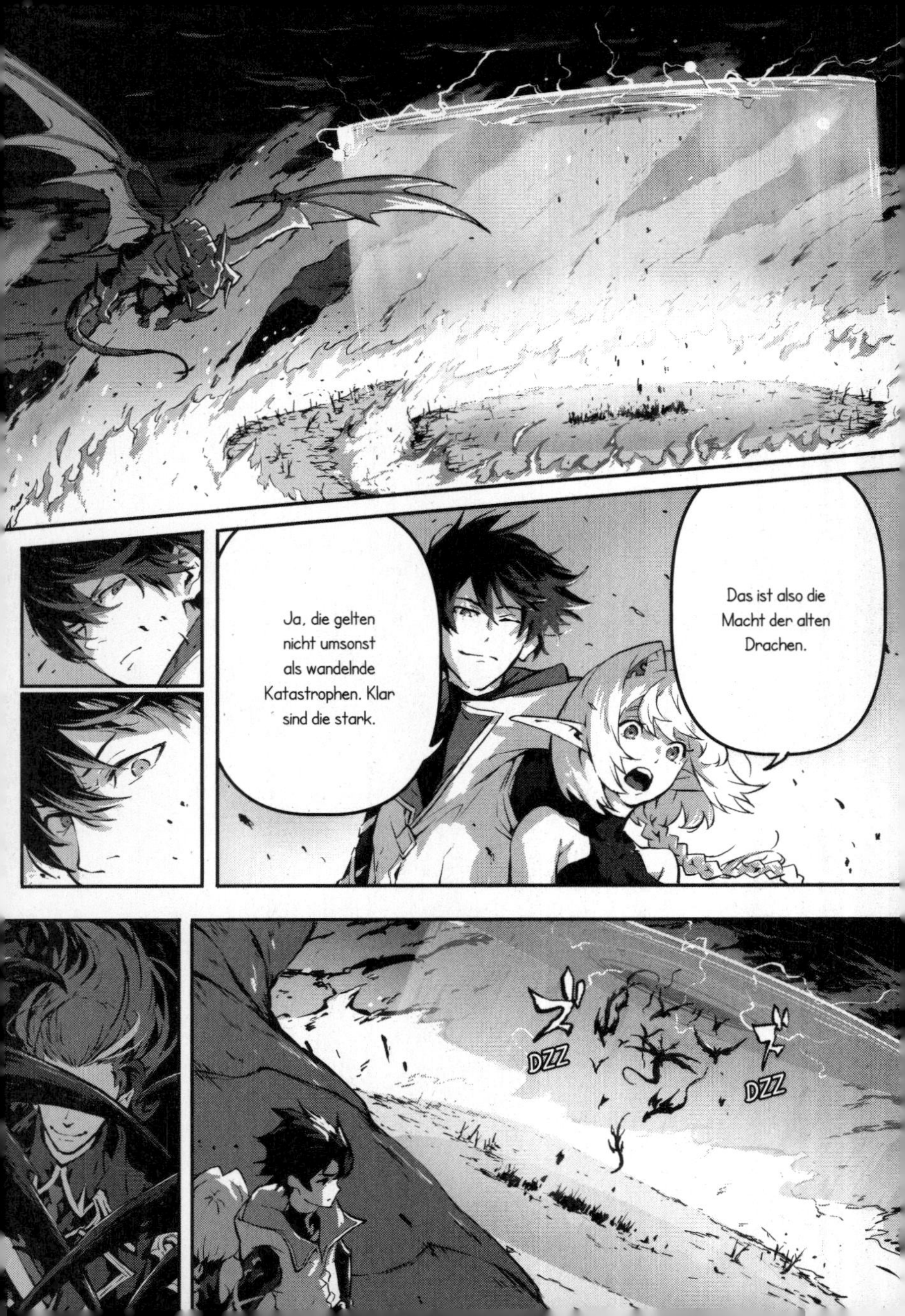
Das ist also die
Macht der alten
Drachen.
Ja, die gelten
nicht umsonst
als wandelnde
Katastrophen. Klar
sind die stark.
DZZ
DZZ

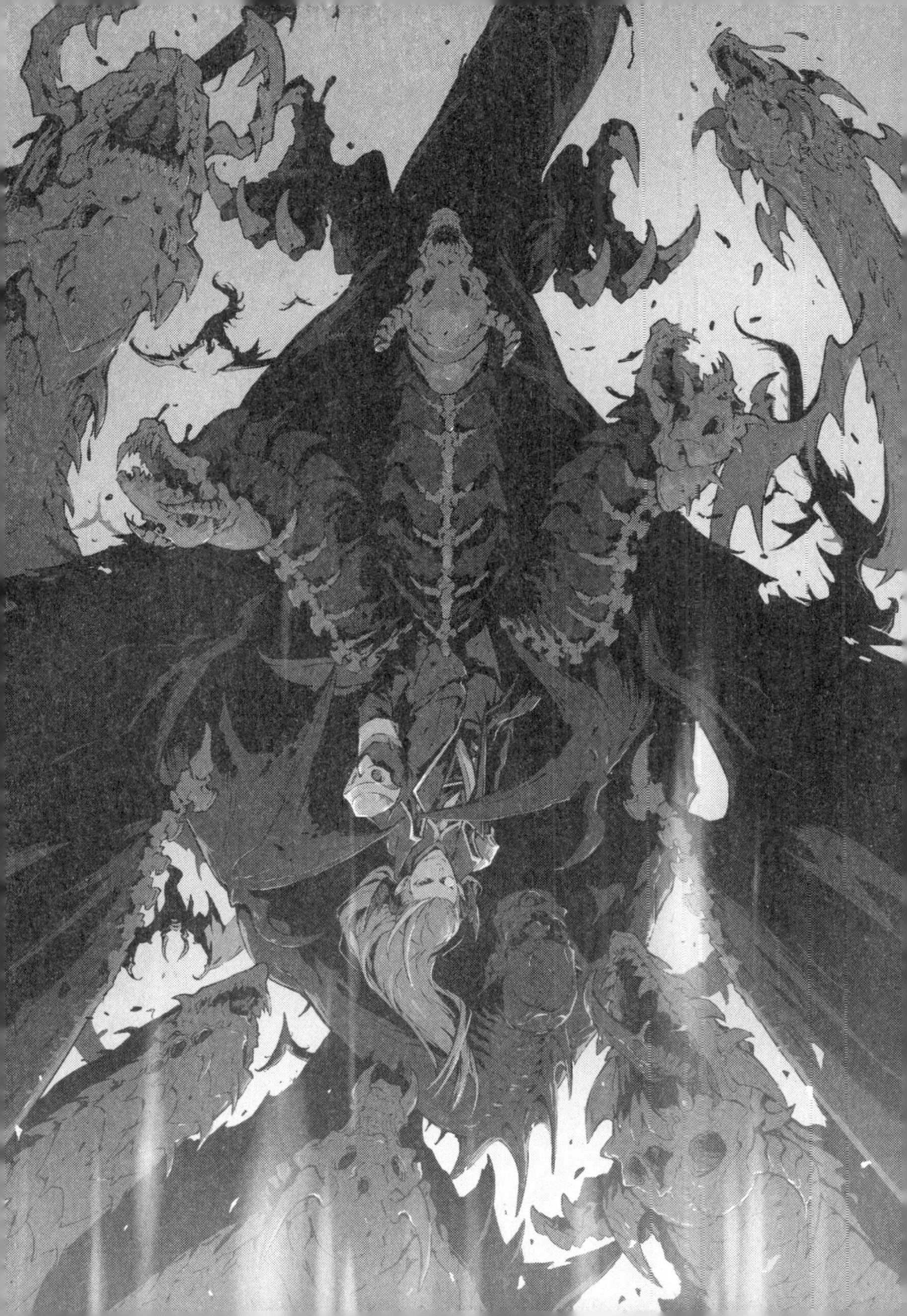

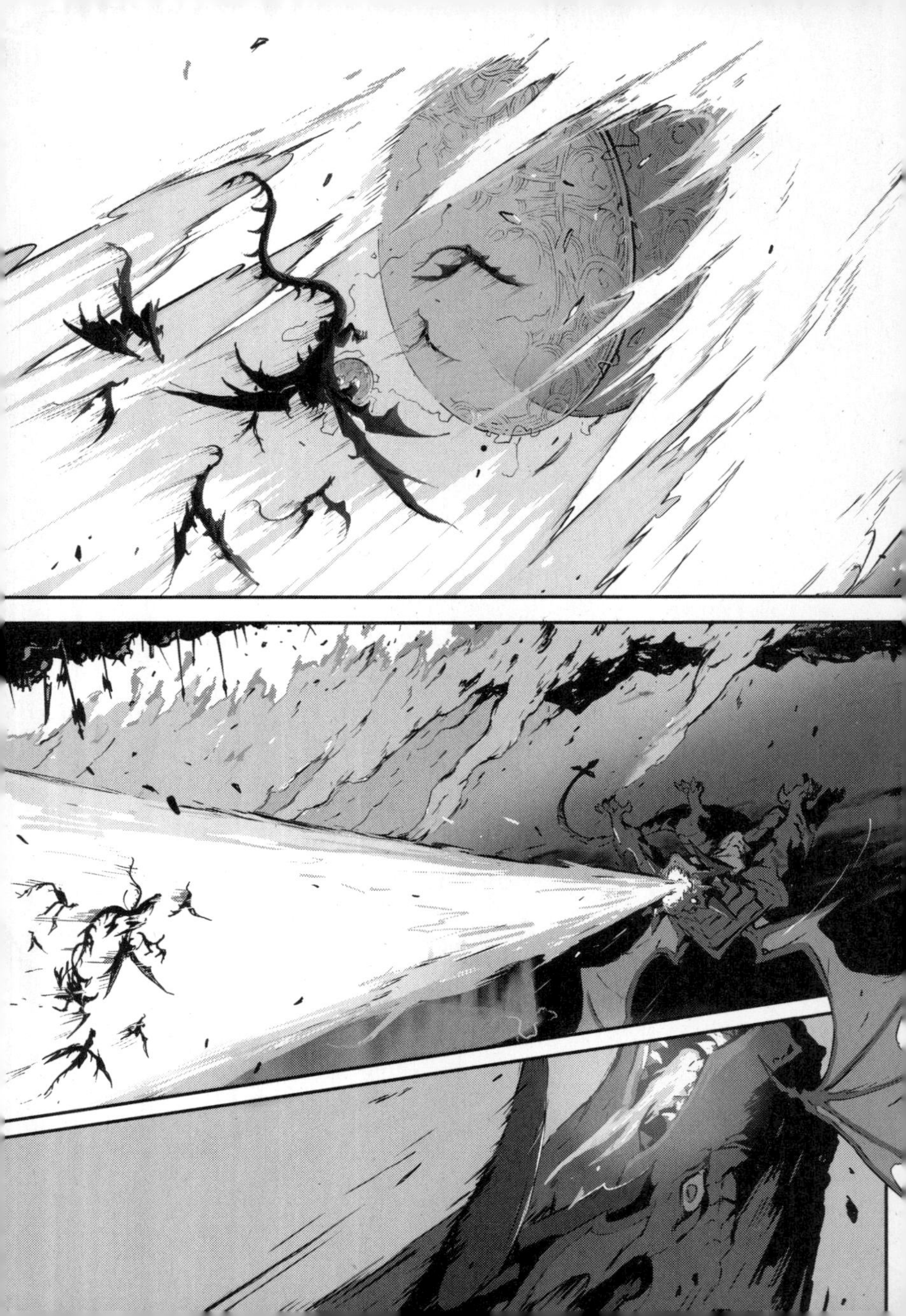

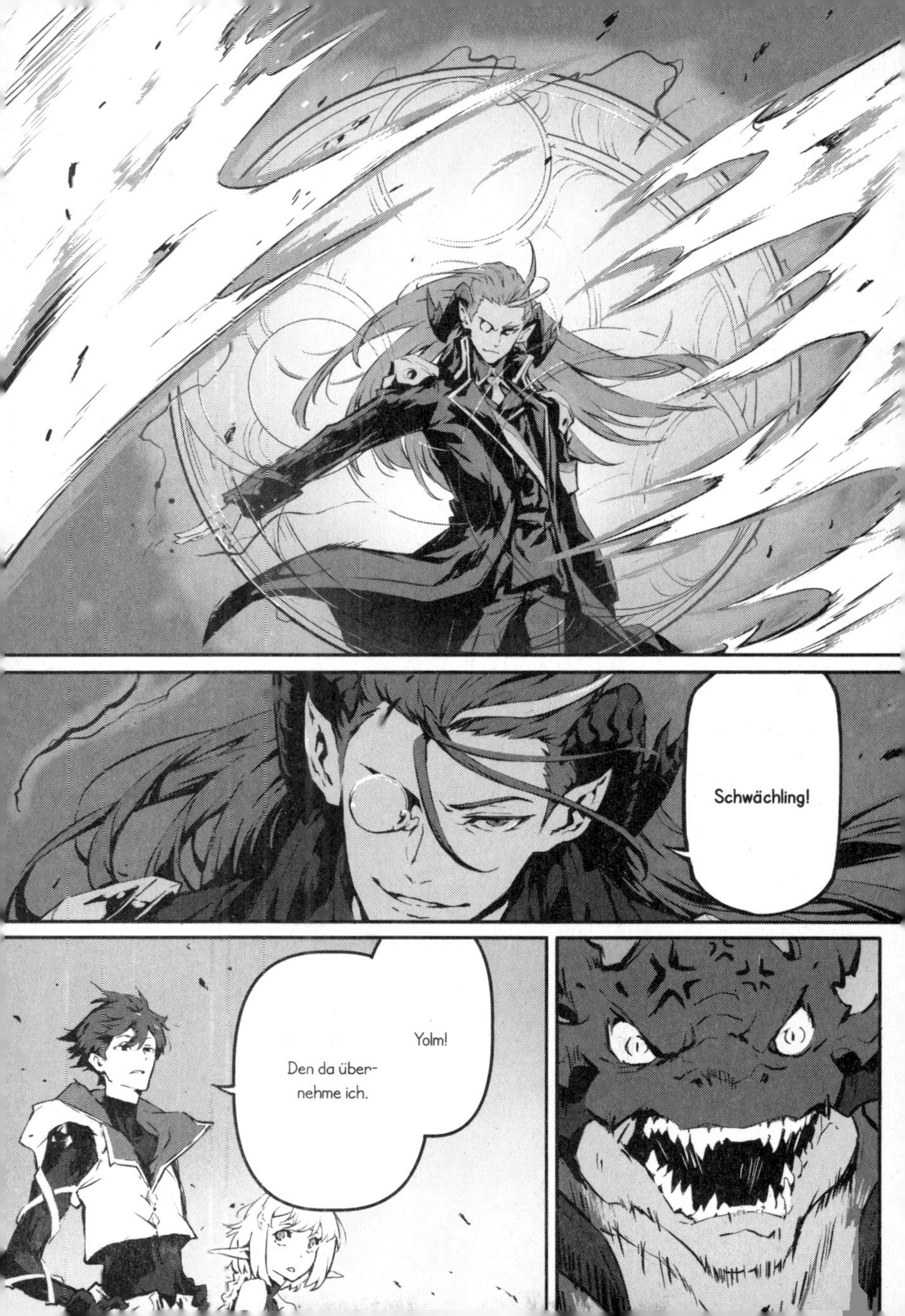
Schwächling!
Yolm!
Den da über-
nehme ich.

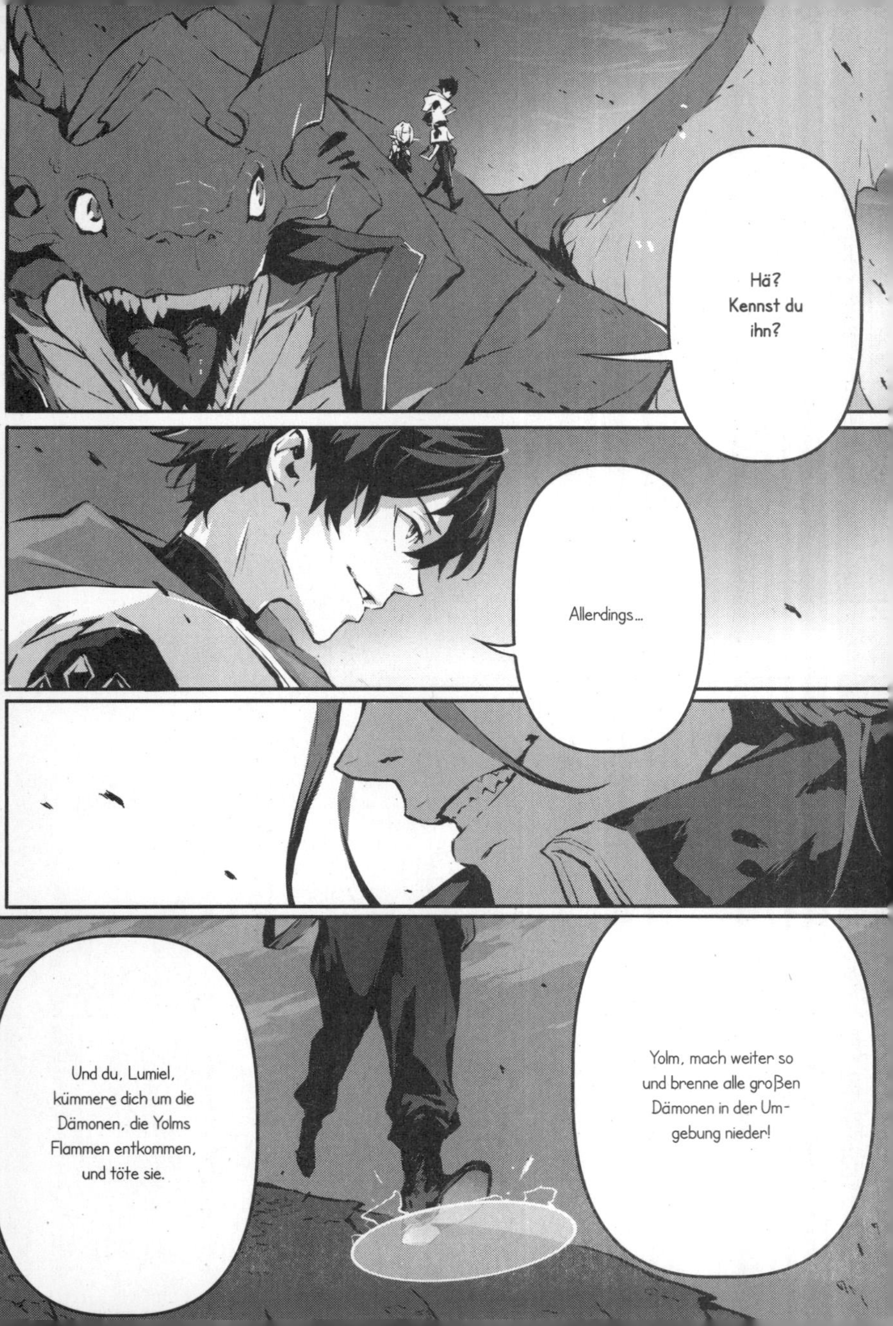
Hä? Kennst du ihn?
Allerdings...
Yolm, mach weiter so und brenne alle großen Dämonen in der Umgebung nieder!
Und du, Lumiel, kümmere dich um die Dämonen, die Yolms Flammen entkommen, und töte sie.

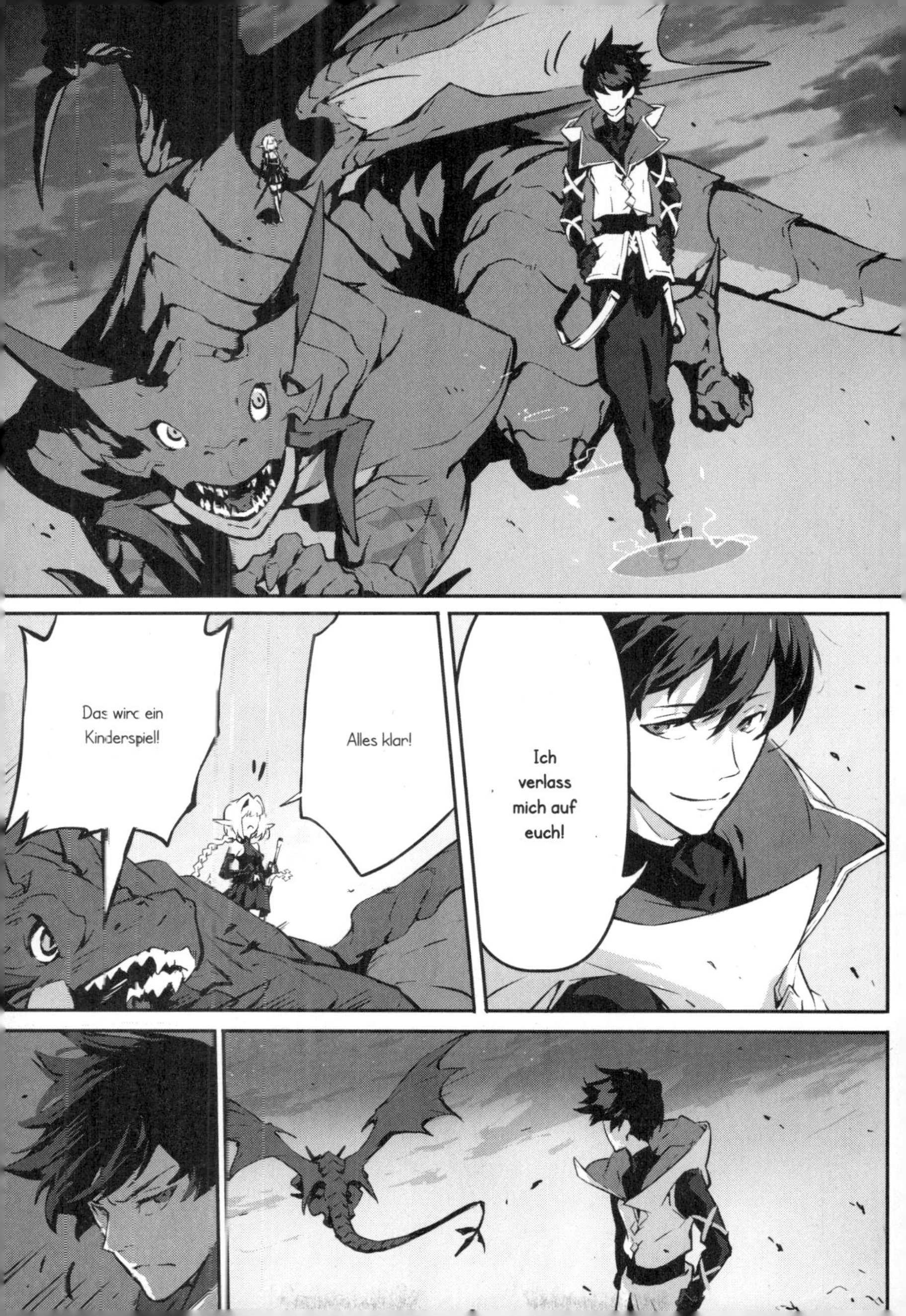
Ich verlass mich auf euch!
Alles klar!
Das wirc ein Kinderspiel!

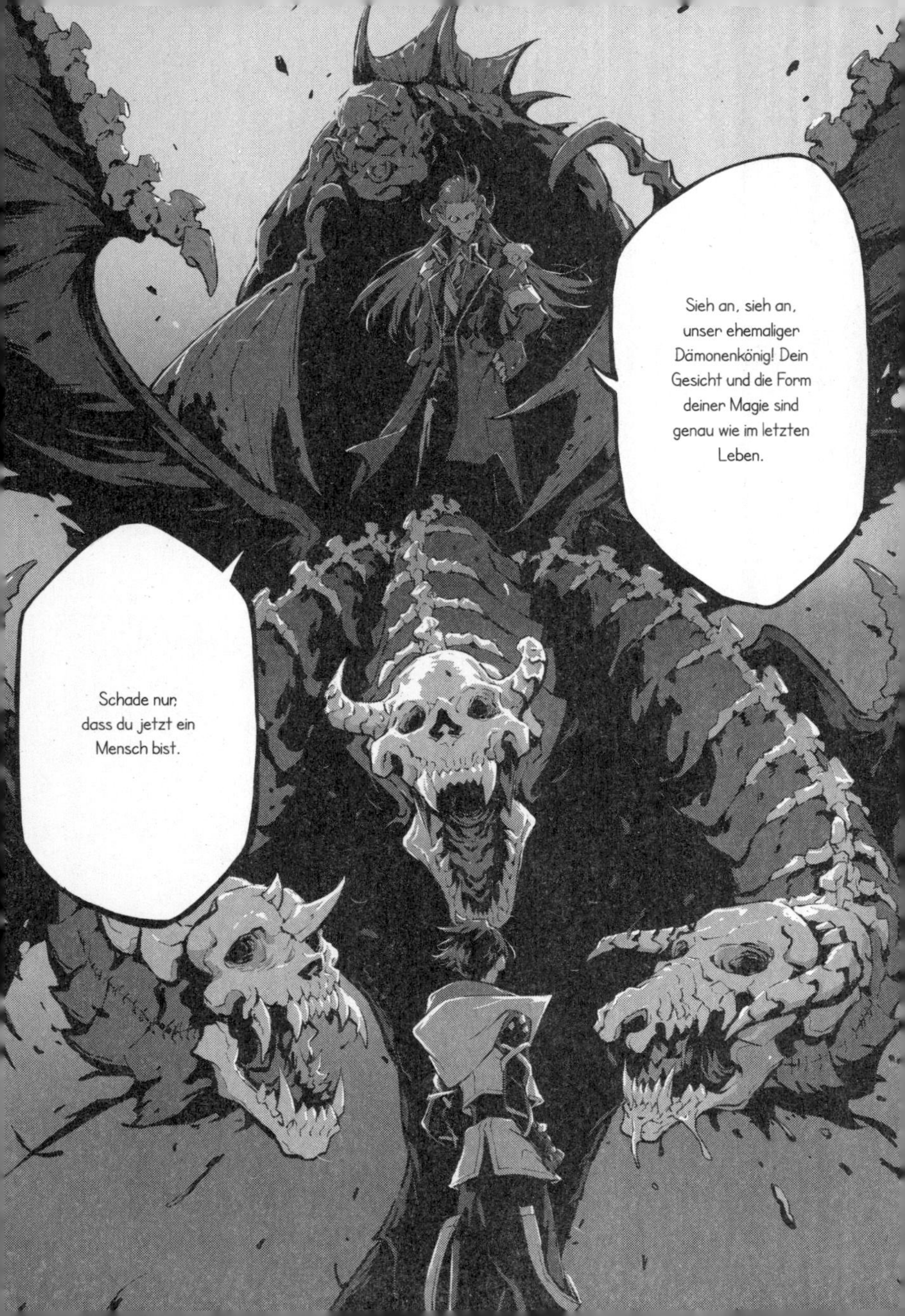
Sieh an, sieh an, unser ehemaliger Dämonenkönig! Dein Gesicht und die Form deiner Magie sind genau wie im letzten Leben.
Schade nur, dass du jetzt ein Mensch bist.

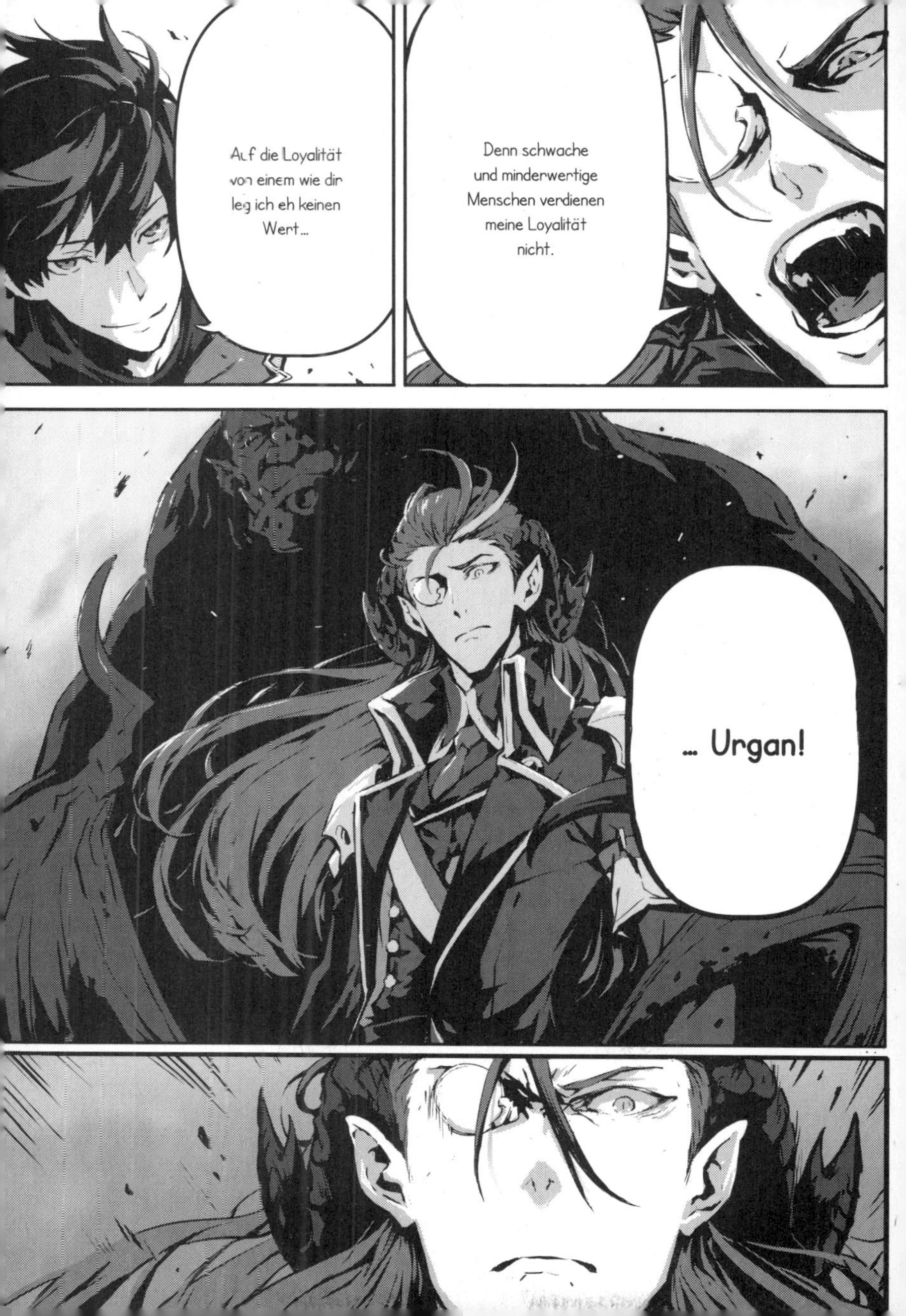
Denn schwache und minderwertige Menschen verdienen meine Loyalität nicht.
Auf die Loyalität von einem wie dir leg ich eh keinen Wert ...
... Urgan!

Demon King of God Killing

Kapitel 12

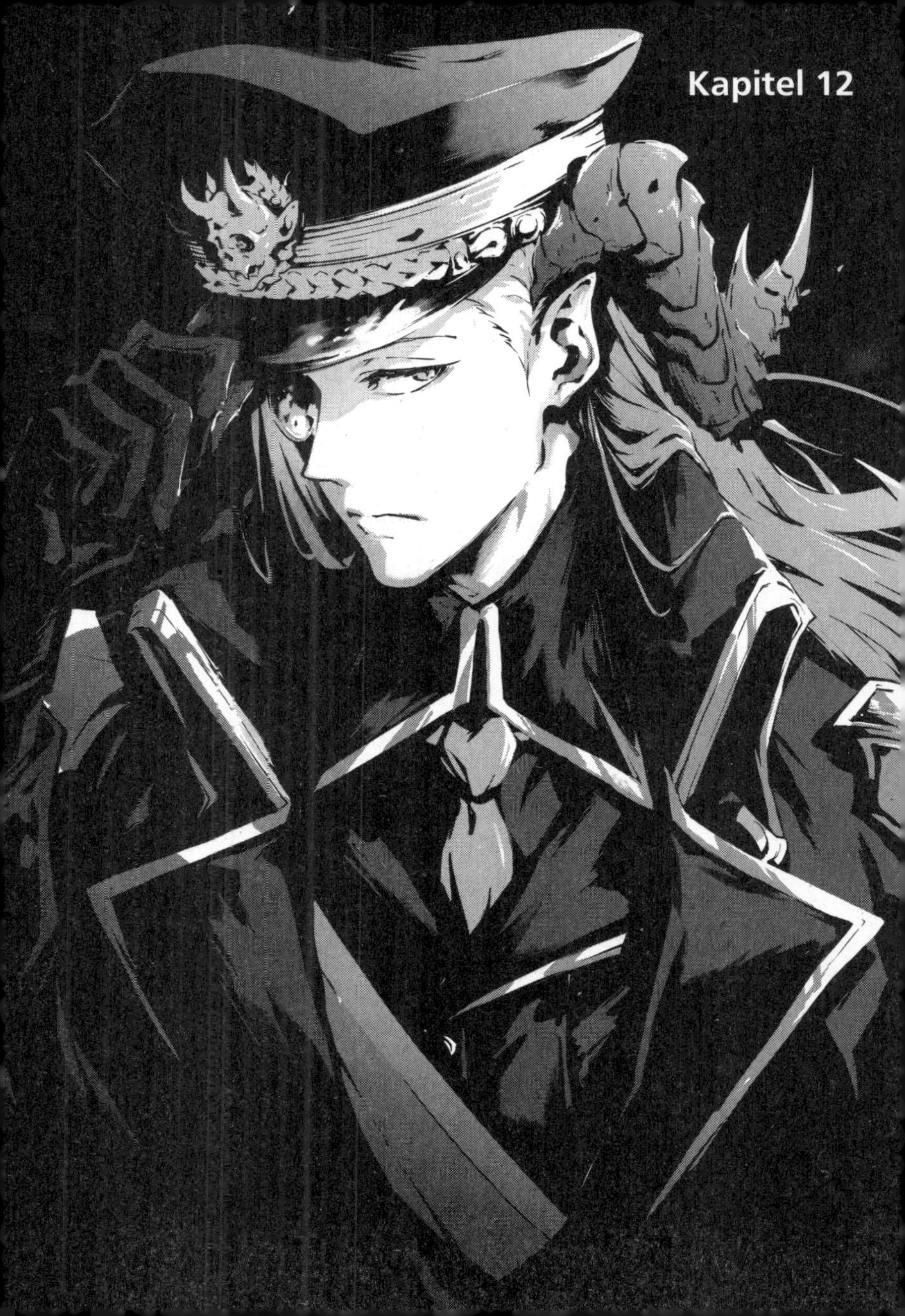

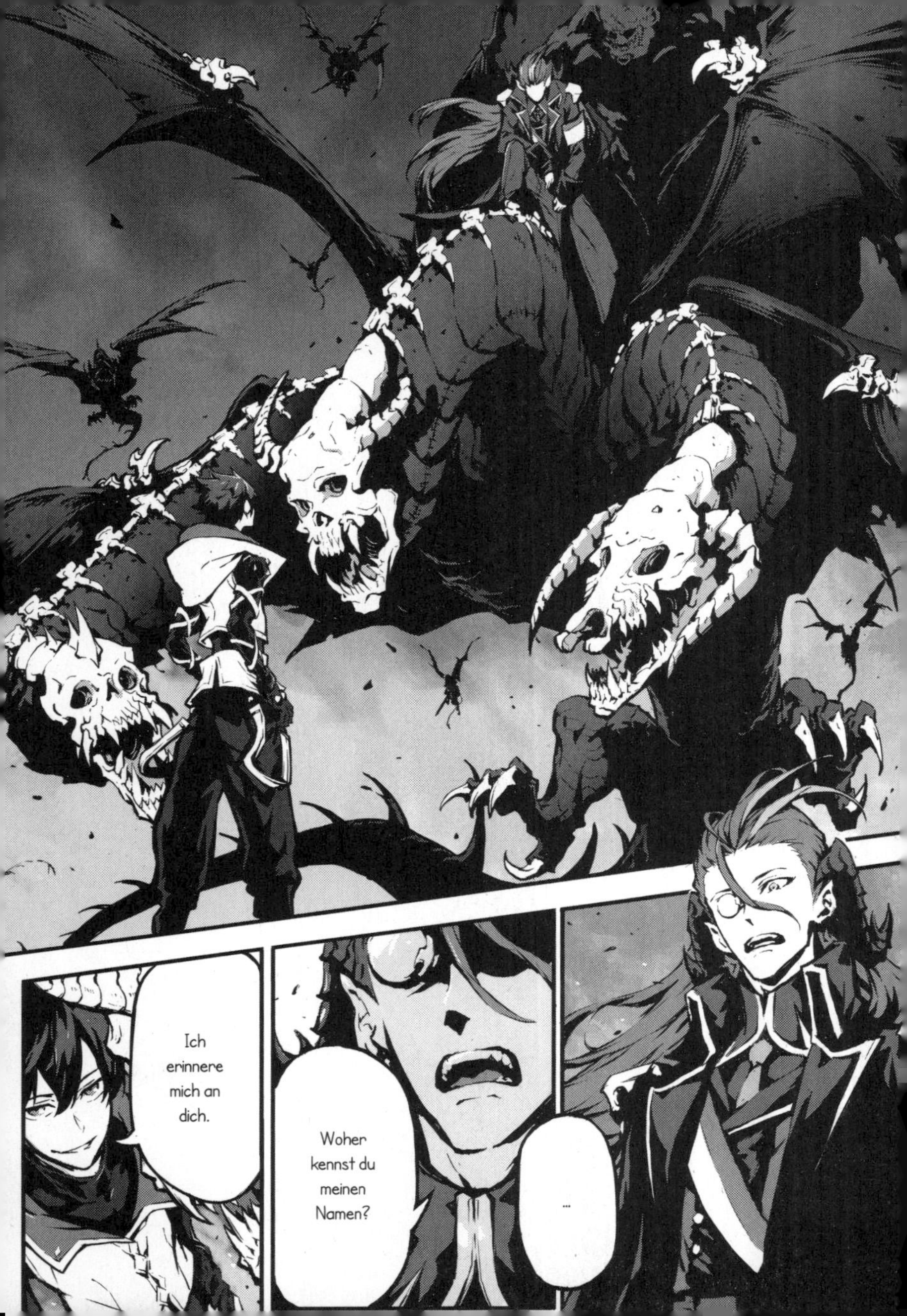
...
Woher kennst du meinen Namen?
Ich erinnere mich an dich.

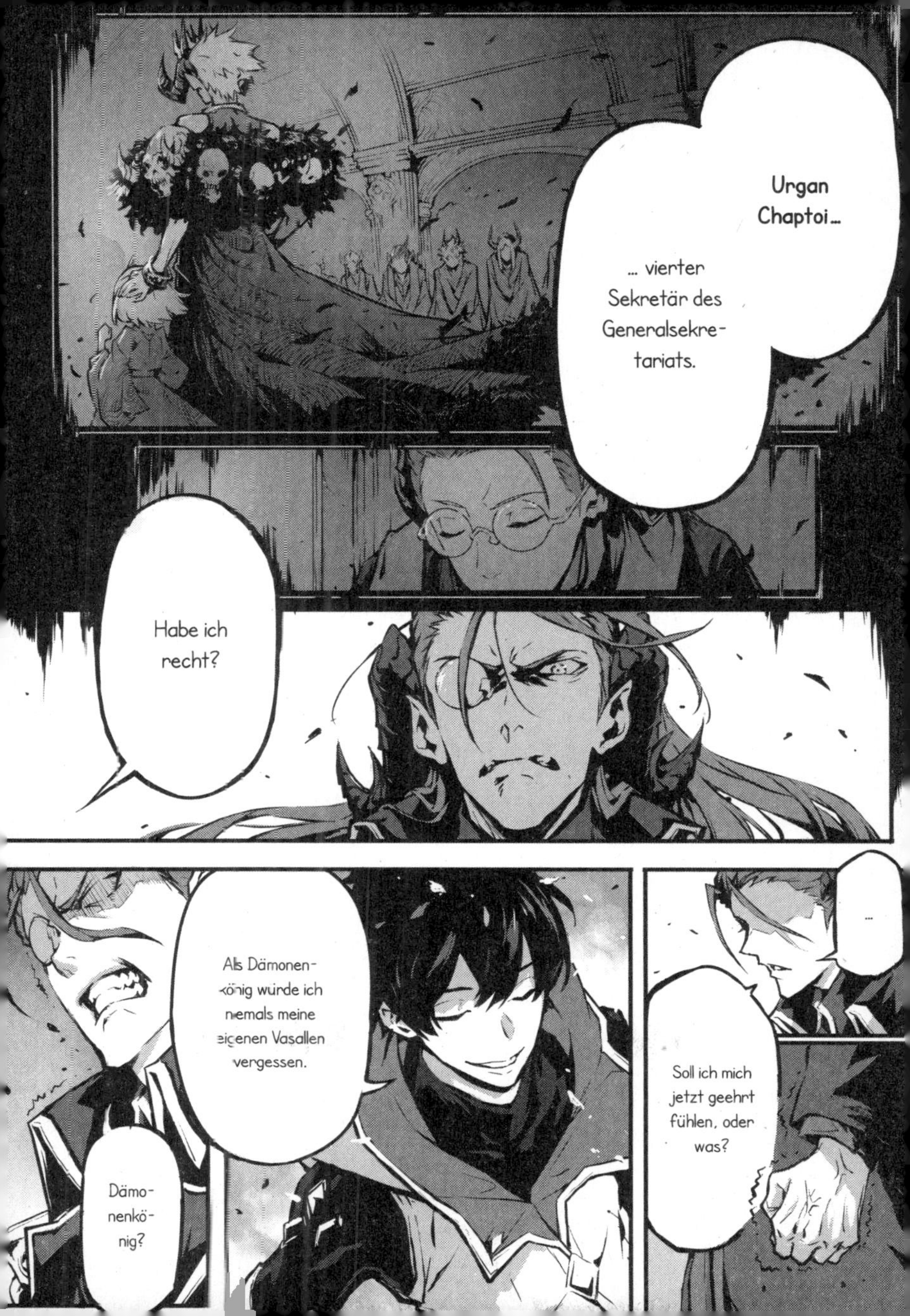
Urgan Chaptoi …
… vierter Sekretär des Generalsekre-tariats.
Habe ich recht?
…
Soll ich mich jetzt geehrt fühlen, oder was?
Als Dämonen-könig würde ich niemals meine eigenen Vasallen vergessen.
Dämo-nenkö-nig?

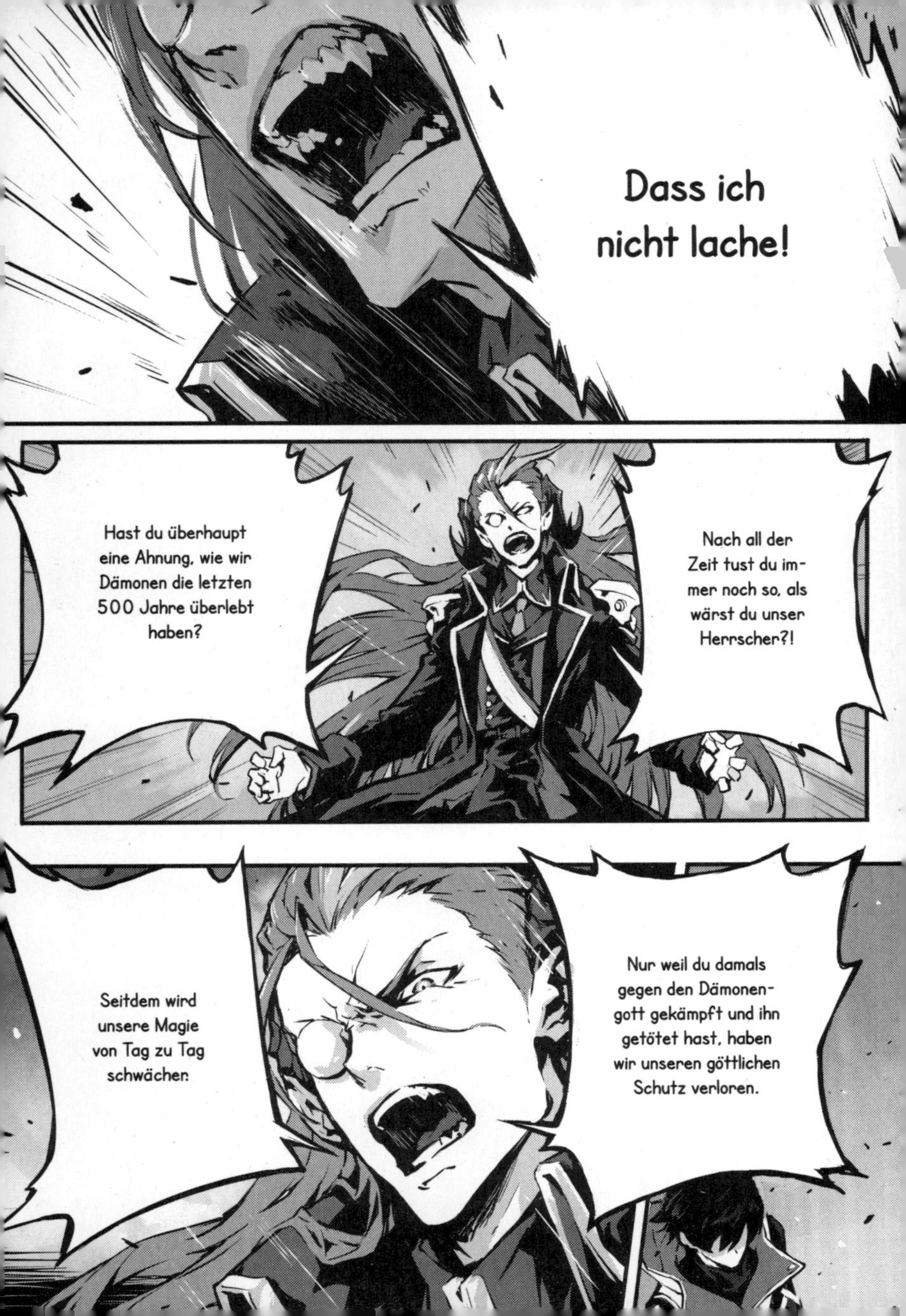
Dass ich nicht lache!
Nach all der Zeit tust du immer noch so, als wärst du unser Herrscher?!
Hast du überhaupt eine Ahnung, wie wir Dämonen die letzten 500 Jahre überlebt haben?
Nur weil du damals gegen den Dämonengott gekämpft und ihn getötet hast, haben wir unseren göttlichen Schutz verloren.
Seitdem wird unsere Magie von Tag zu Tag schwächer.

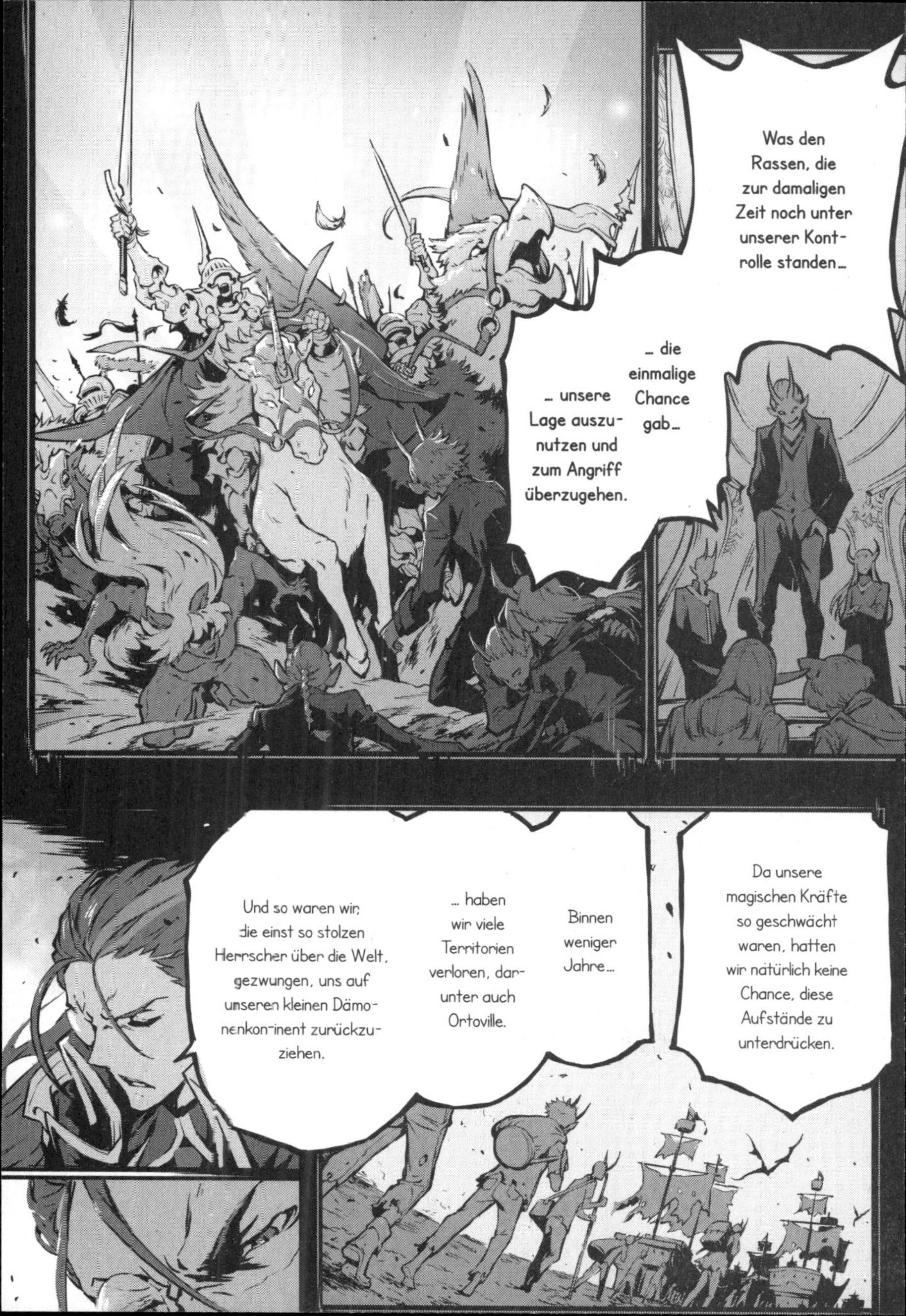
Was den Rassen, die zur damaligen Zeit noch unter unserer Kont-rolle standen...
... die einmalige Chance gab...
... unsere Lage auszu-nutzen und zum Angriff überzugehen.
Da unsere magischen Kräfte so geschwächt waren, hatten wir natürlich keine Chance, diese Aufstände zu unterdrücken.
Binnen weniger Jahre...
... haben wir viele Territorien verloren, dar-unter auch Ortoville.
Und so waren wir, die einst so stolzen Herrscher über die Welt, gezwungen, uns auf unseren kleinen Dämo-nenkon-inent zurückzu-ziehen.

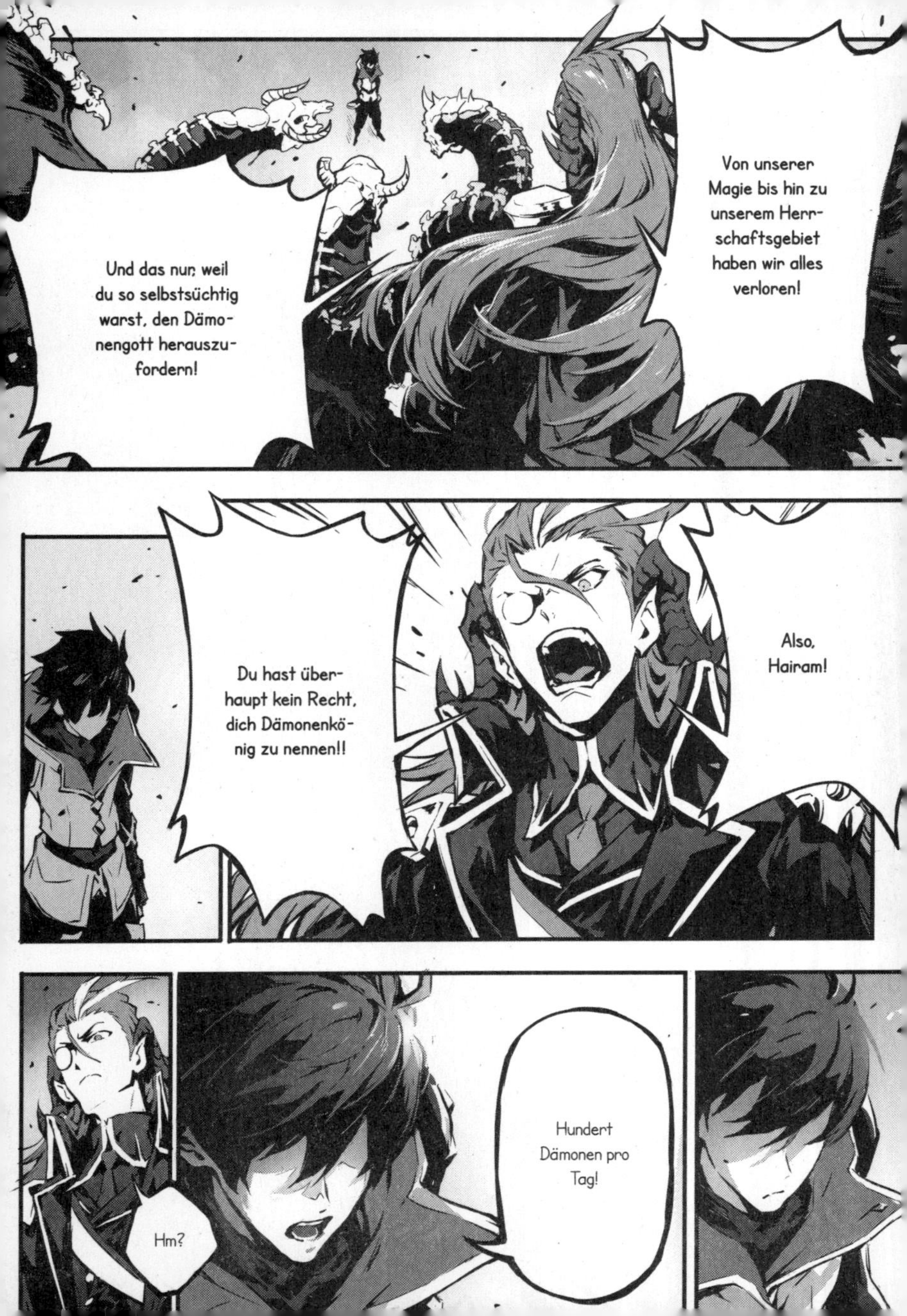
Von unserer Magie bis hin zu unserem Herrschaftsgebiet haben wir alles verloren!
Und das nur, weil du so selbstsüchtig warst, den Dämonengott herauszufordern!
Also, Hairam!
Du hast überhaupt kein Recht, dich Dämonenkönig zu nennen!!
Hundert Dämonen pro Tag!
Hm?

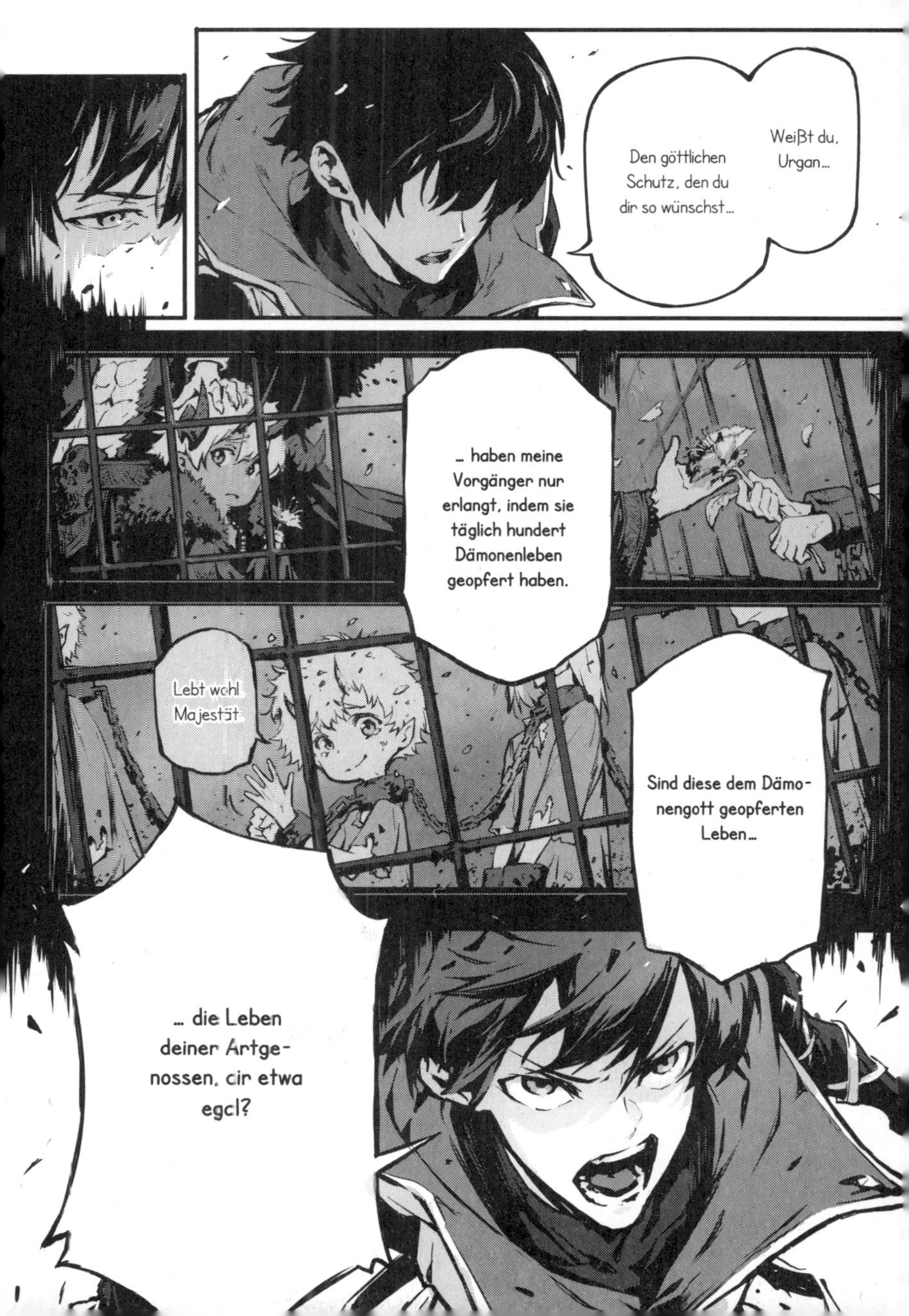
Weißt du, Urgan…
Den göttlichen Schutz, den du dir so wünschst…
… haben meine Vorgänger nur erlangt, indem sie täglich hundert Dämonenleben geopfert haben.
Sind diese dem Dämonengott geopferten Leben…
Lebt wohl, Majestät.
… die Leben deiner Artgenossen, cir etwa egcl?

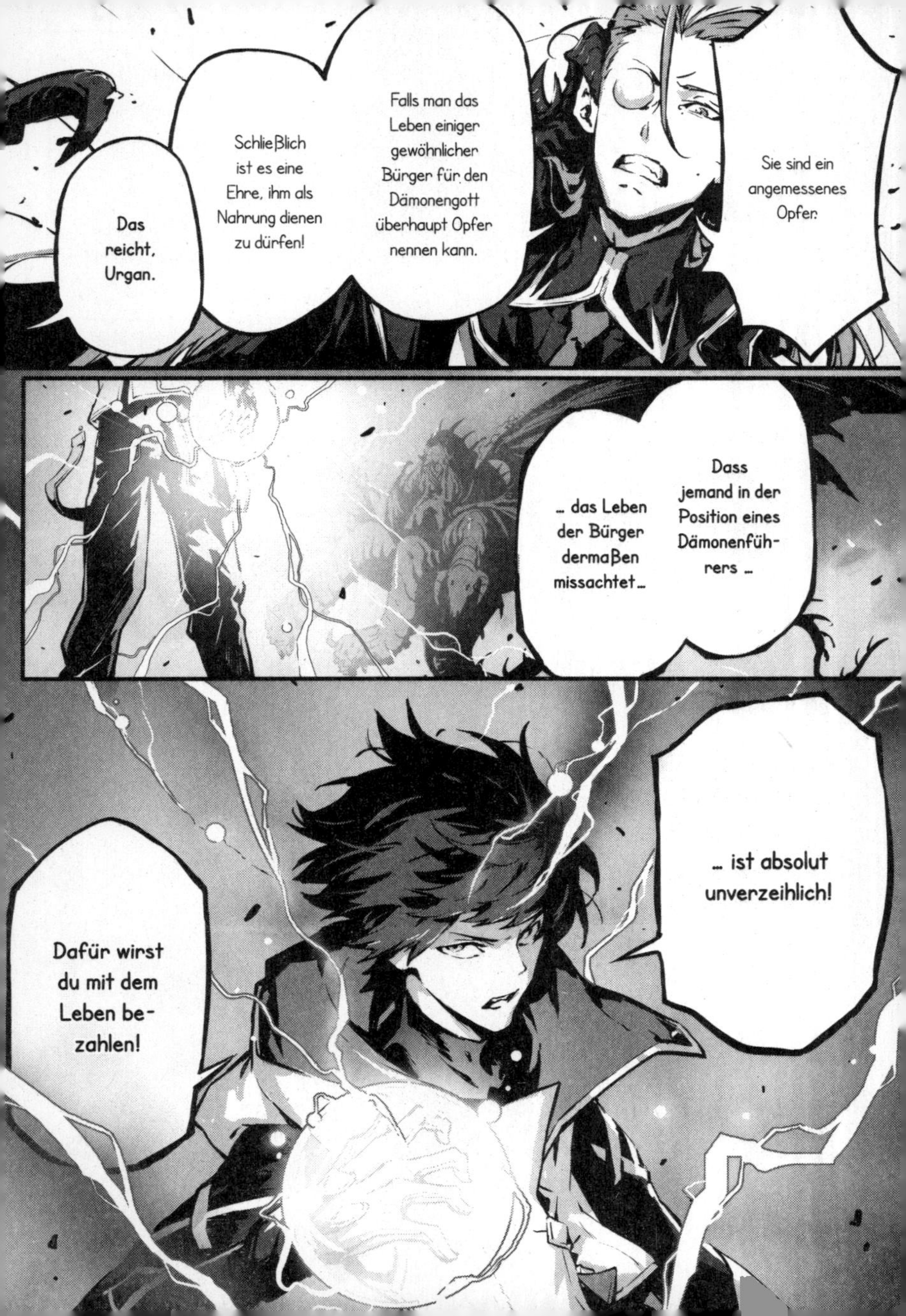
Sie sind ein angemessenes Opfer.
Falls man das Leben einiger gewöhnlicher Bürger für den Dämonengott überhaupt Opfer nennen kann.
Schließlich ist es eine Ehre, ihm als Nahrung dienen zu dürfen!
Das reicht, Urgan.
Dass jemand in der Position eines Dämonenführers …
… das Leben der Bürger dermaßen missachtet …
… ist absolut unverzeihlich!
Dafür wirst du mit dem Leben bezahlen!

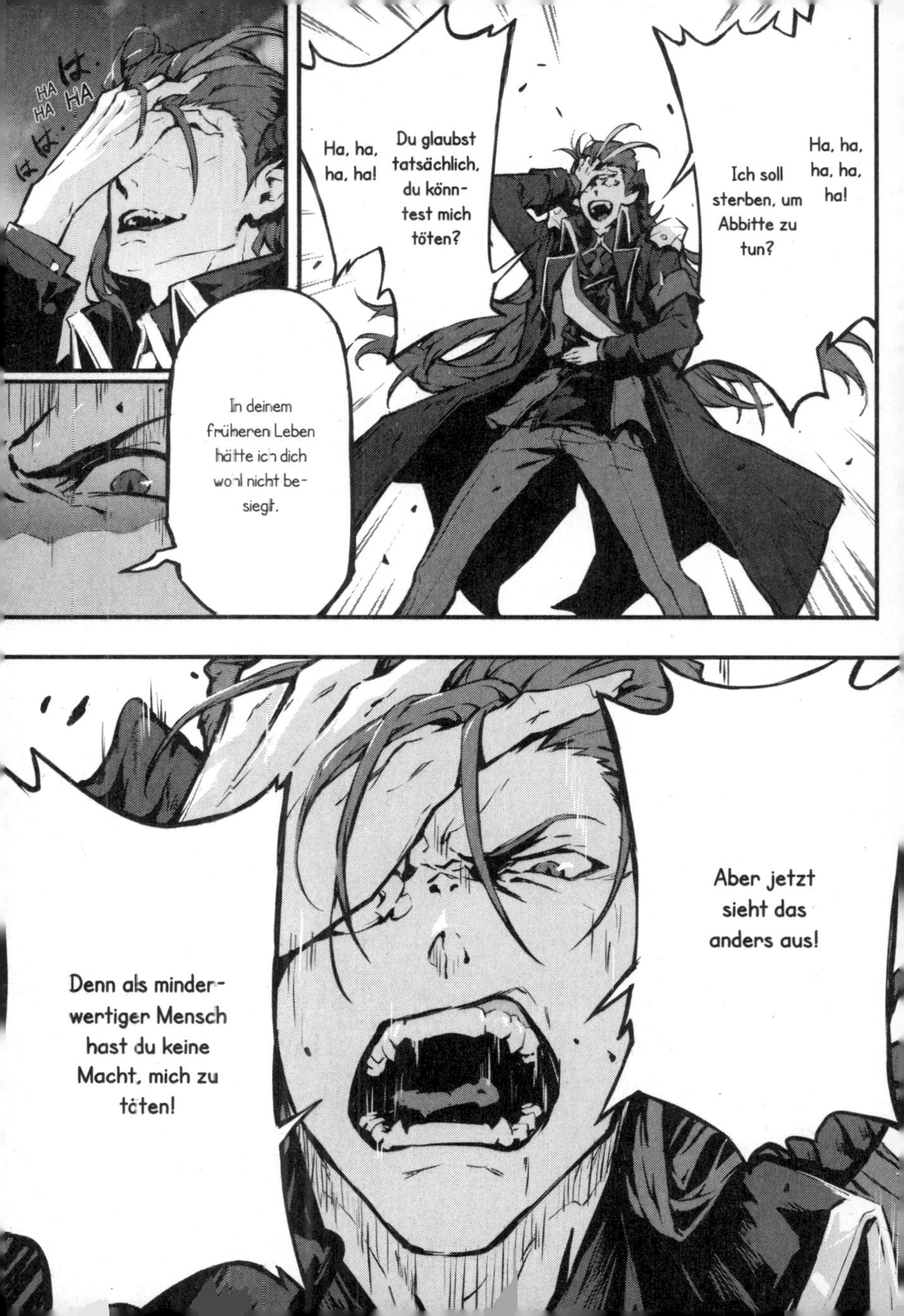

Ha, ha, ha, ha, ha!
Ich soll sterben, um Abbitte zu tun?
Du glaubst tatsächlich, du könntest mich töten?
Ha, ha, ha, ha!
HA HA HA
はは
In deinem früheren Leben hätte ich dich wohl nicht besiegt.
Aber jetzt sieht das anders aus!
Denn als minderwertiger Mensch hast du keine Macht, mich zu töten!

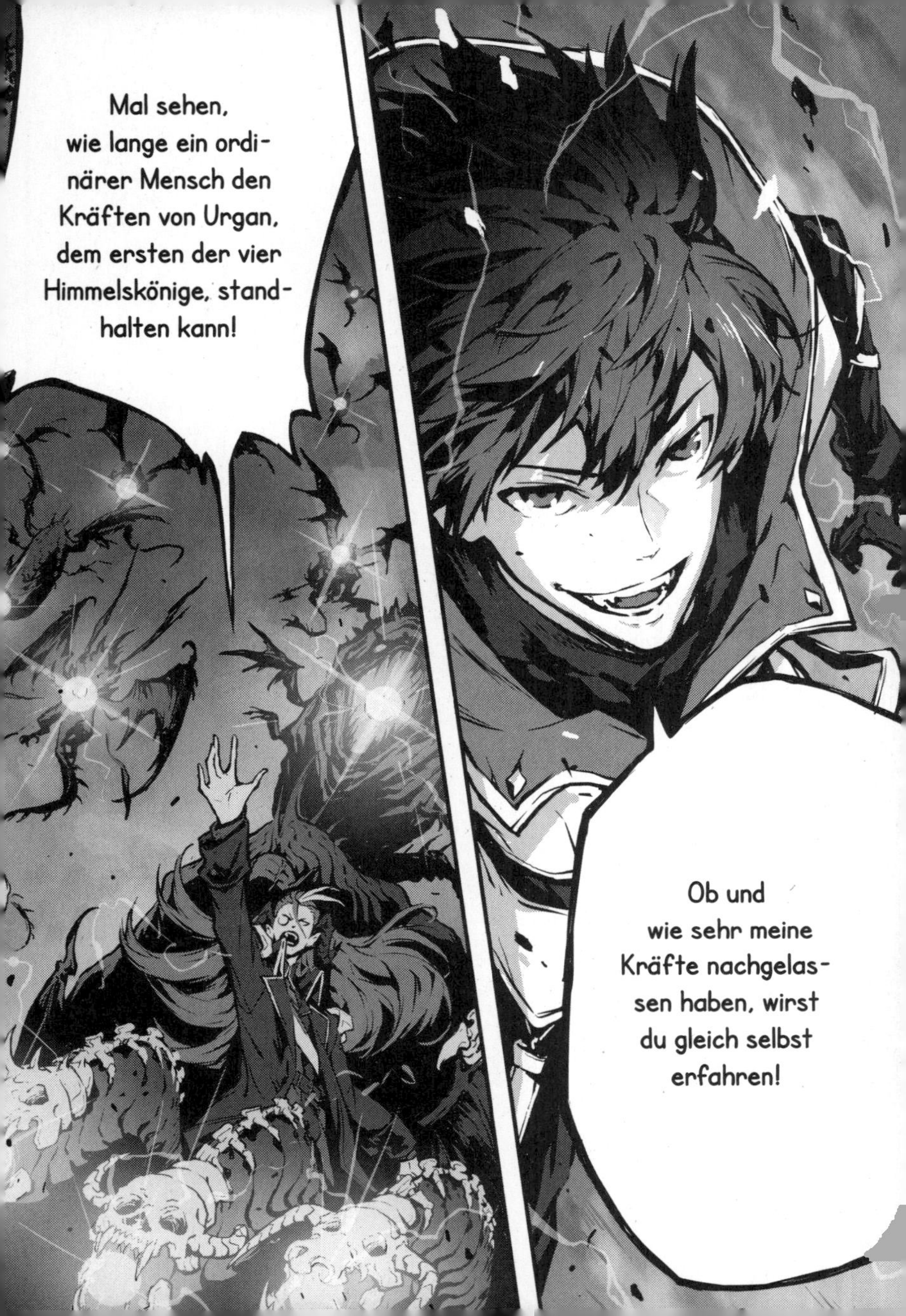
Mal sehen, wie lange ein ordinärer Mensch den Kräften von Urgan, dem ersten der vier Himmelskönige, standhalten kann!
Ob und wie sehr meine Kräfte nachgelassen haben, wirst du gleich selbst erfahren!

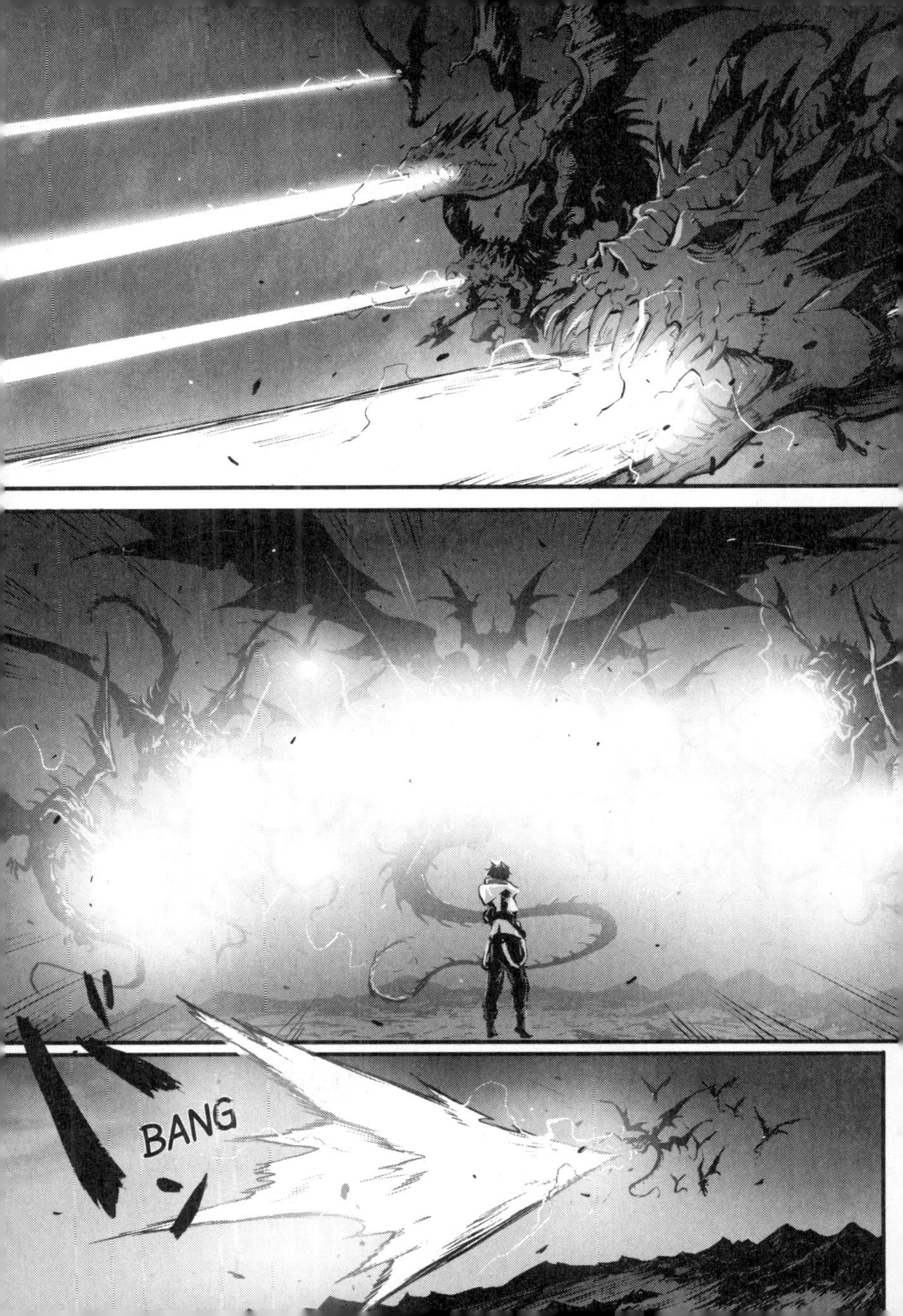
BANG

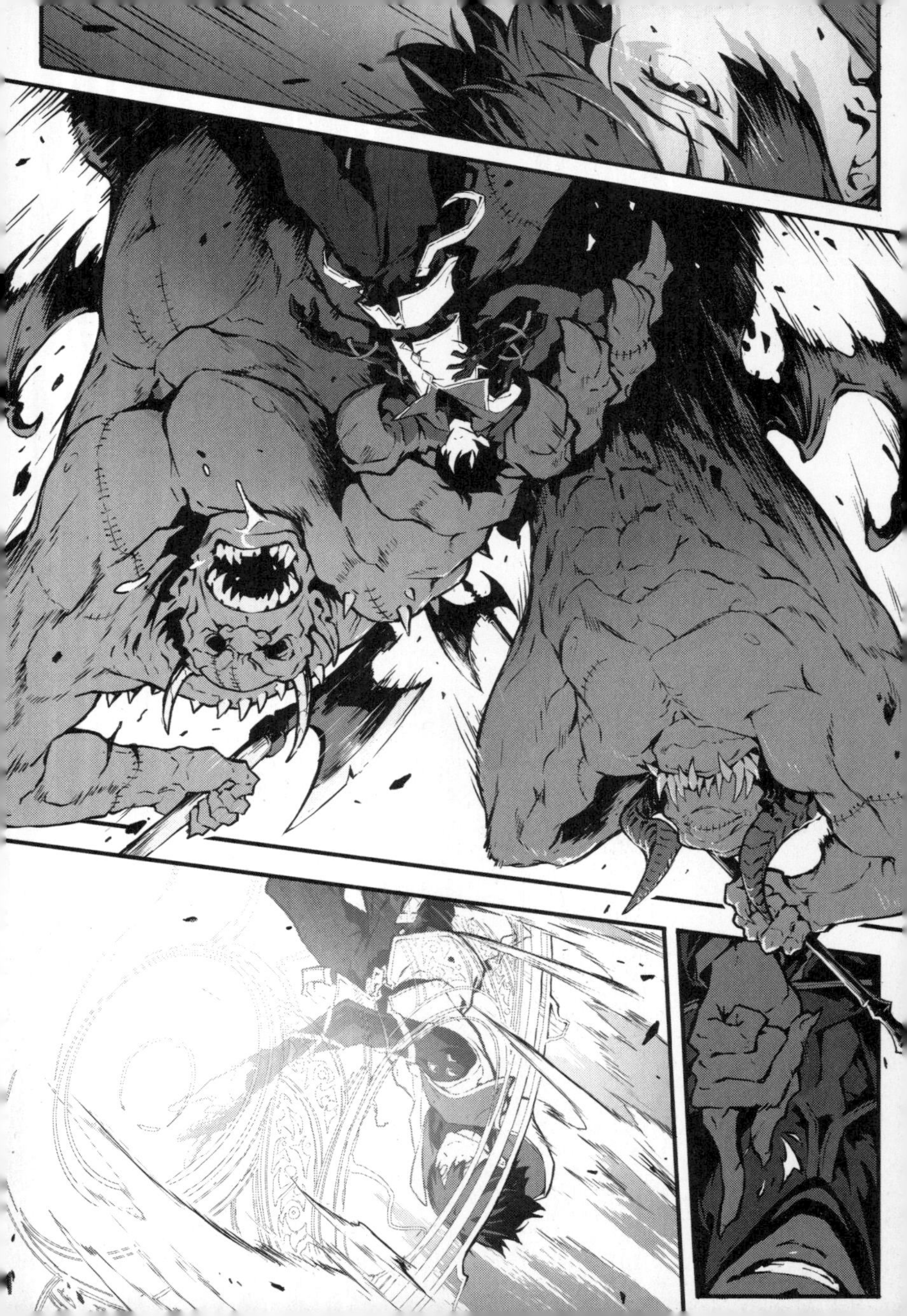

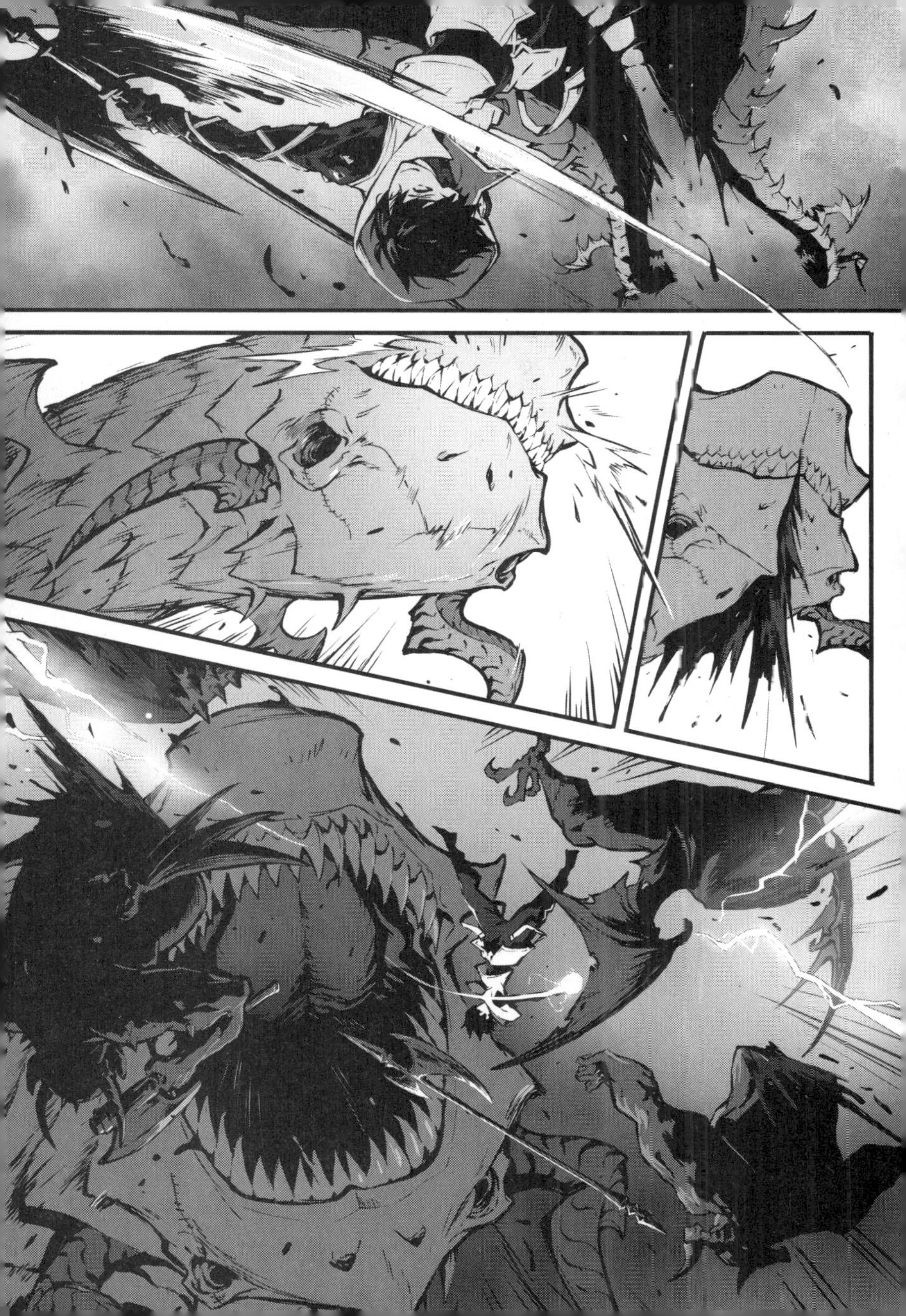

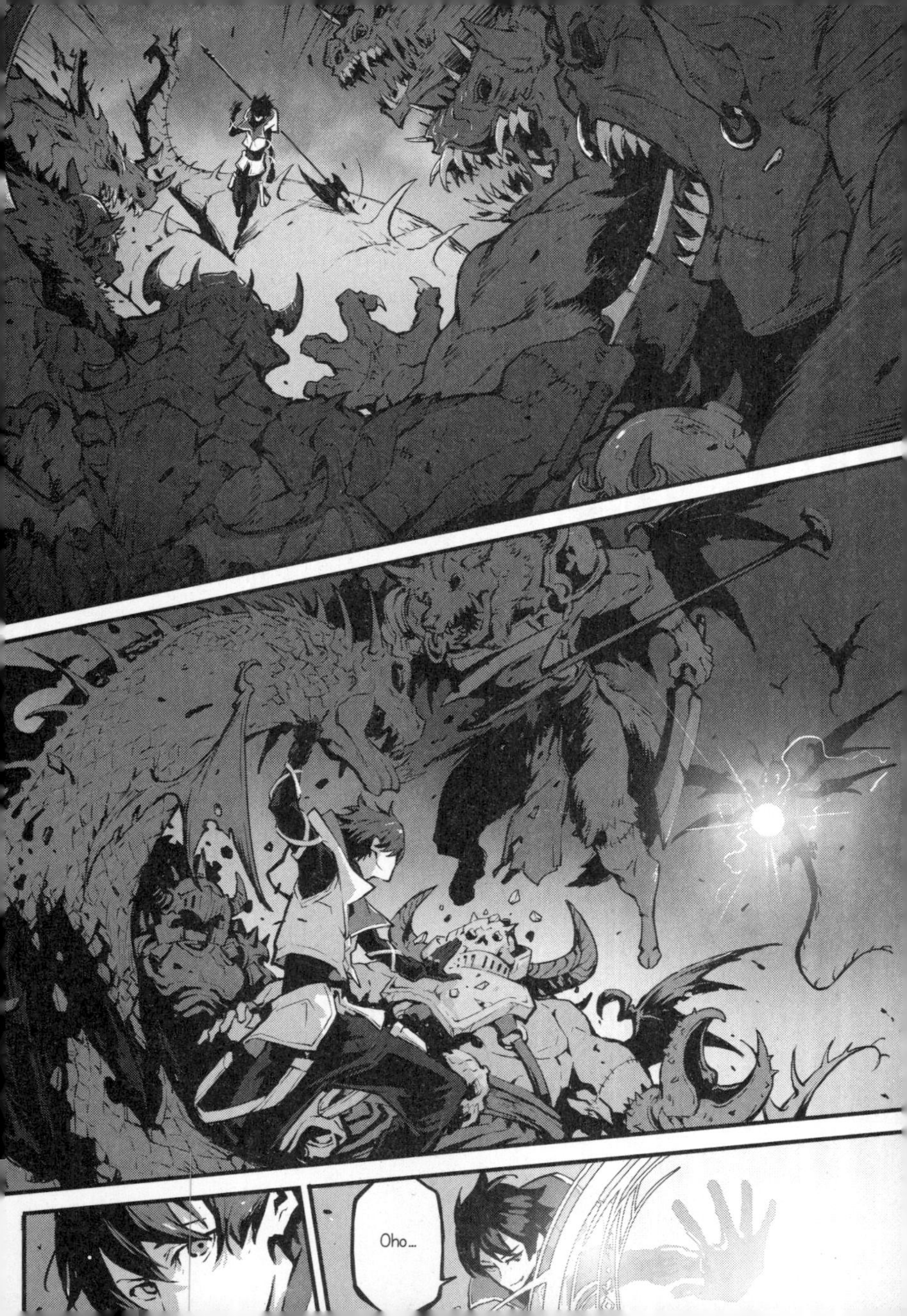
Oho...

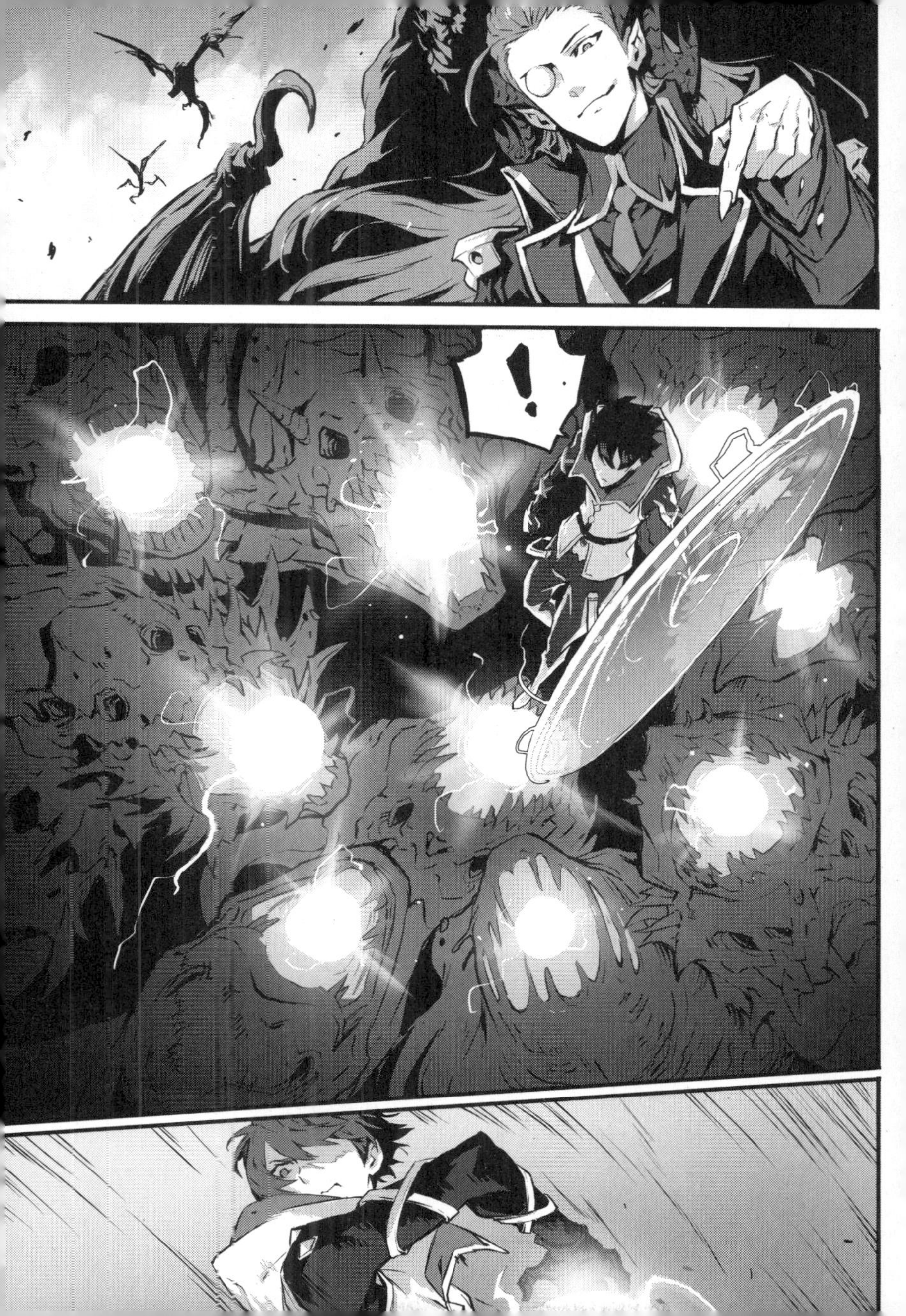

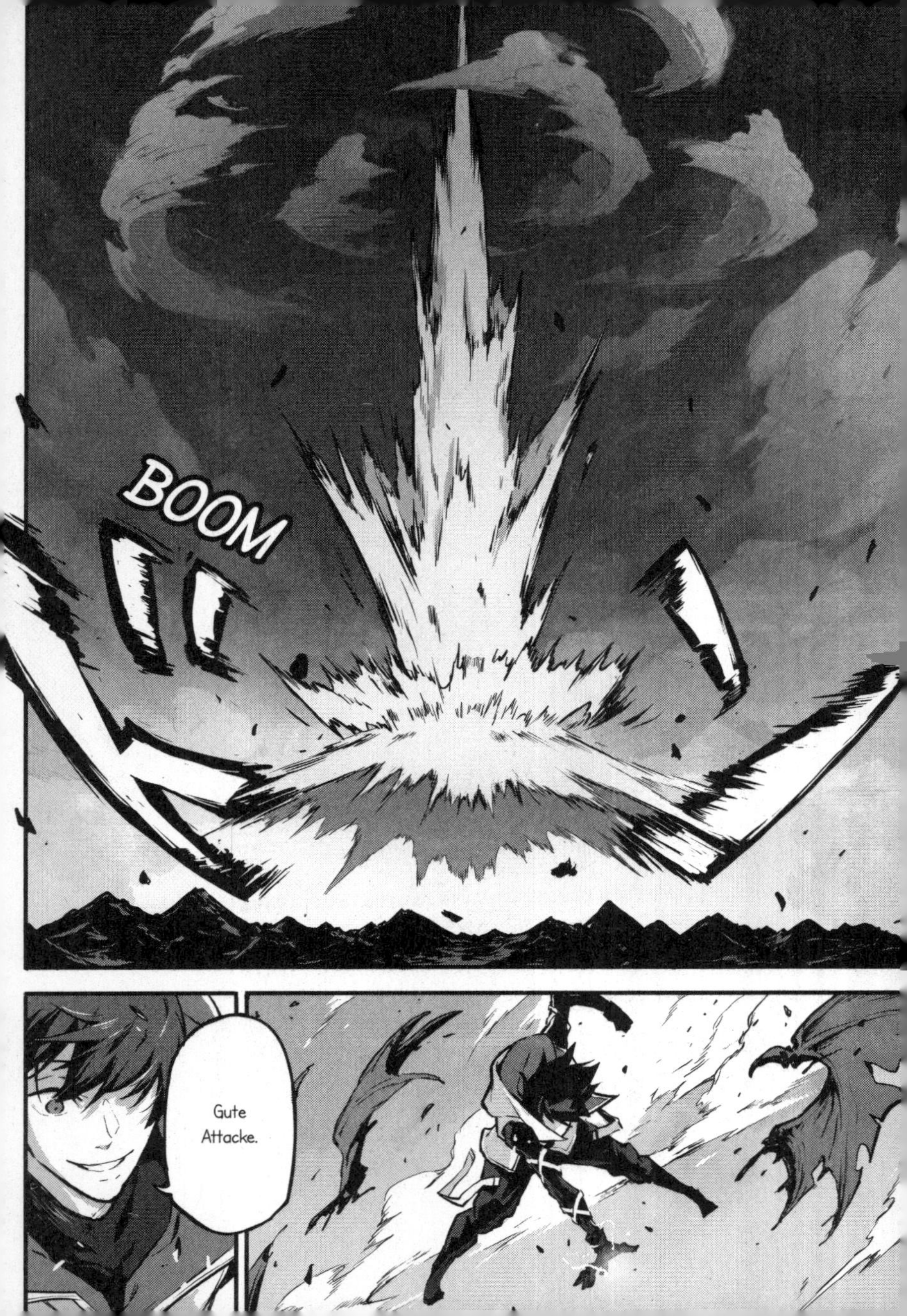
BOOM
Gute Attacke.

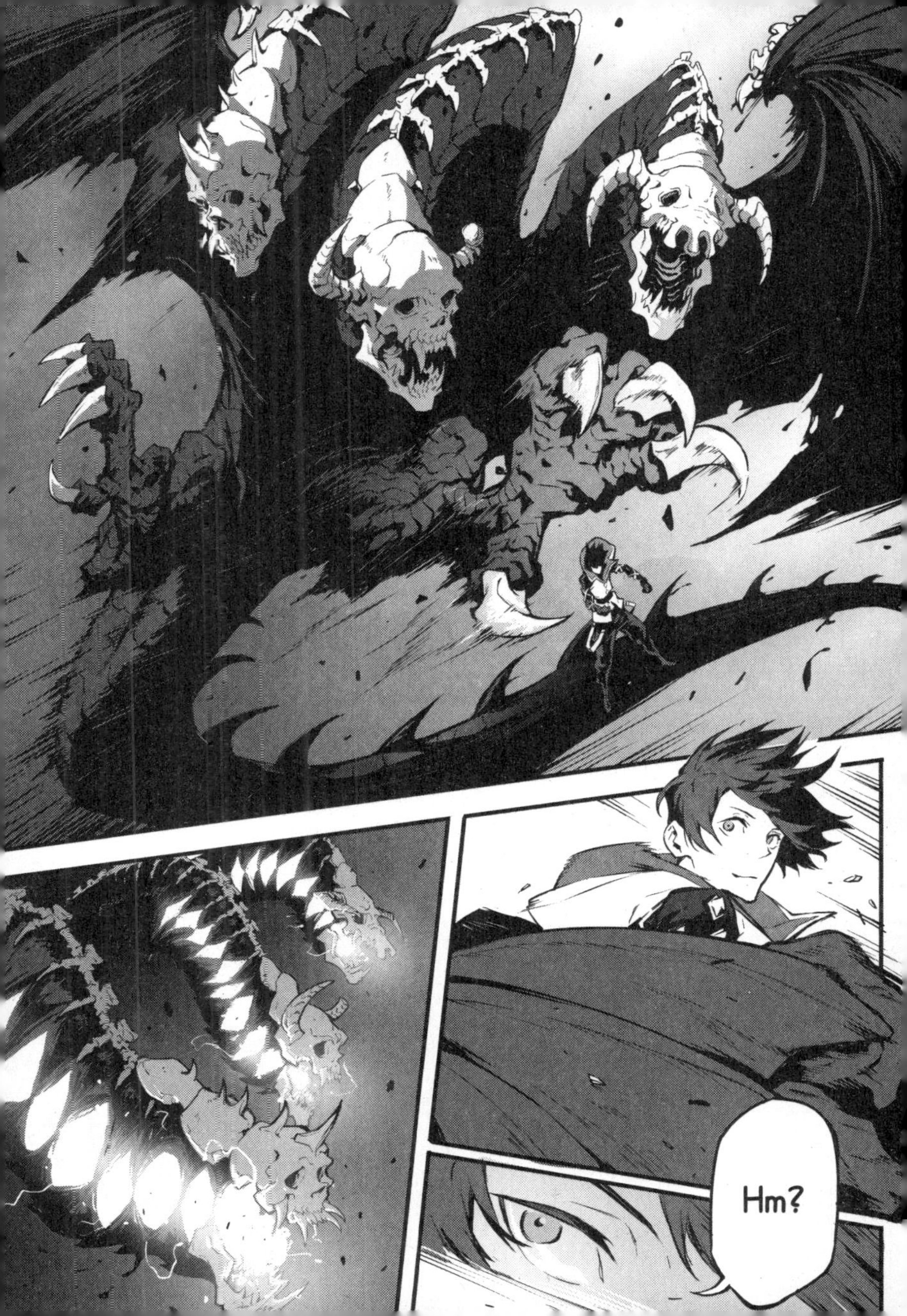
Hm?

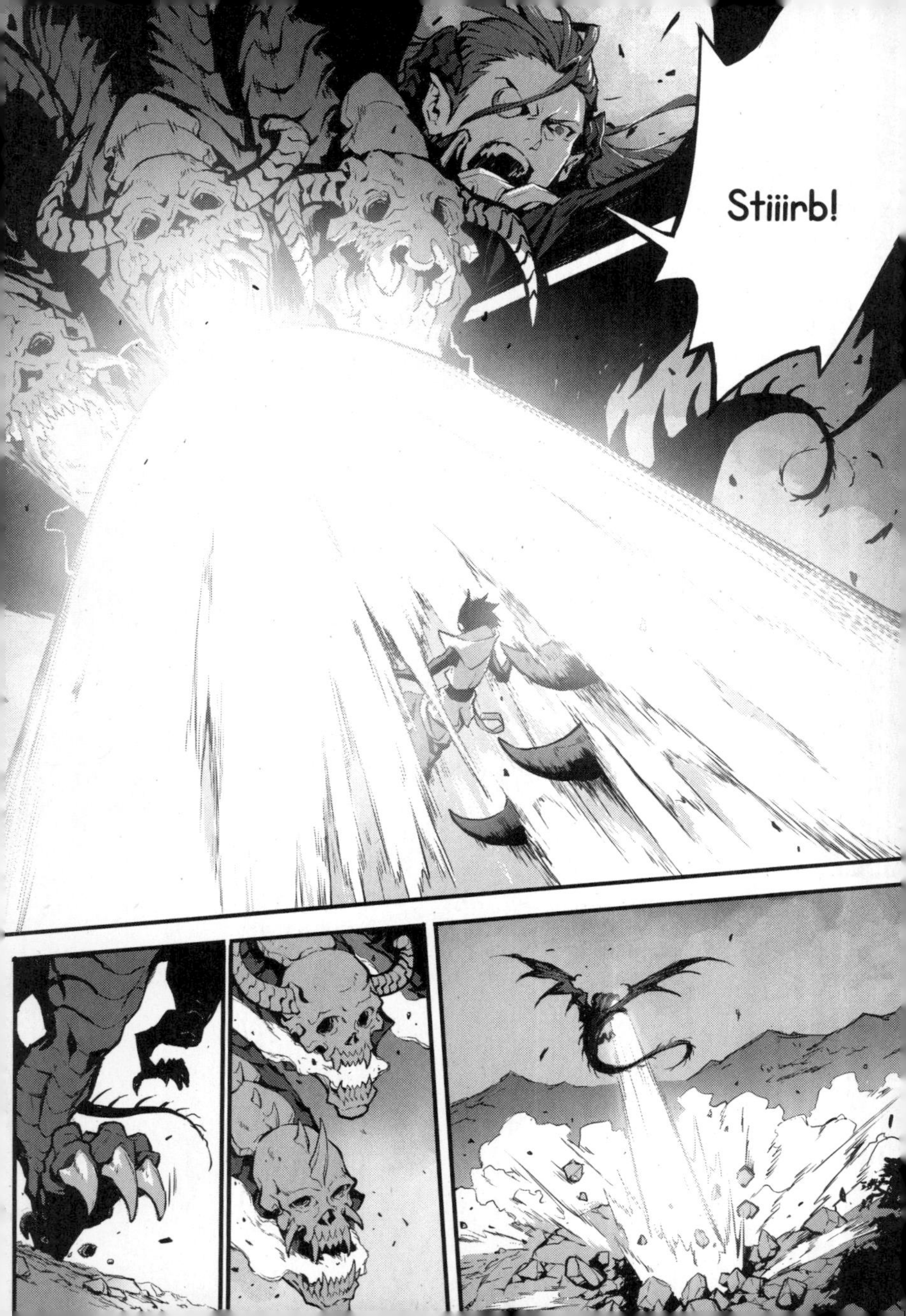
Stiiirb!

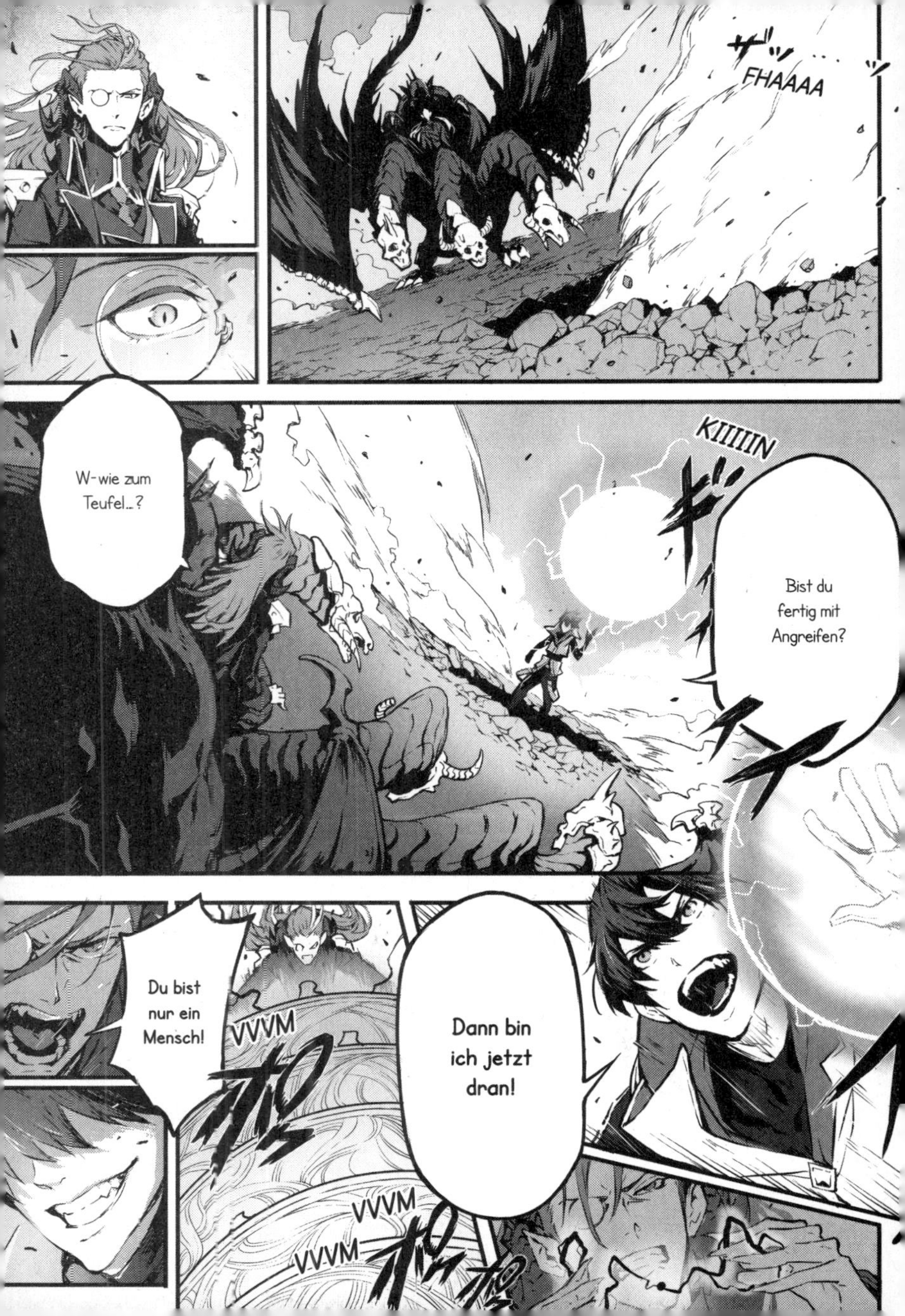
FHAAAA
KIIIIIN
Bist du fertig mit Angreifen?
W-wie zum Teufel...?
Dann bin ich jetzt dran!
VVVM
Du bist nur ein Mensch!
VVVM
VVVM

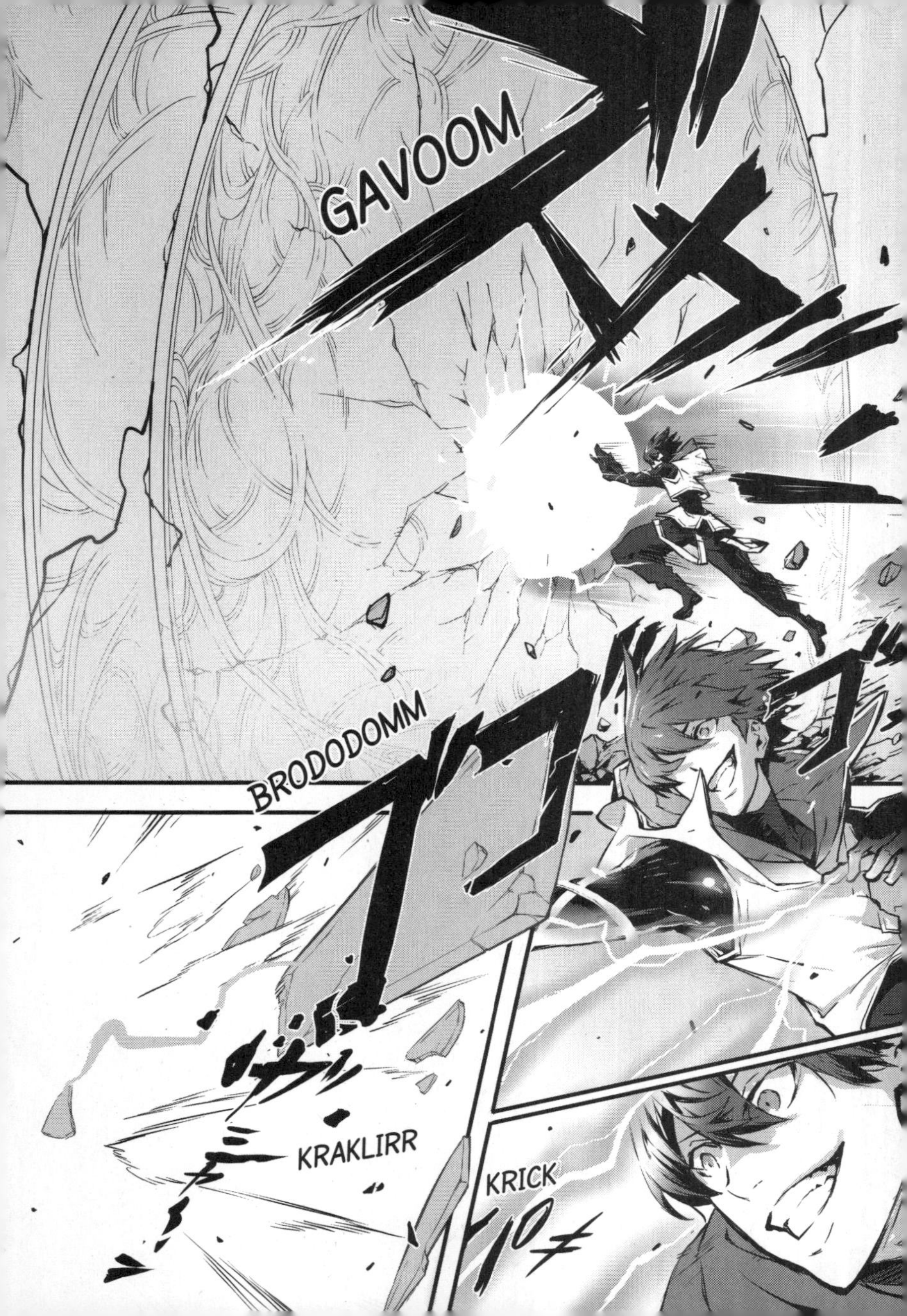
GAVOOM
BRODODOMM
KRAKLIRR
KRICK

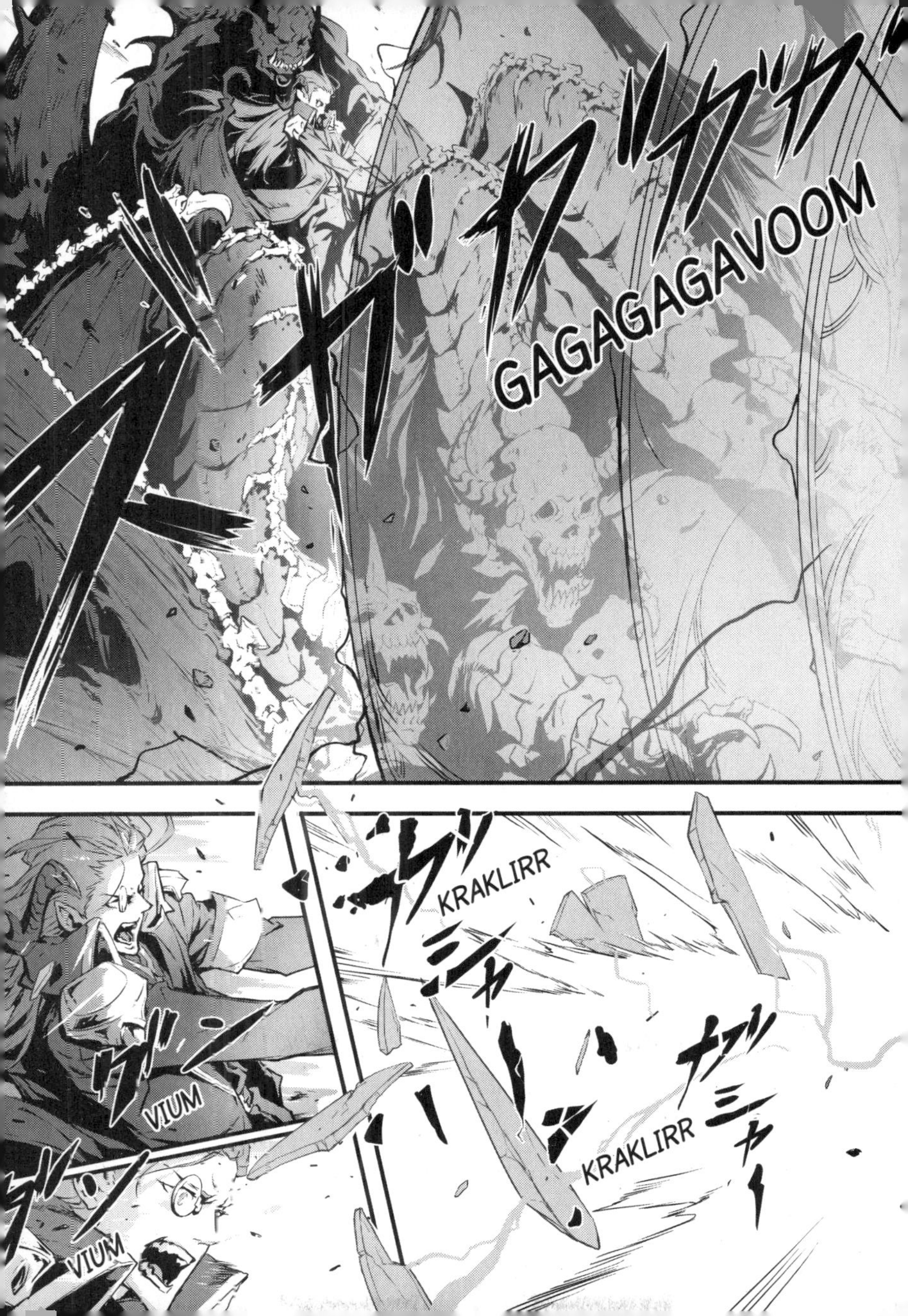
GAGAGAGAVOOM
KRAKLIRR
KRAKLIRR
VIUM
VIUM

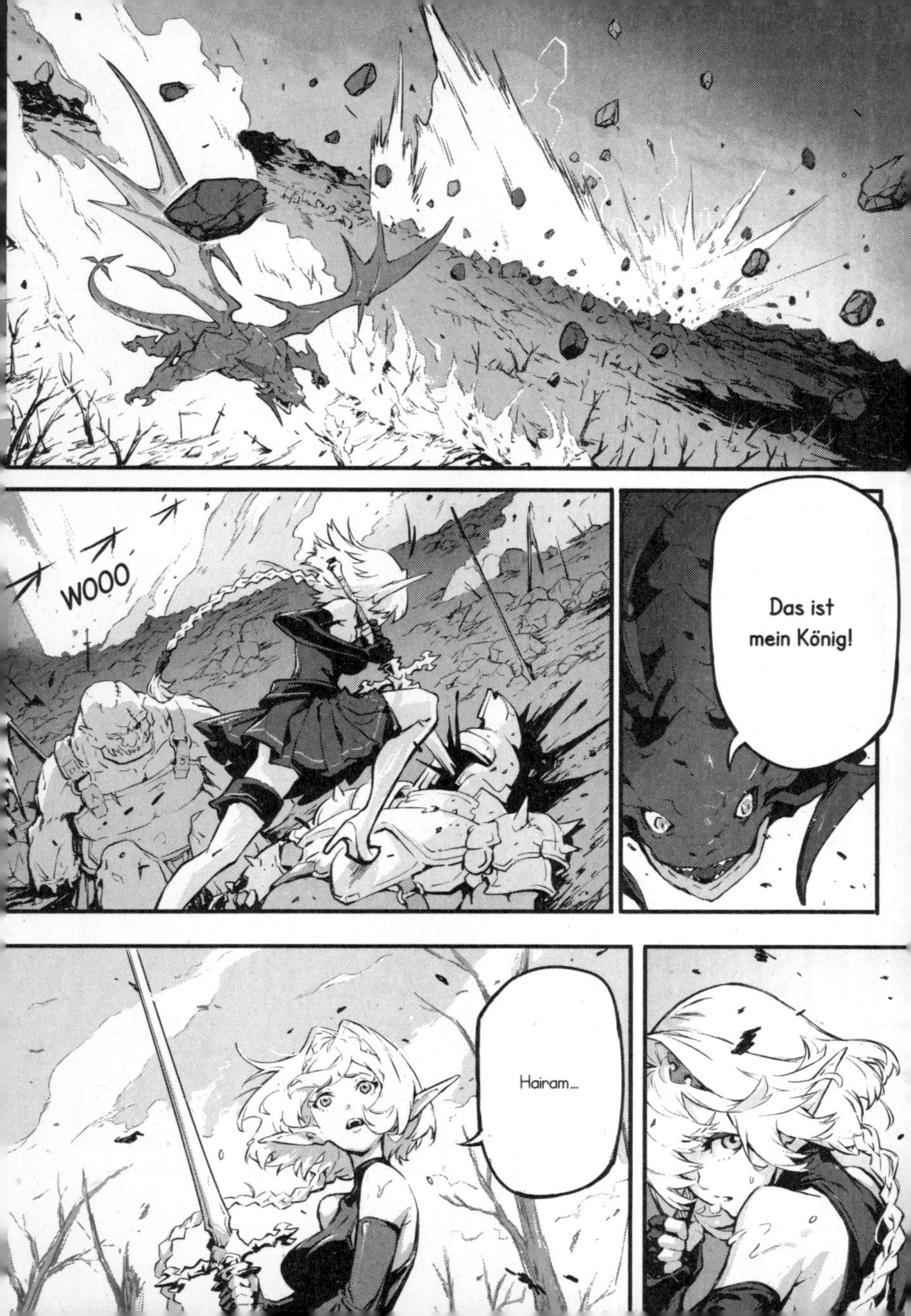
WOOO
Das ist mein König!
Hairam…

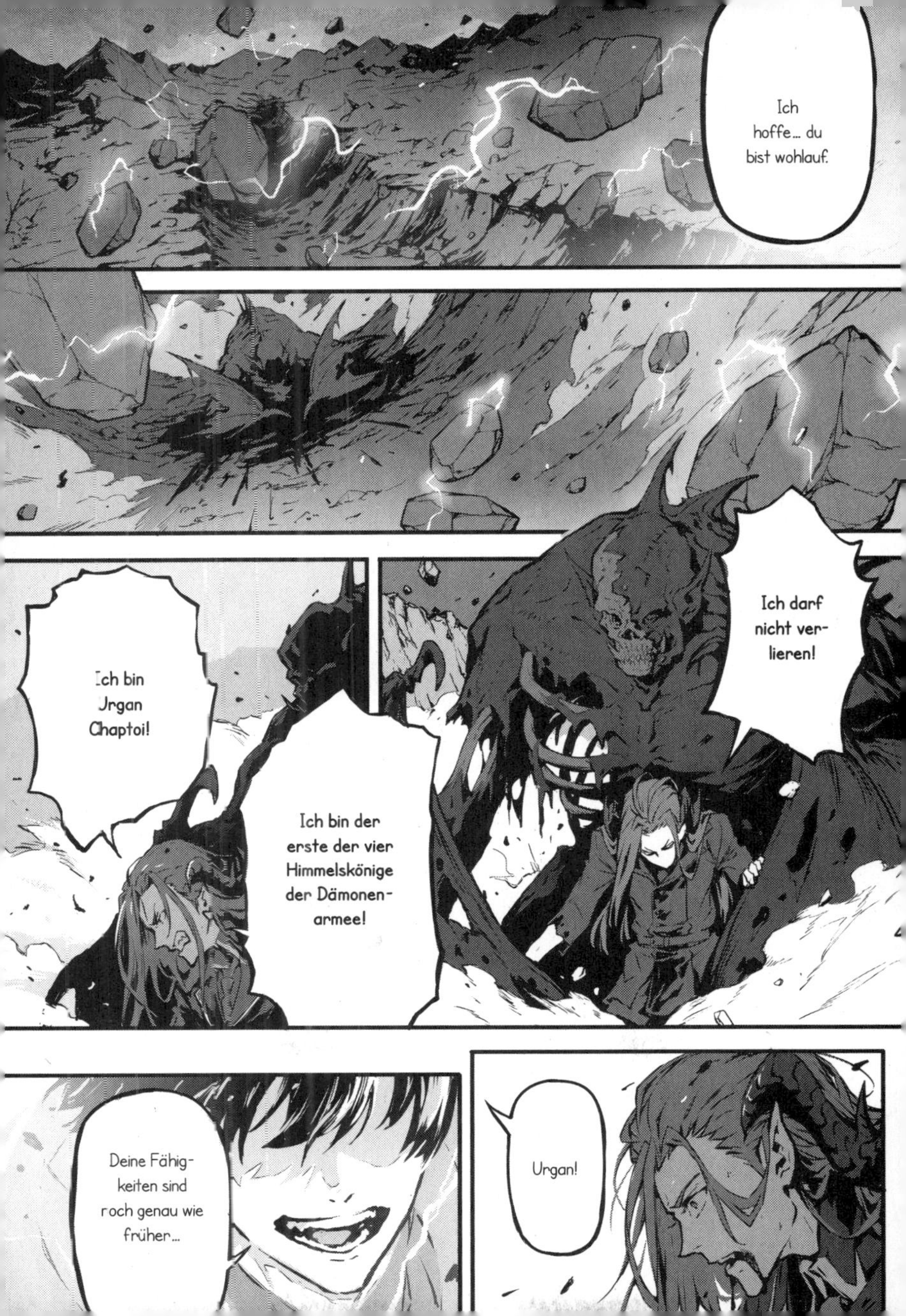
Ich hoffe… du bist wohlauf.
Ich darf nicht ver-lieren!
Ich bin der erste der vier Himmelskönige der Dämonen-armee!
Ich bin Urgan Chaptoi!
Urgan!
Deine Fähig-keiten sind roch genau wie früher…

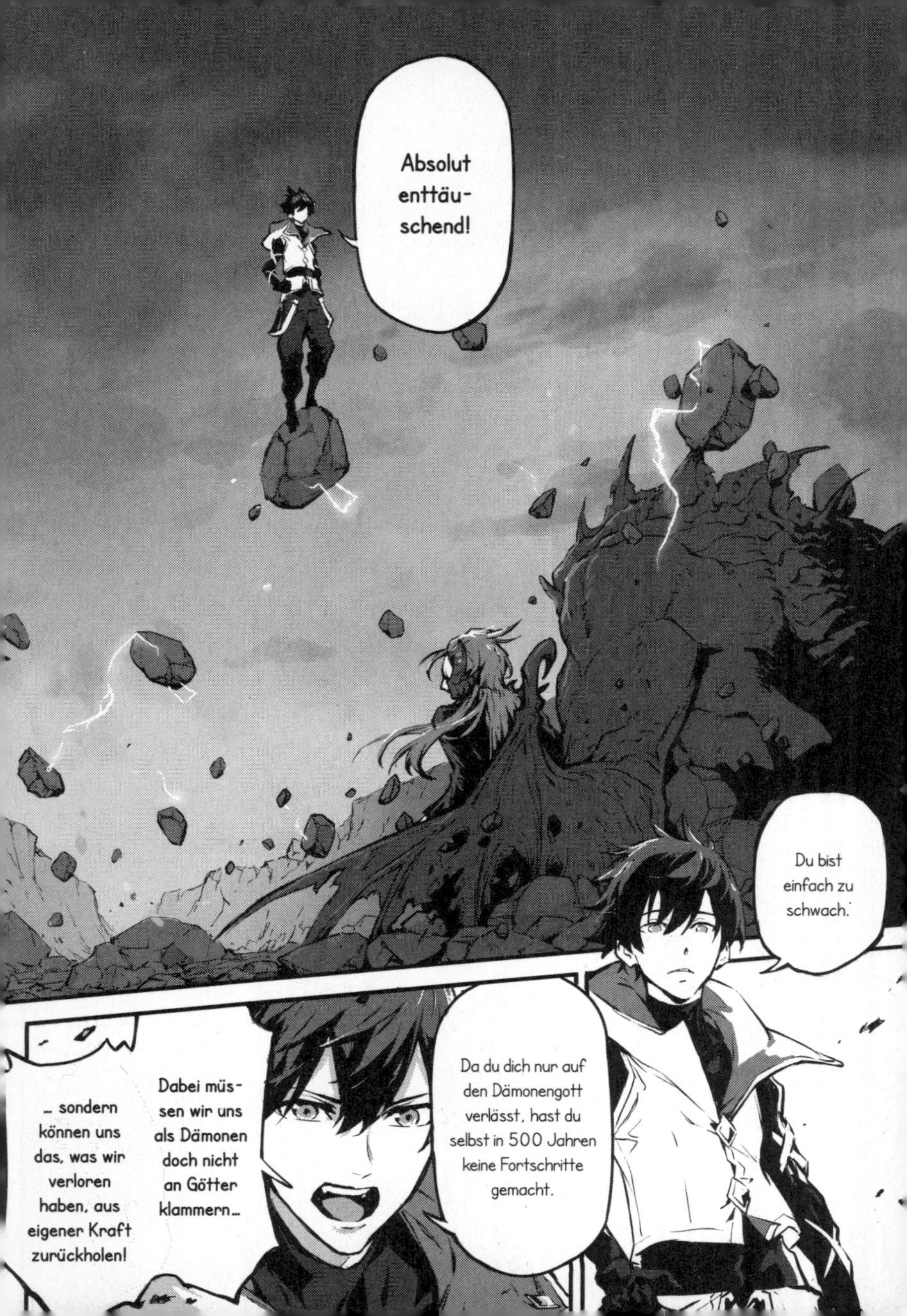
Absolut enttäu-schend!
Du bist einfach zu schwach.
Da du dich nur auf den Dämonengott verlässt, hast du selbst in 500 Jahren keine Fortschritte gemacht.
Dabei müs-sen wir uns als Dämonen doch nicht an Götter klammern…
… sondern können uns das, was wir verloren haben, aus eigener Kraft zurückholen!

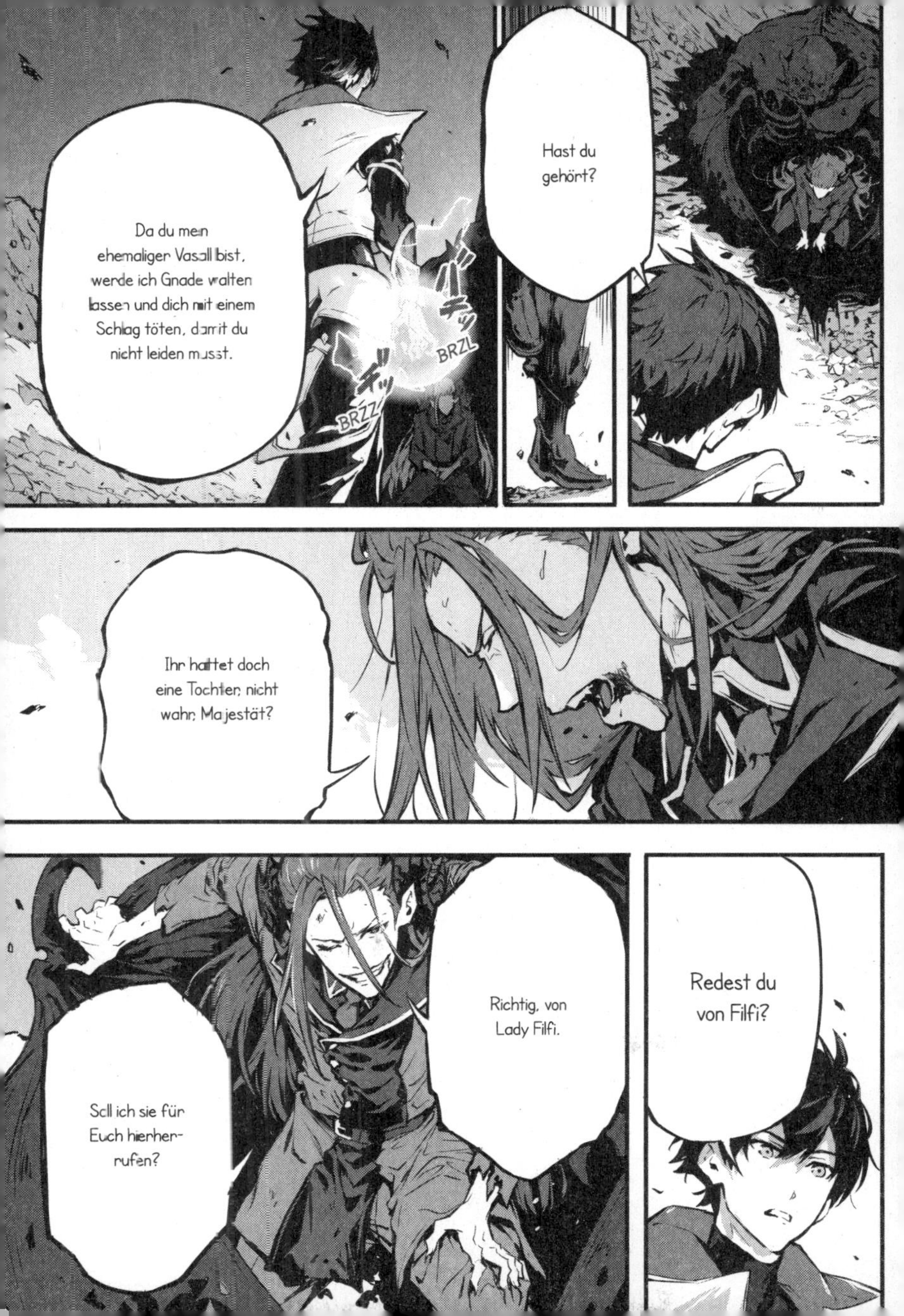
Hast du gehört?
Da du mein ehemaliger Vasall bist, werde ich Gnade walten lassen und dich mit einem Schlag töten, damit du nicht leiden musst.
BRZL
BRZZ
Ihr hattet doch eine Tochter, nicht wahr, Majestät?
Redest du von Filfi?
Richtig, von Lady Filfi.
Soll ich sie für Euch hierherrufen?

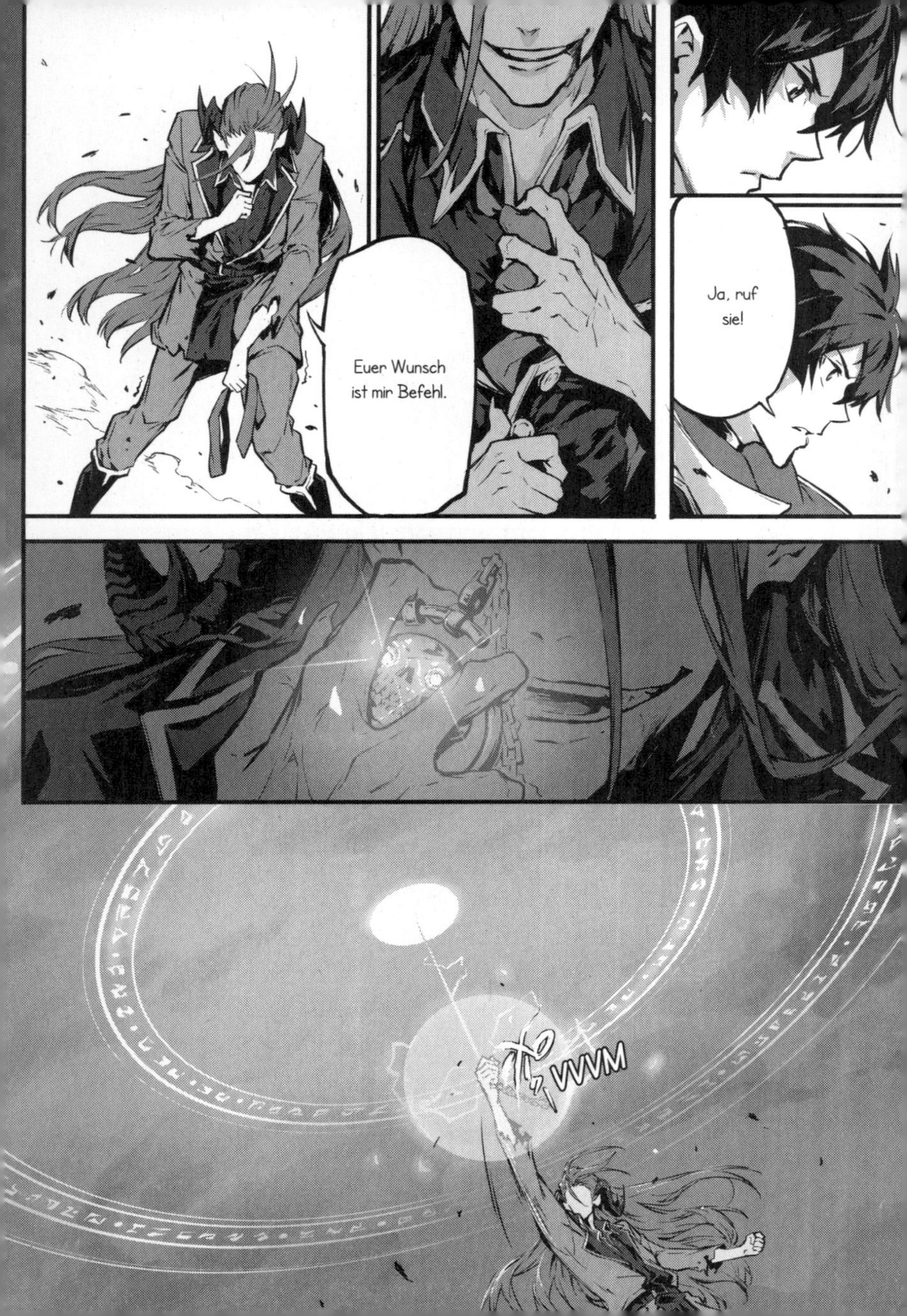
Ja, ruf sie!
Euer Wunsch ist mir Befehl.
VVVM

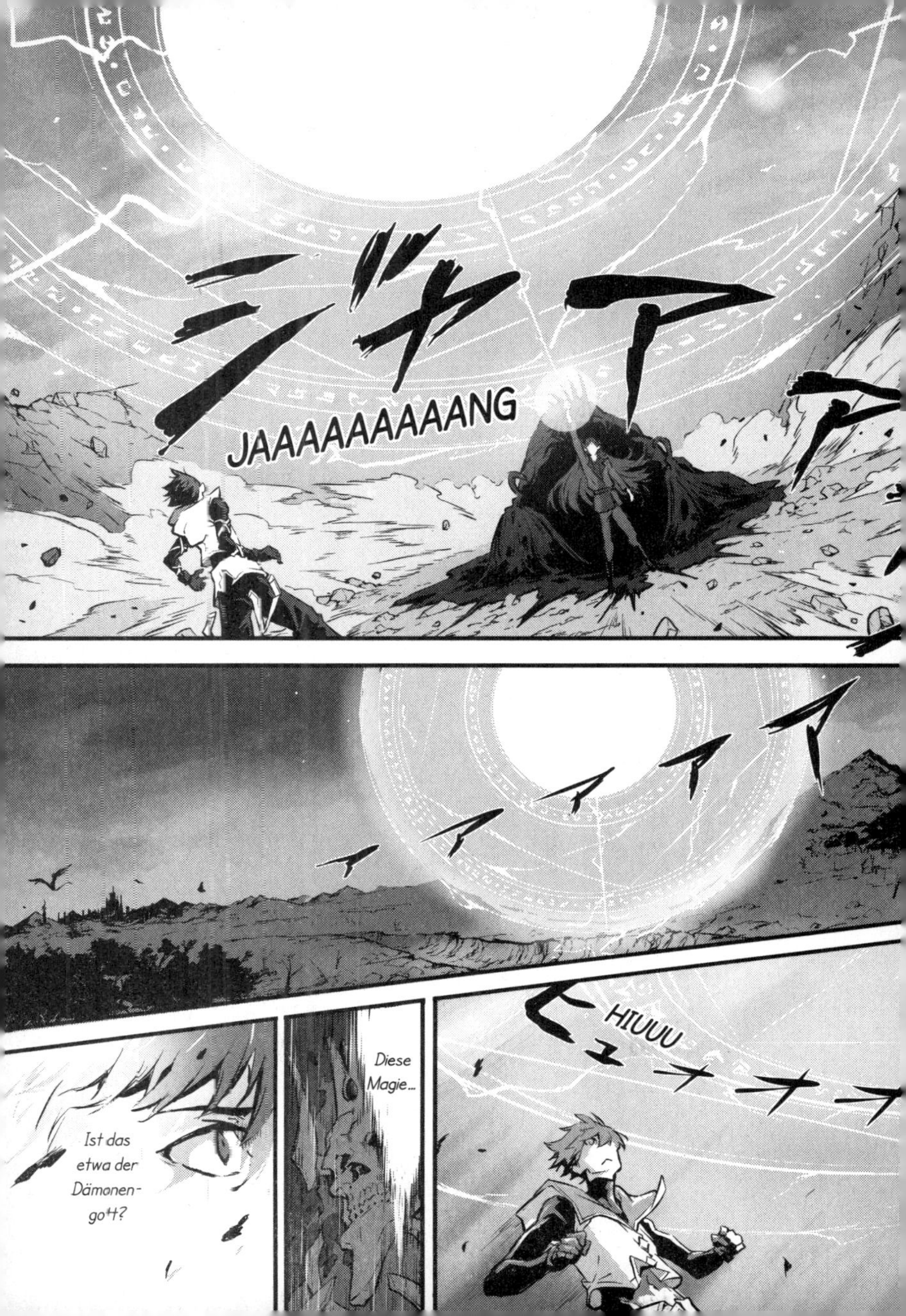

JAAAAAAAAANG
HIUUU
Diese Magie...
Ist das etwa der Dämonen-gott?

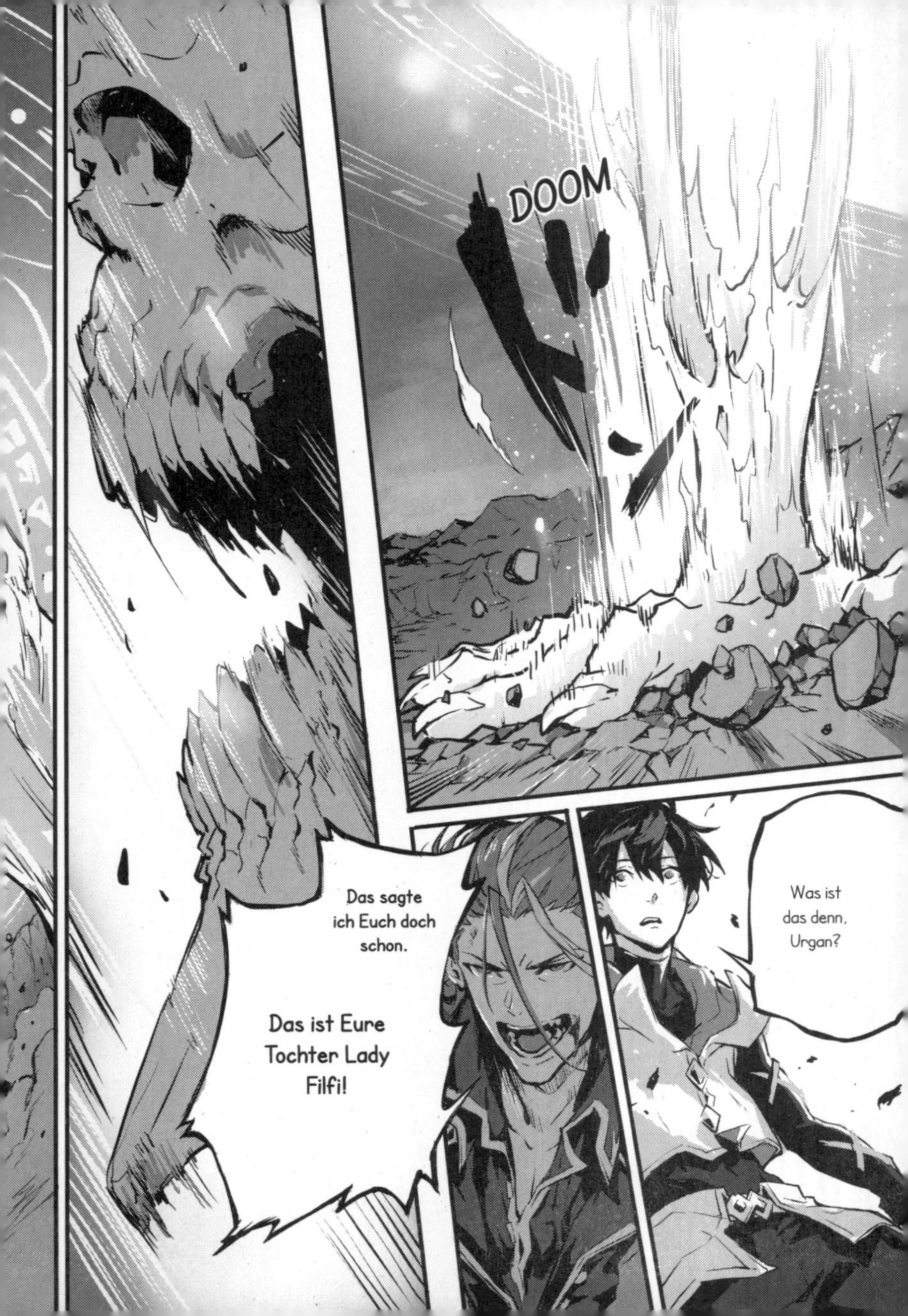
DOOM
Was ist das denn, Urgan?
Das sagte ich Euch doch schon.
Das ist Eure Tochter Lady Filfi!

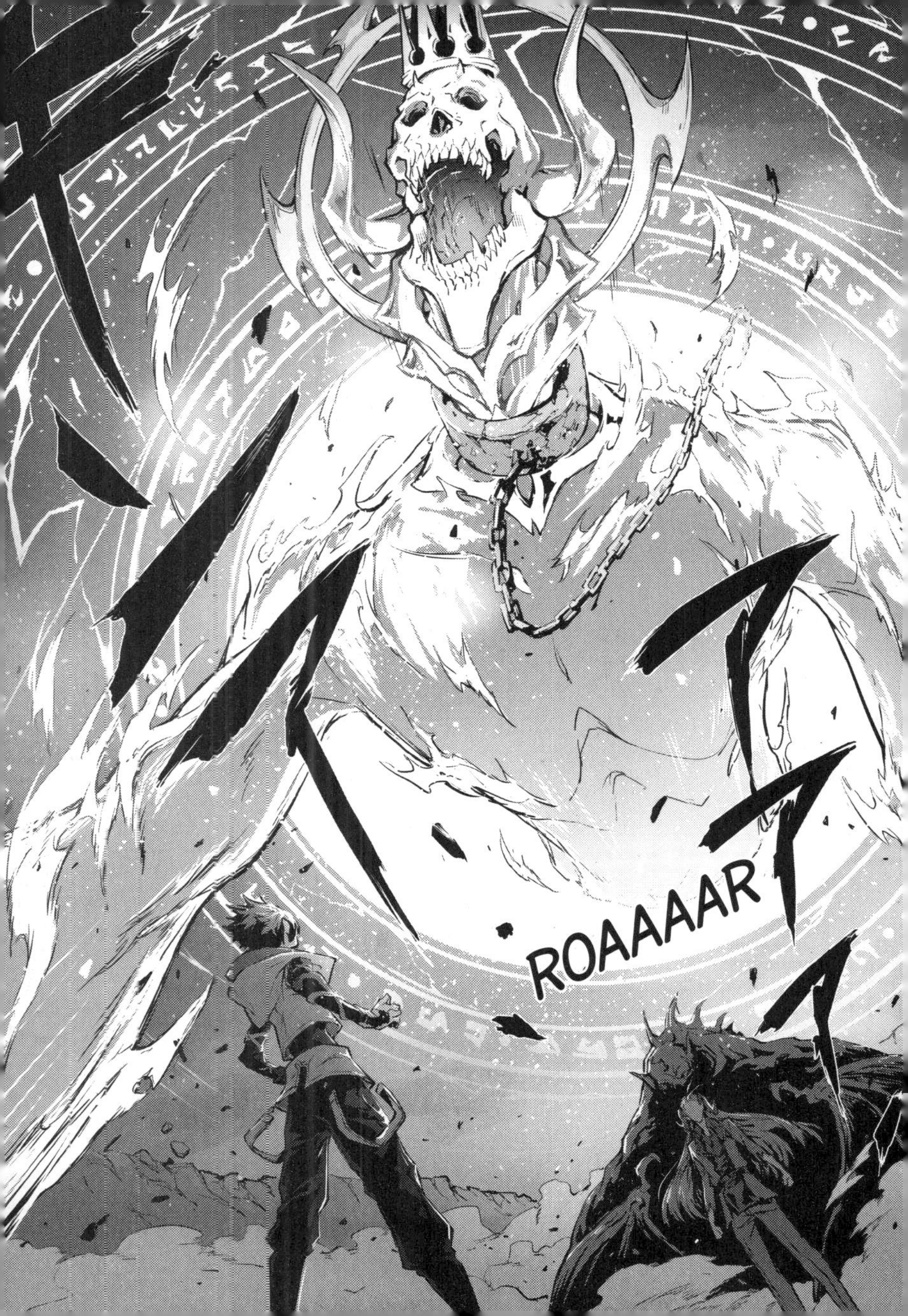
ROAAAAR

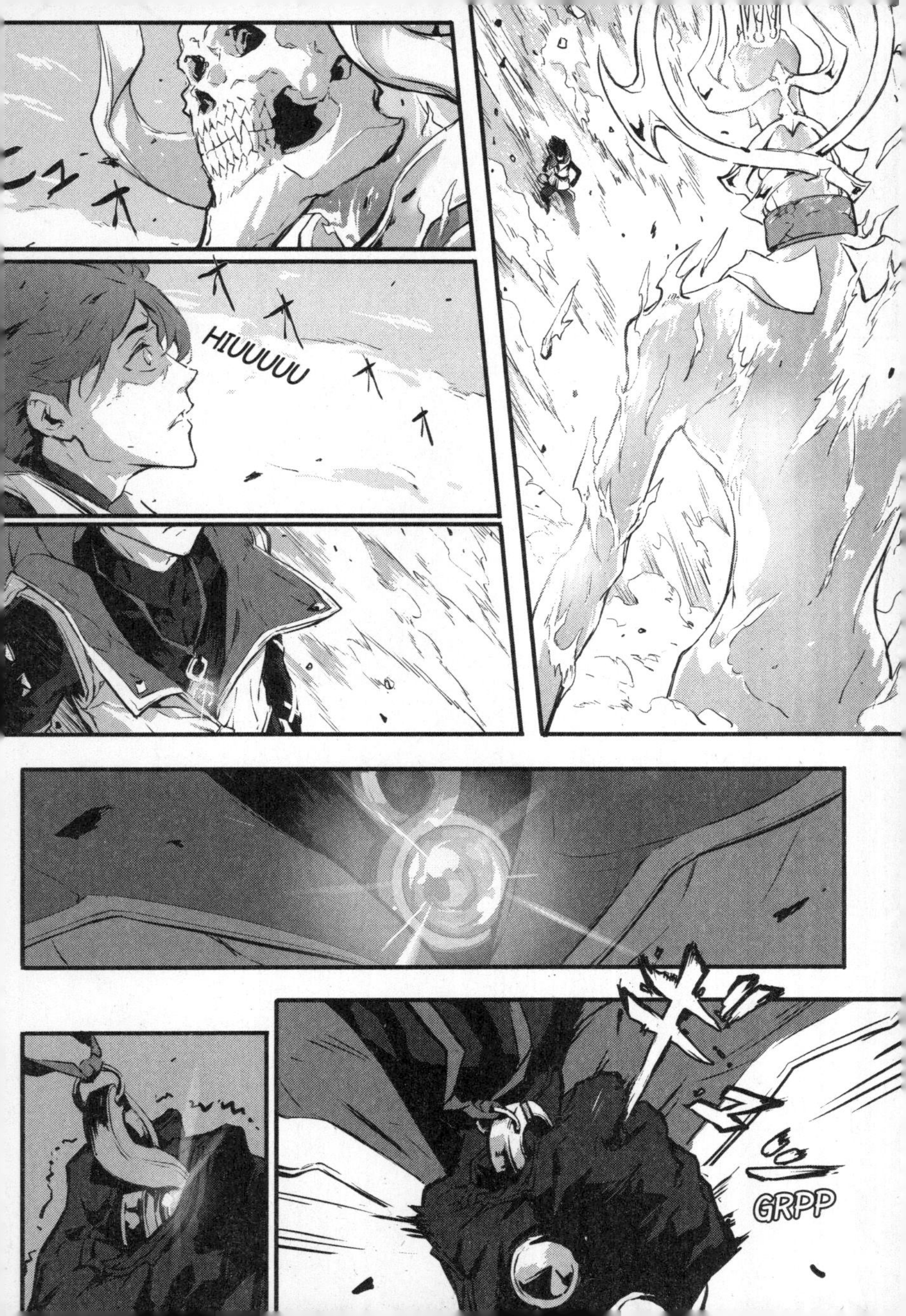
HIUUUUU
GRPP

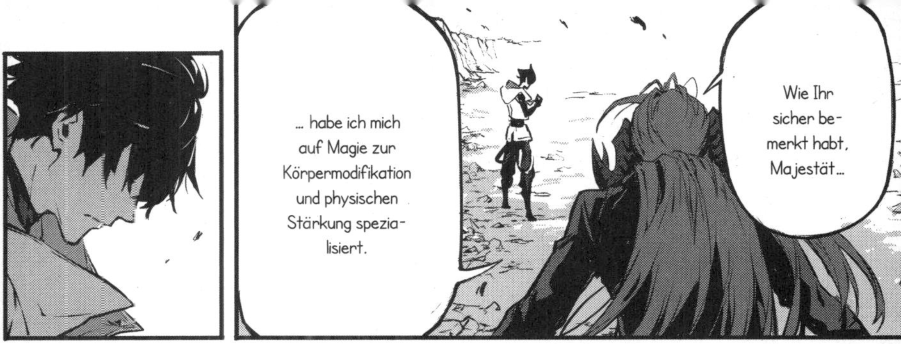

* Japanisch: Bunrei, shintoistischer Fachbegriff für die Teilung des Geistes einer Kami-Gottheit, um letztere mithilfe eines Teils seines Geistes (Splitter) in einem Schrein zu verankern

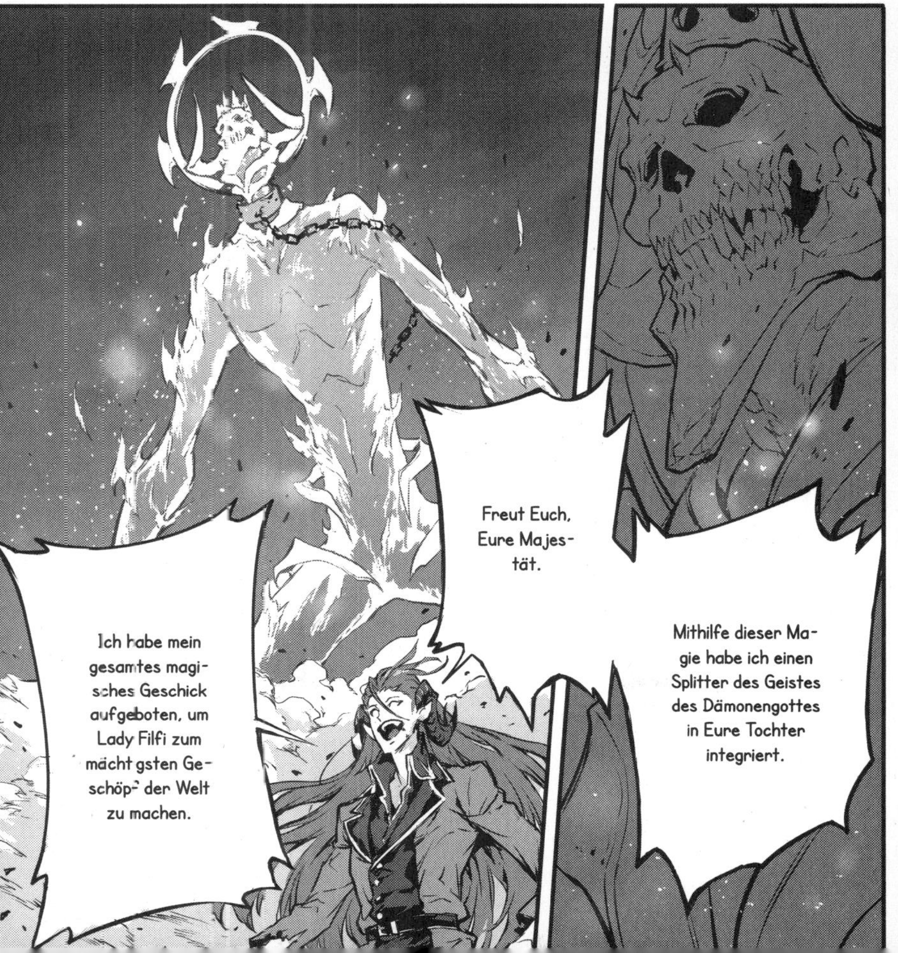

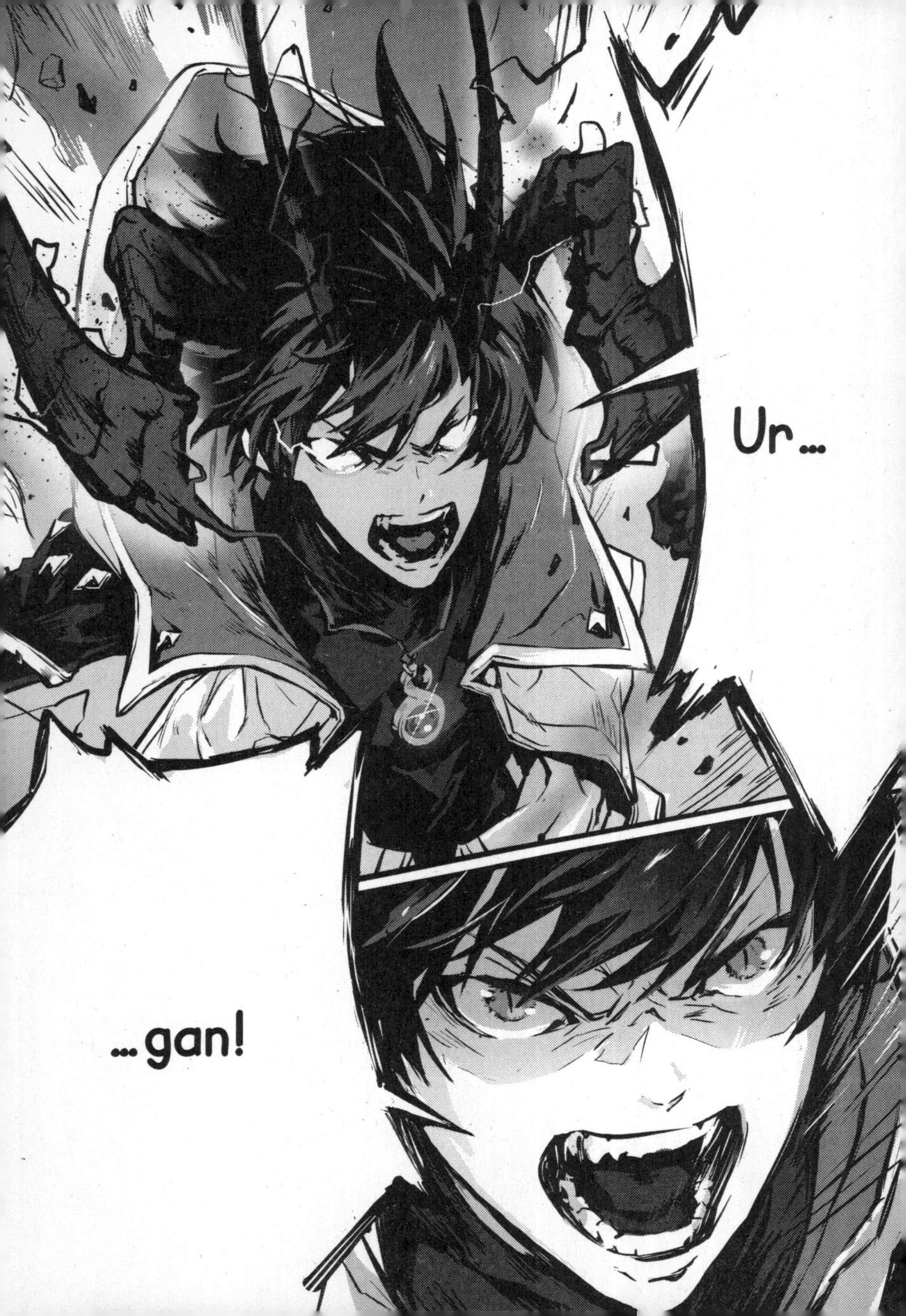
Ur…
…gan!

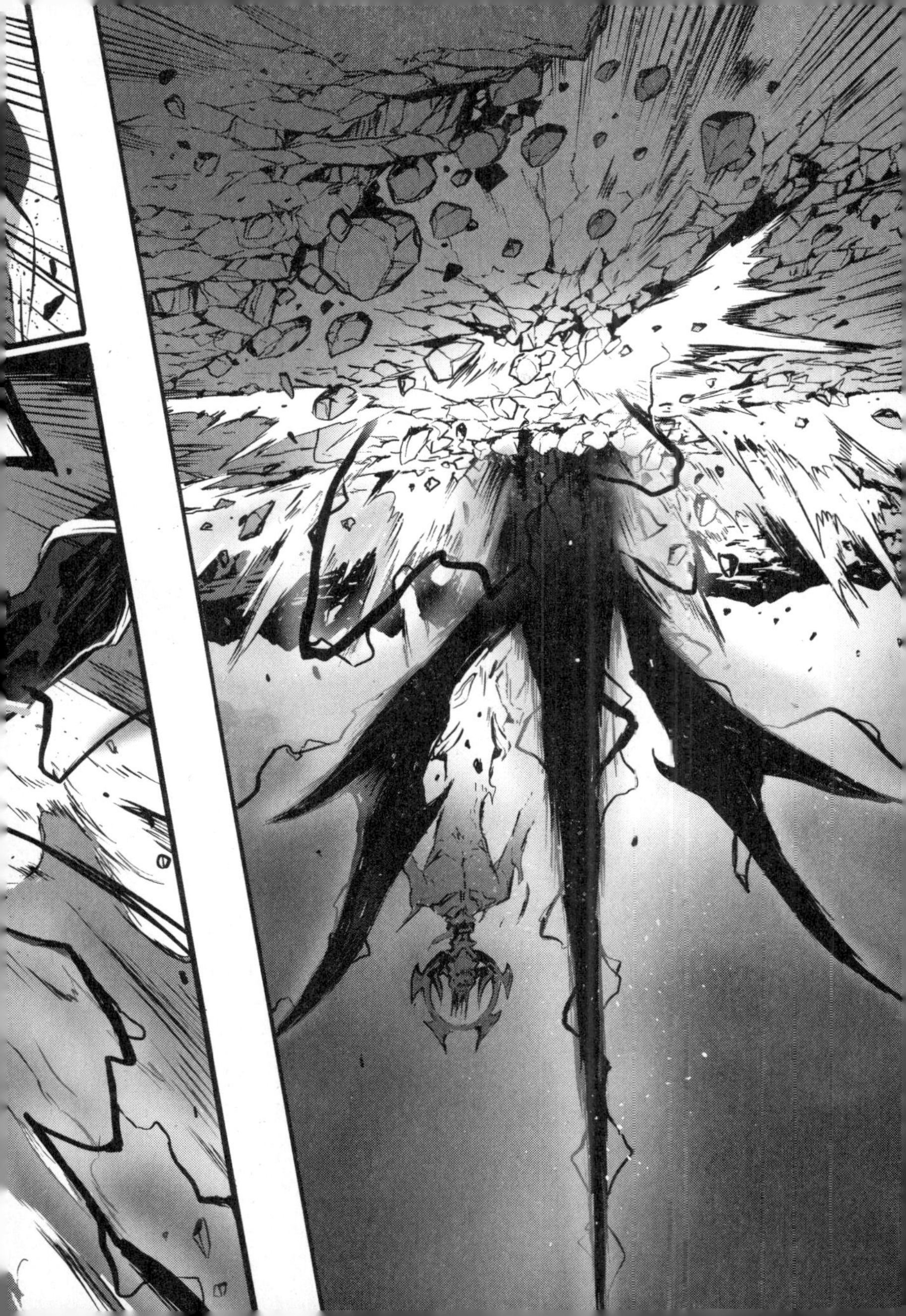

Demon King of God Killing

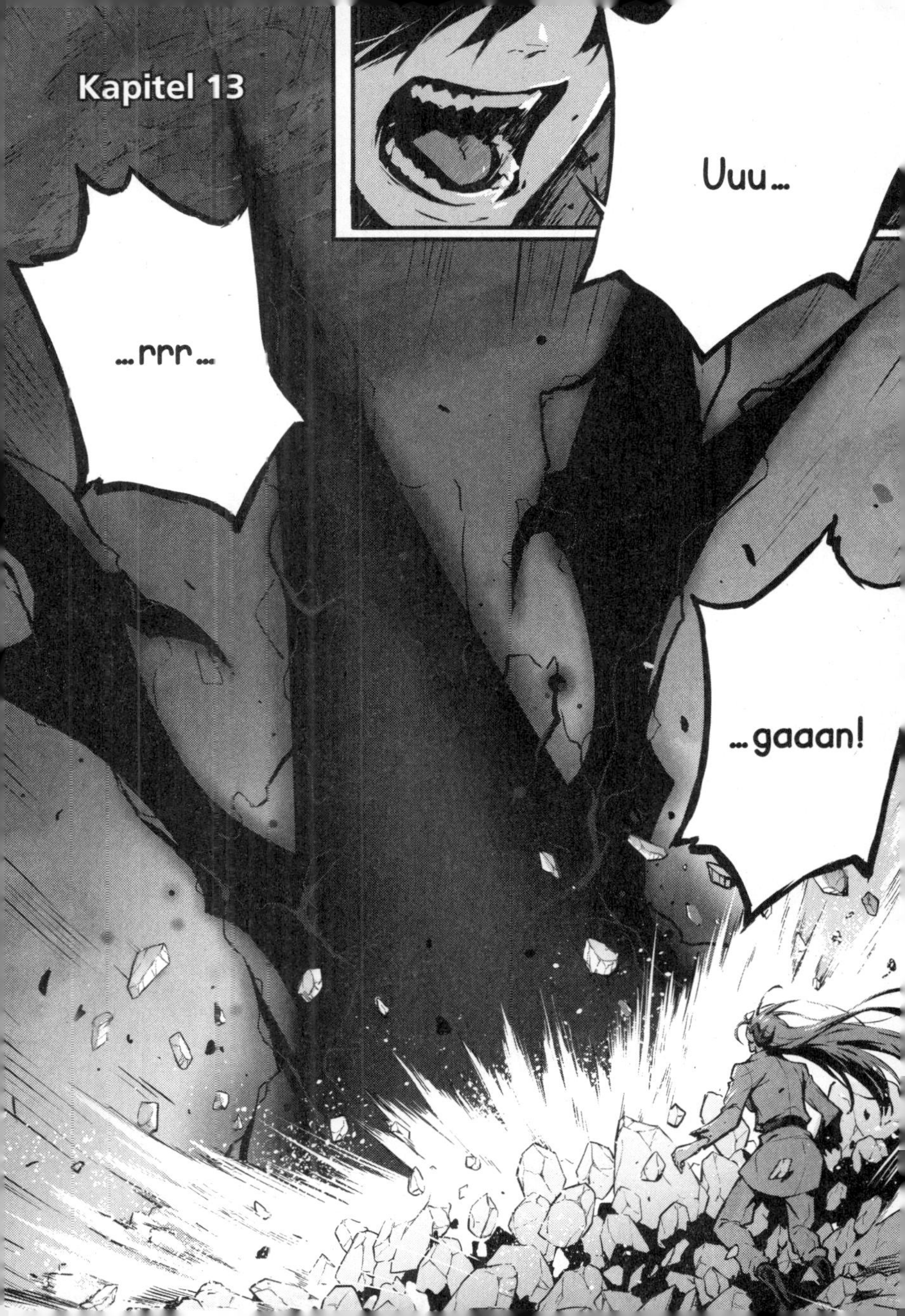
Kapitel 13
Uuu…
…rrr…
…gaaan!

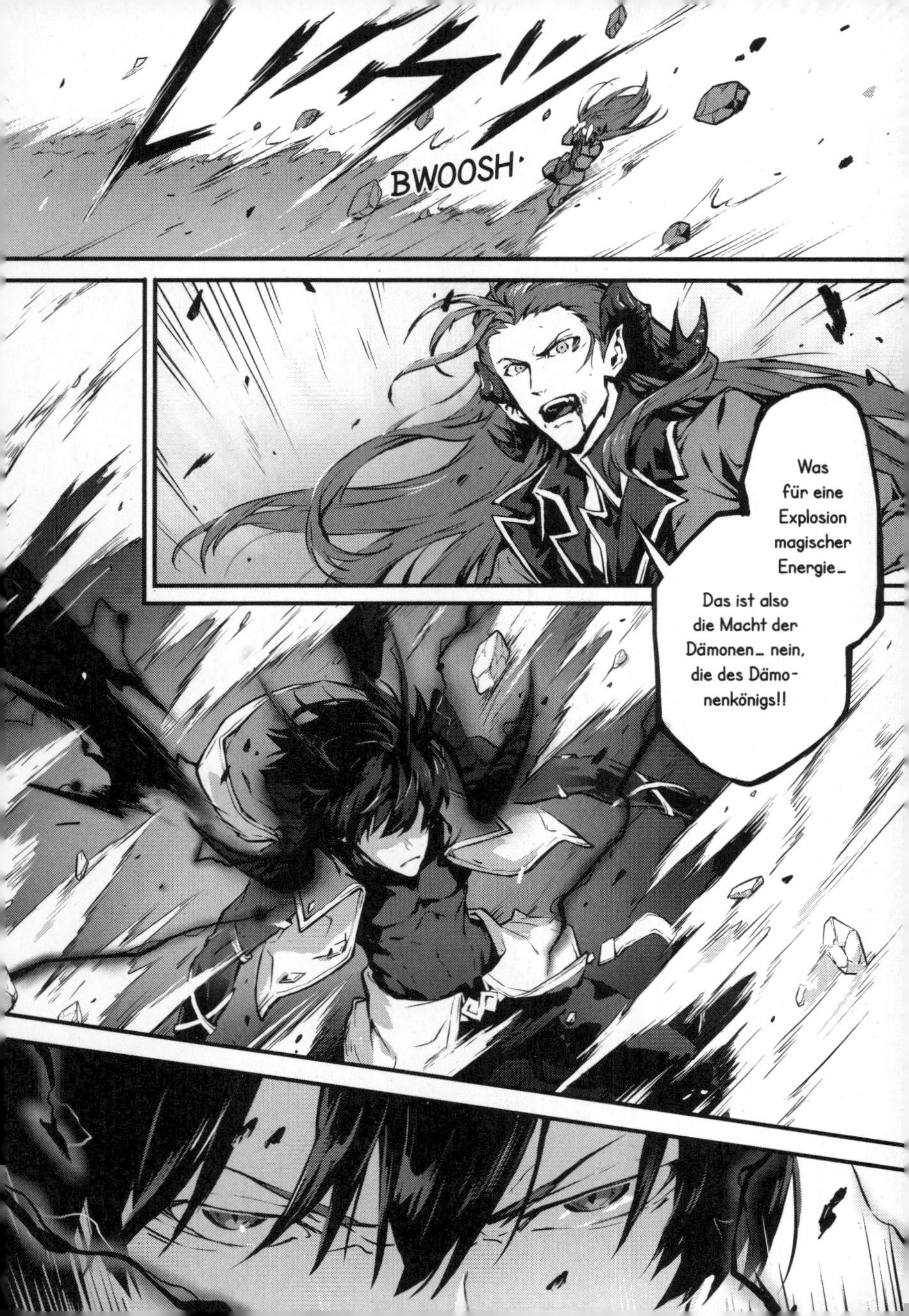
BWOOSH
Was für eine Explosion magischer Energie…
Das ist also die Macht der Dämonen… nein, die des Dämonenkönigs!!

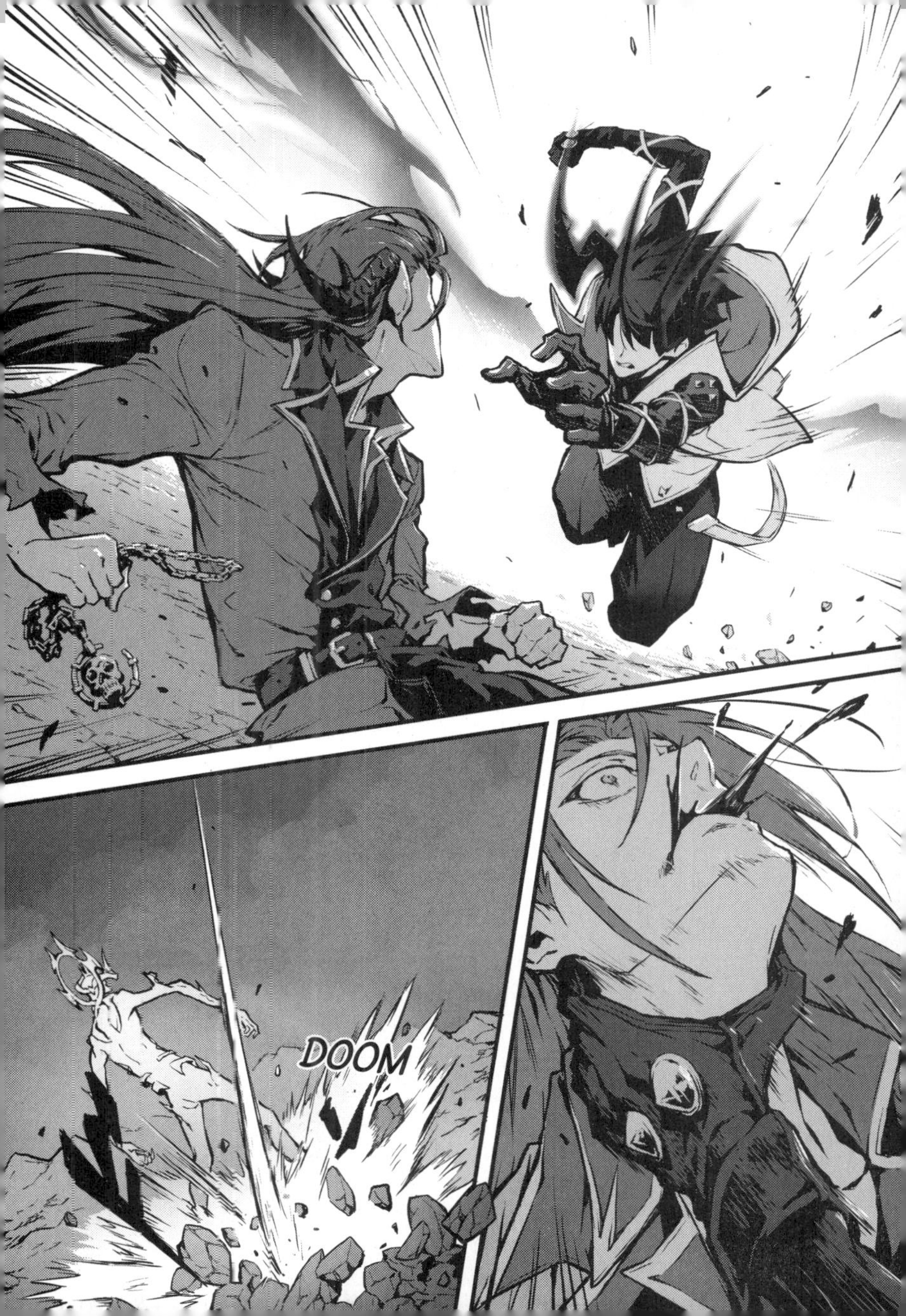
DOOM

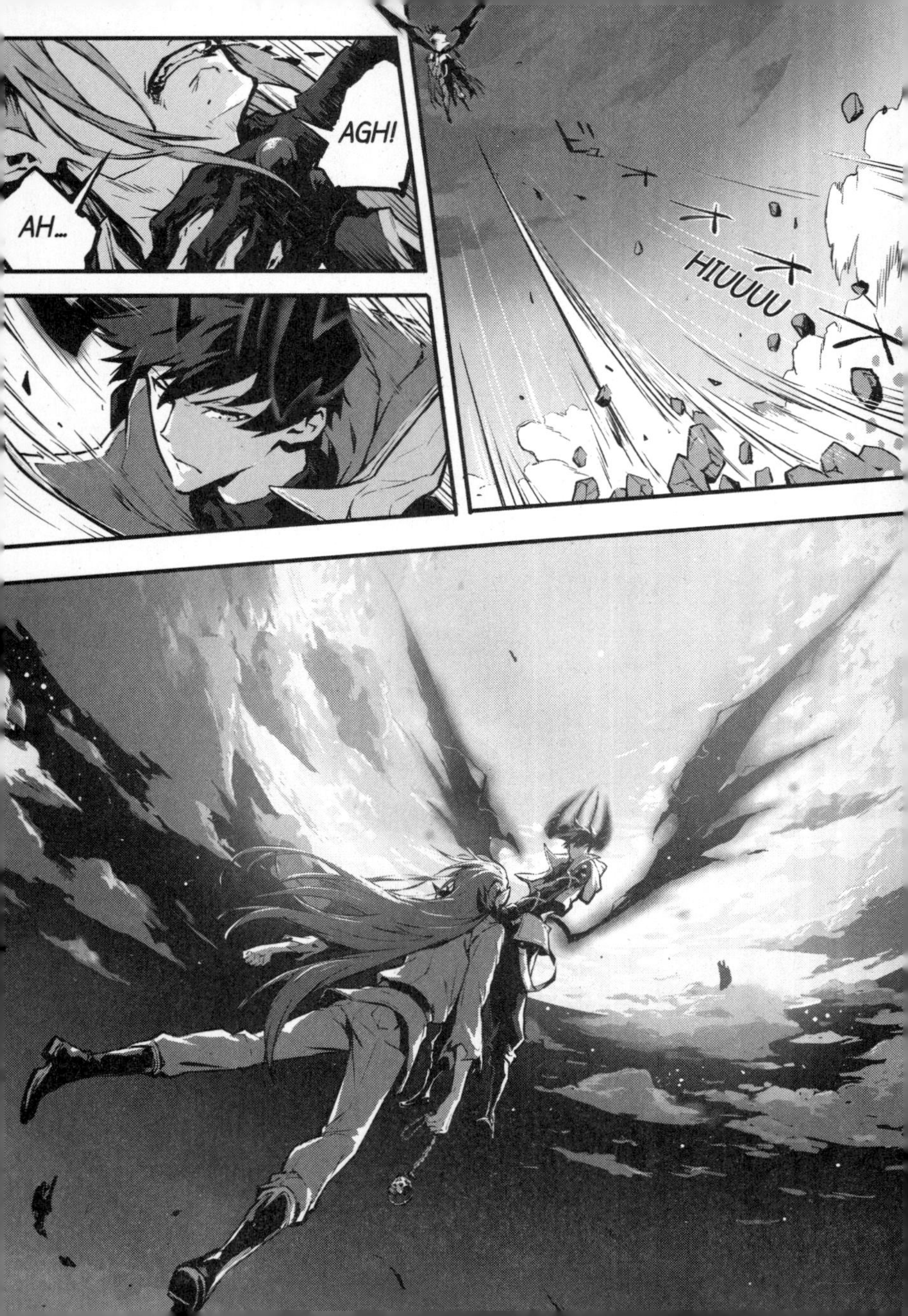
HIUUUUU
AGH!
AH...

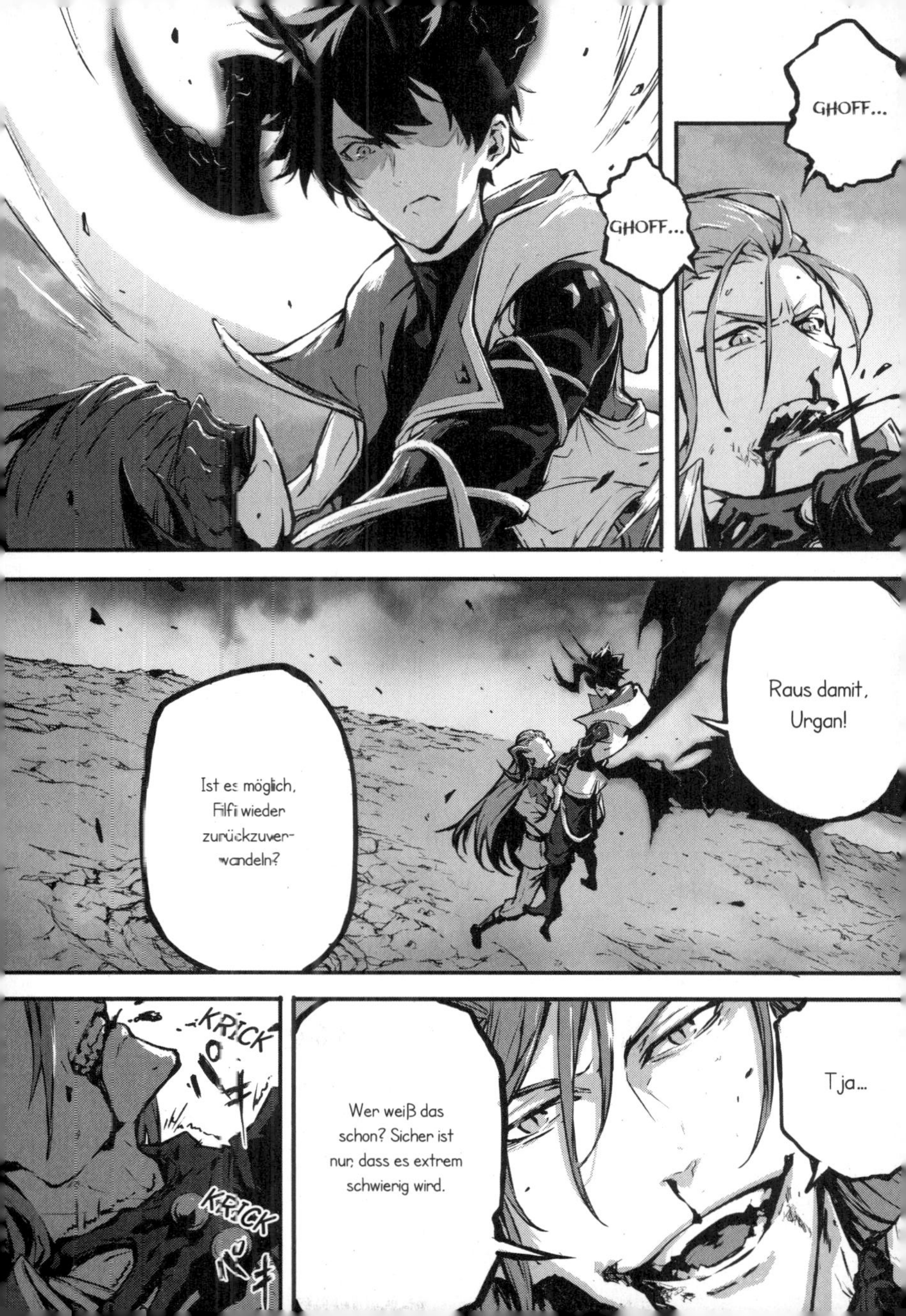
GHOFF...
GHOFF...
Raus damit, Urgan!
Ist es möglich, Filfi wieder zurückzuverwandeln?
Tja...
Wer weiß das schon? Sicher ist nur, dass es extrem schwierig wird.
KRICK
KRICK

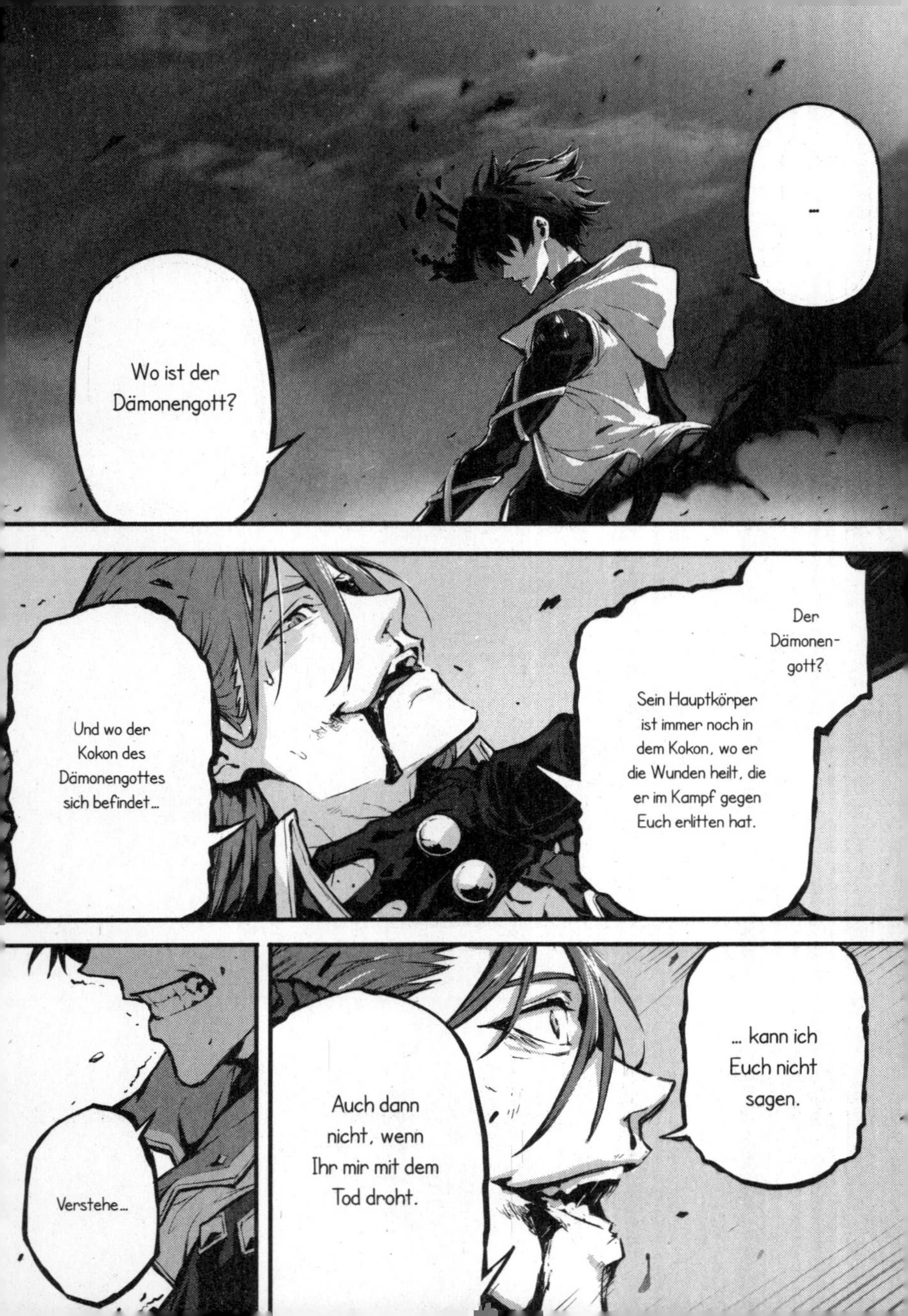
...
Wo ist der Dämonengott?
Der Dämonengott?
Sein Hauptkörper ist immer noch in dem Kokon, wo er die Wunden heilt, die er im Kampf gegen Euch erlitten hat.
Und wo der Kokon des Dämonengottes sich befindet...
... kann ich Euch nicht sagen.
Auch dann nicht, wenn Ihr mir mit dem Tod droht.
Verstehe...

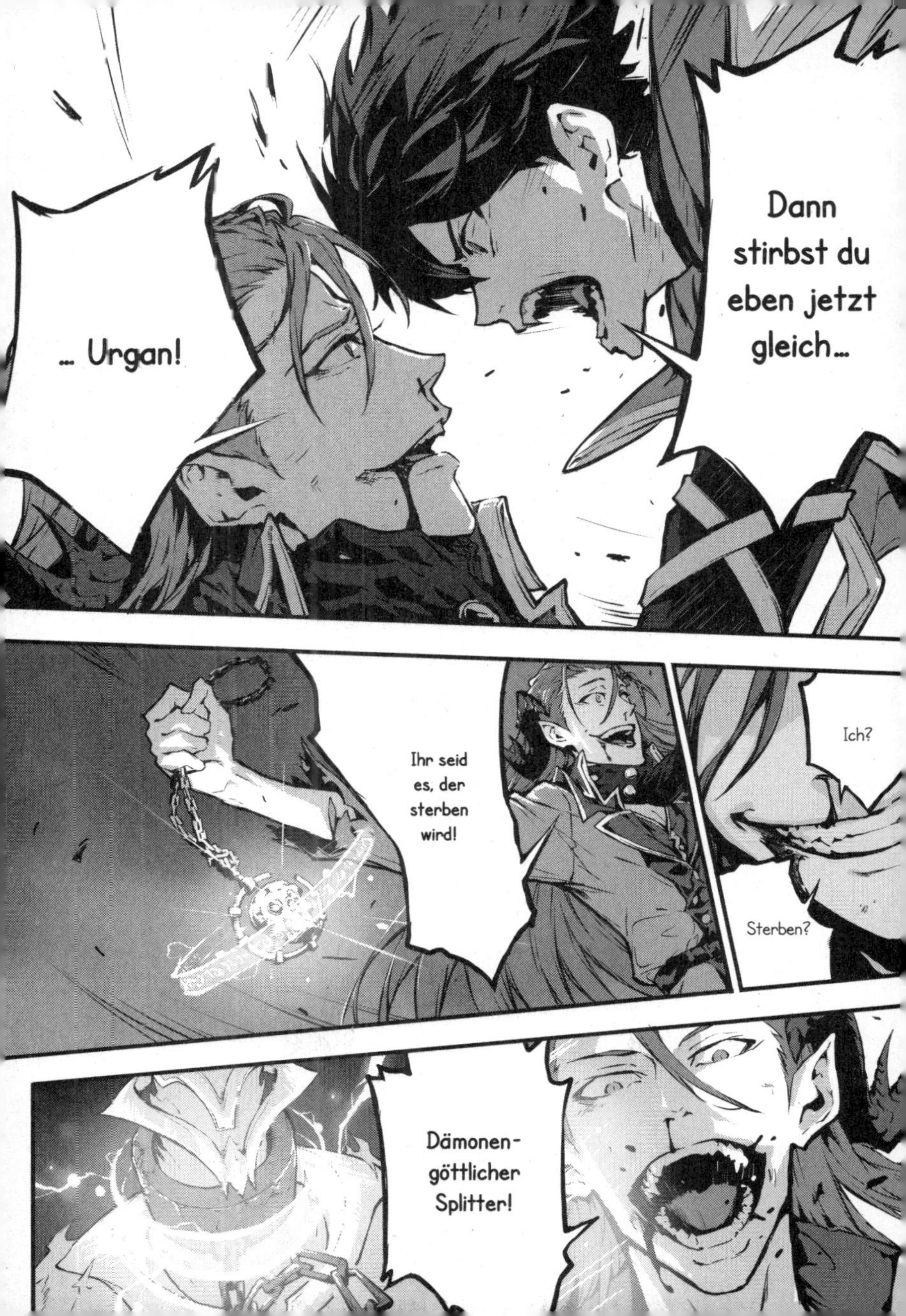
Dann stirbst du eben jetzt gleich...
... Urgan!
Ich?
Sterben?
Ihr seid es, der sterben wird!
Dämonen-göttlicher Splitter!

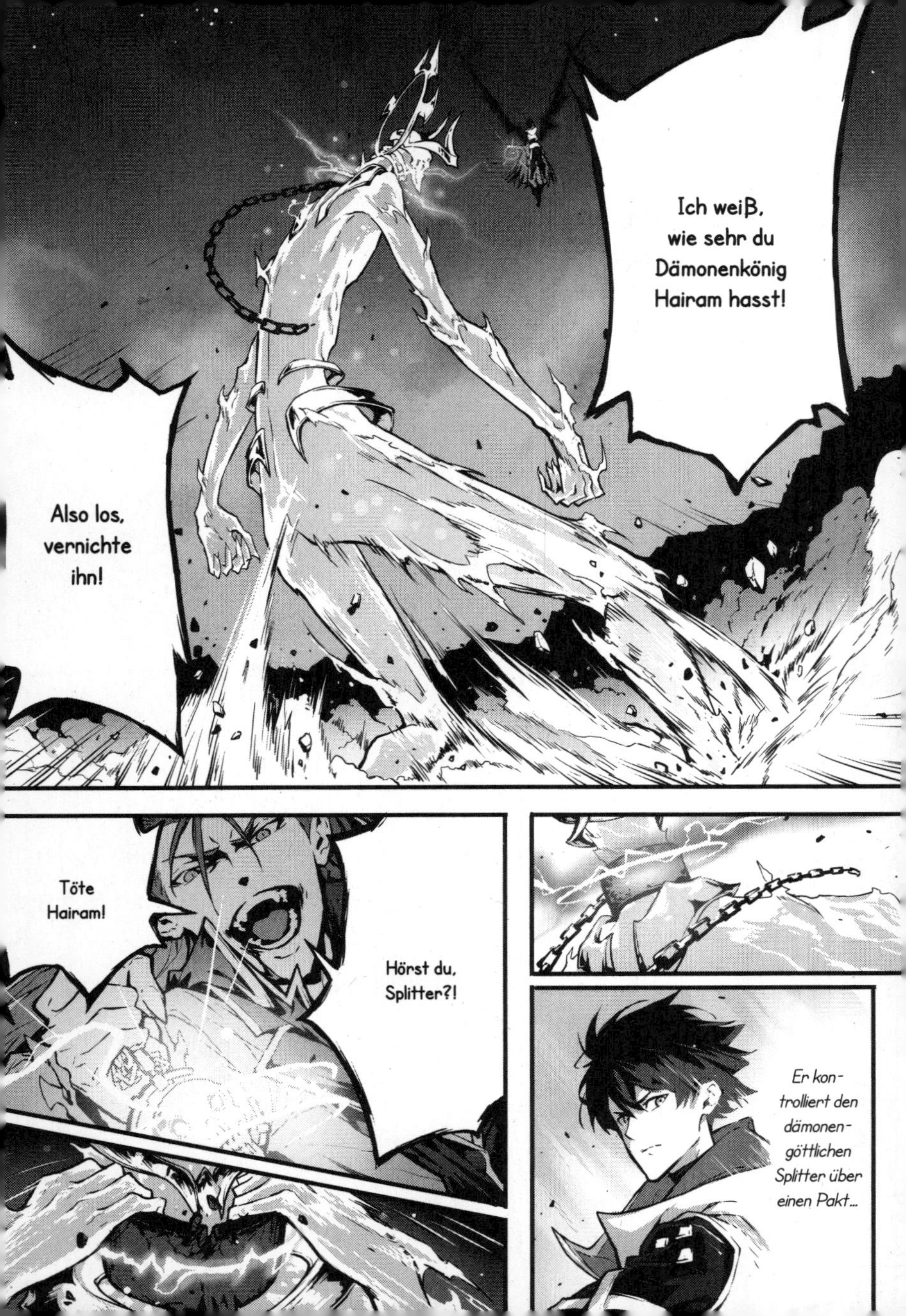
Ich weiß, wie sehr du Dämonenkönig Hairam hasst!
Also los, vernichte ihn!
Töte Hairam!
Hörst du, Splitter?!
Er kontrolliert den dämonengöttlichen Splitter über einen Pakt...

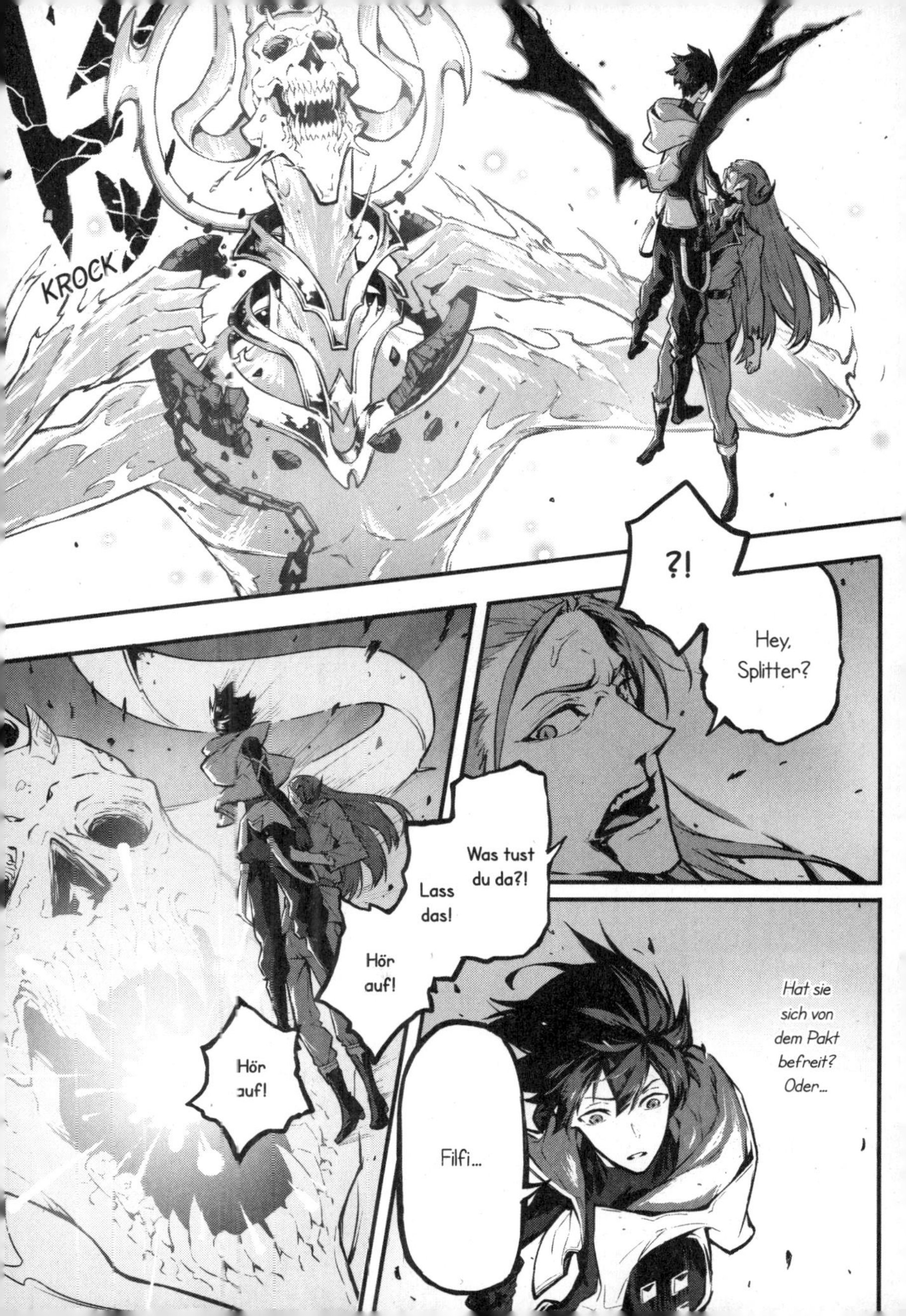
KROCK
?!
Hey, Splitter?
Was tust du da?!
Lass das!
Hör auf!
Hör auf!
Hat sie sich von dem Pakt befreit? Oder…
Filfi…

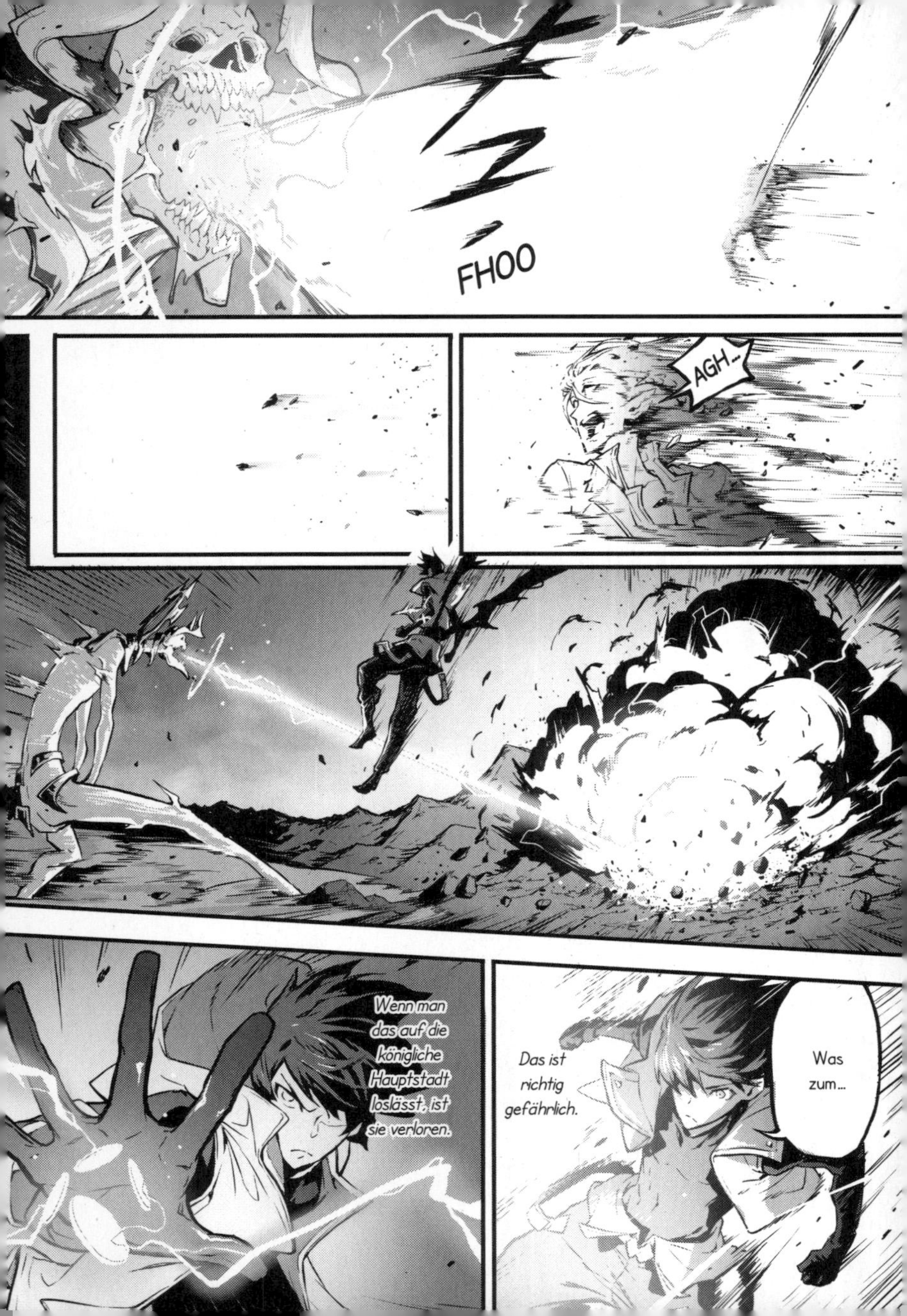
FHOO
AGH...
Was zum...
Das ist richtig gefährlich.
Wenn man das auf die königliche Hauptstadt loslässt, ist sie verloren.

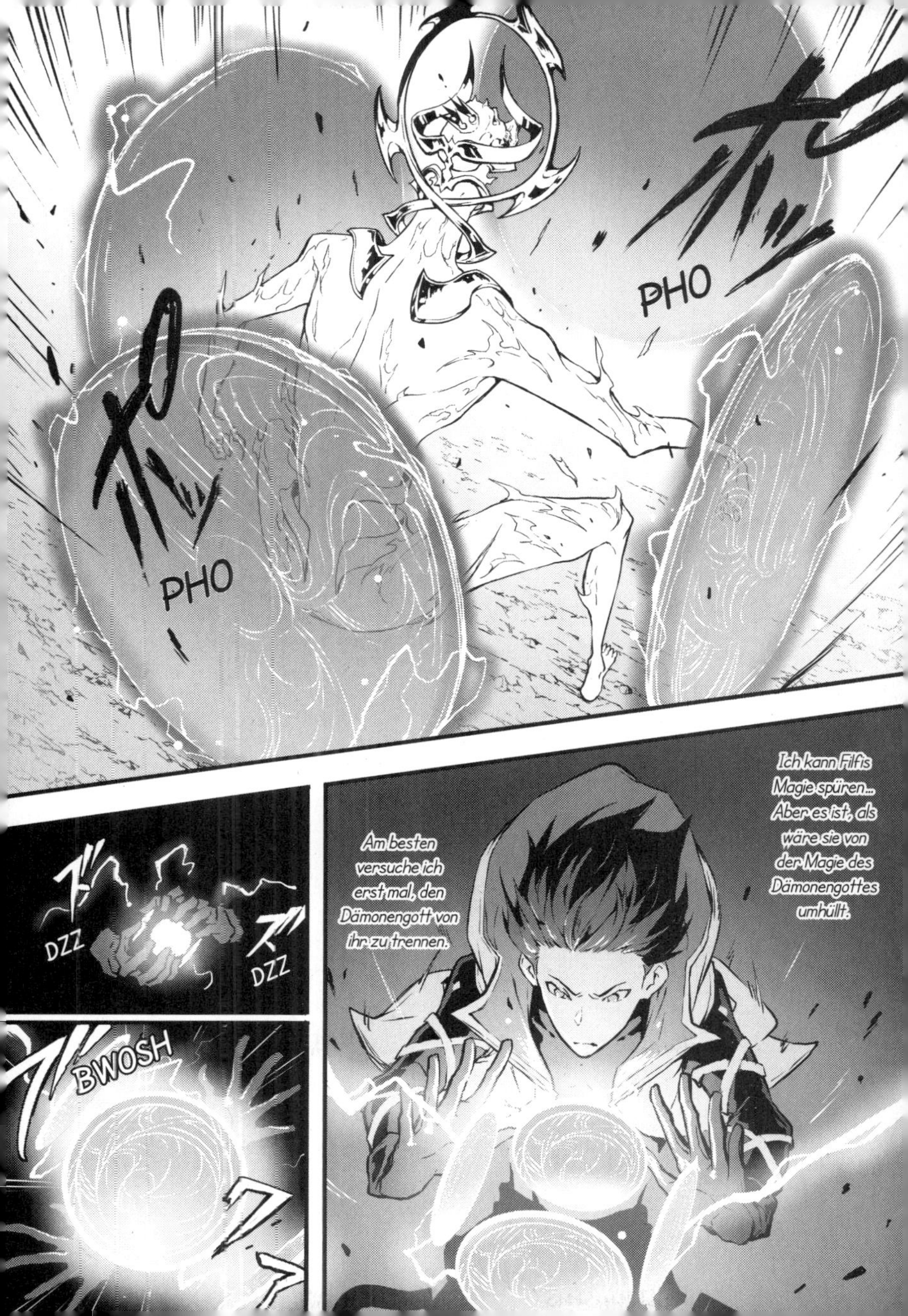
PHO
PHO
Ich kann Filfis Magie spüren... Aber es ist, als wäre sie von der Magie des Dämonengottes umhüllt.
Am besten versuche ich erst mal, den Dämonengott von ihr zu trennen.
DZZ
DZZ
BWOSH

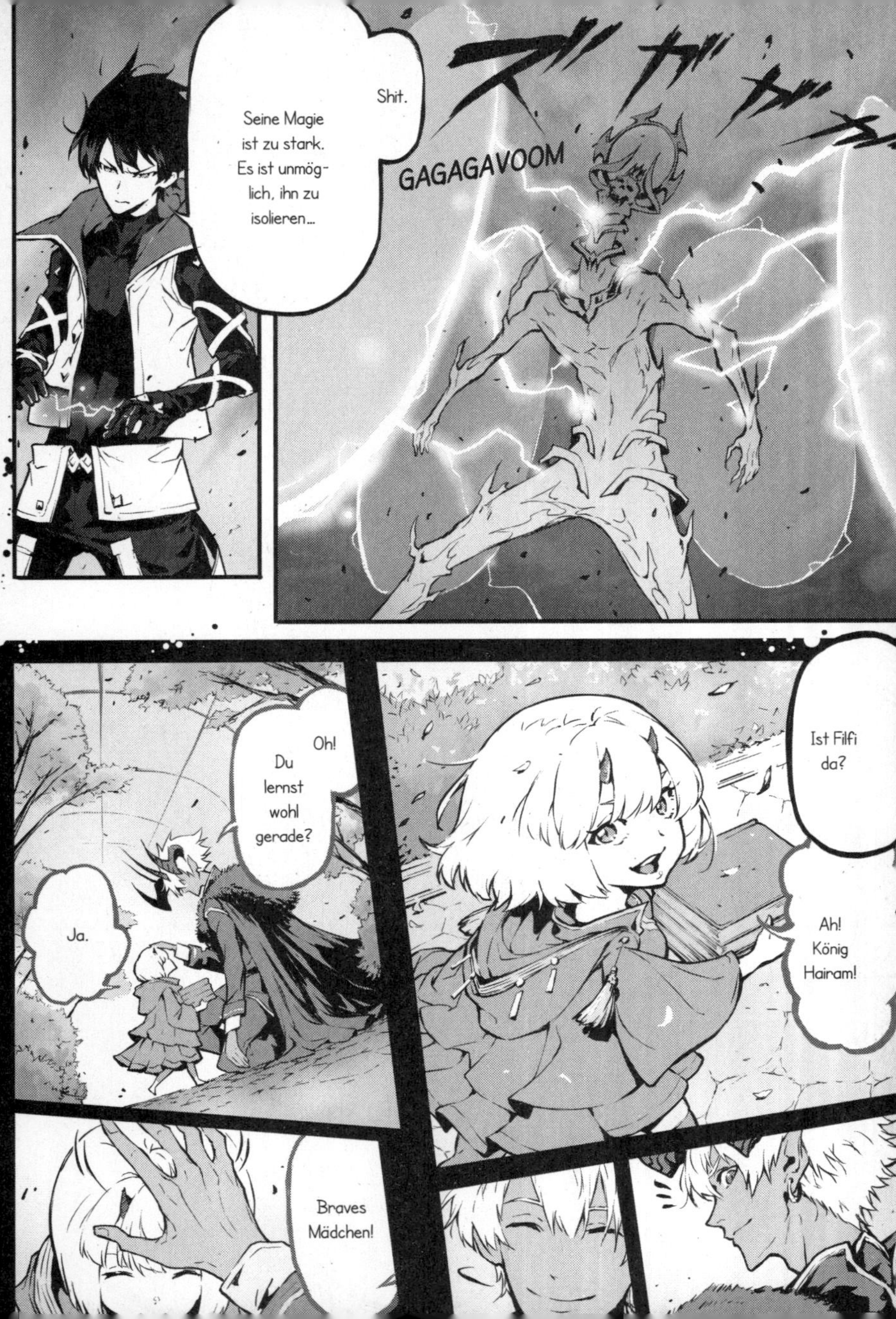
Shit.
Seine Magie ist zu stark. Es ist unmög-lich, ihn zu isolieren...
GAGAGAVOOM
Ist Filfi da?
Ah! König Hairam!
Oh! Du lernst wohl gerade?
Ja.
Braves Mädchen!

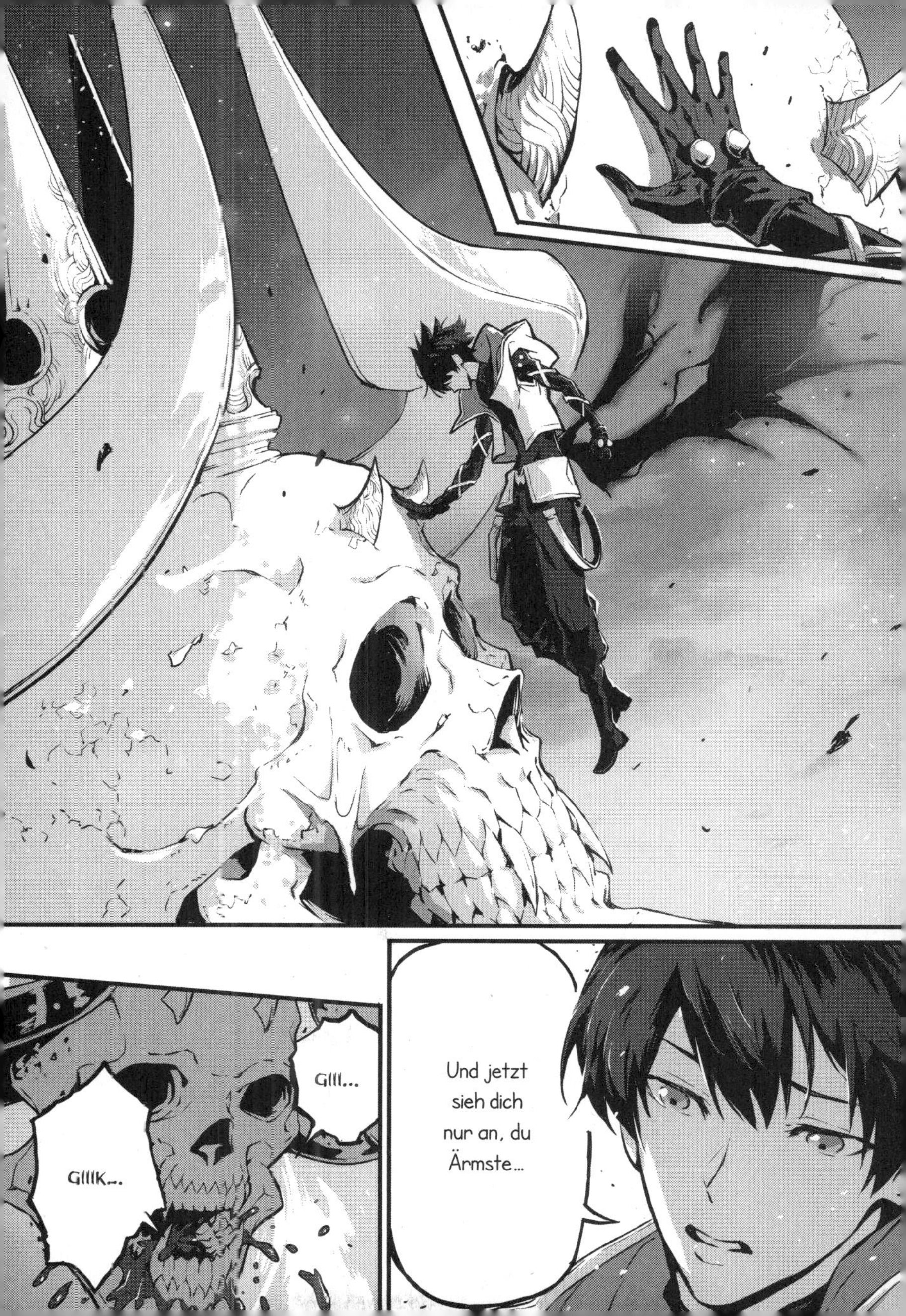
Und jetzt sieh dich nur an, du Ärmste...
Glll...
Glllk...

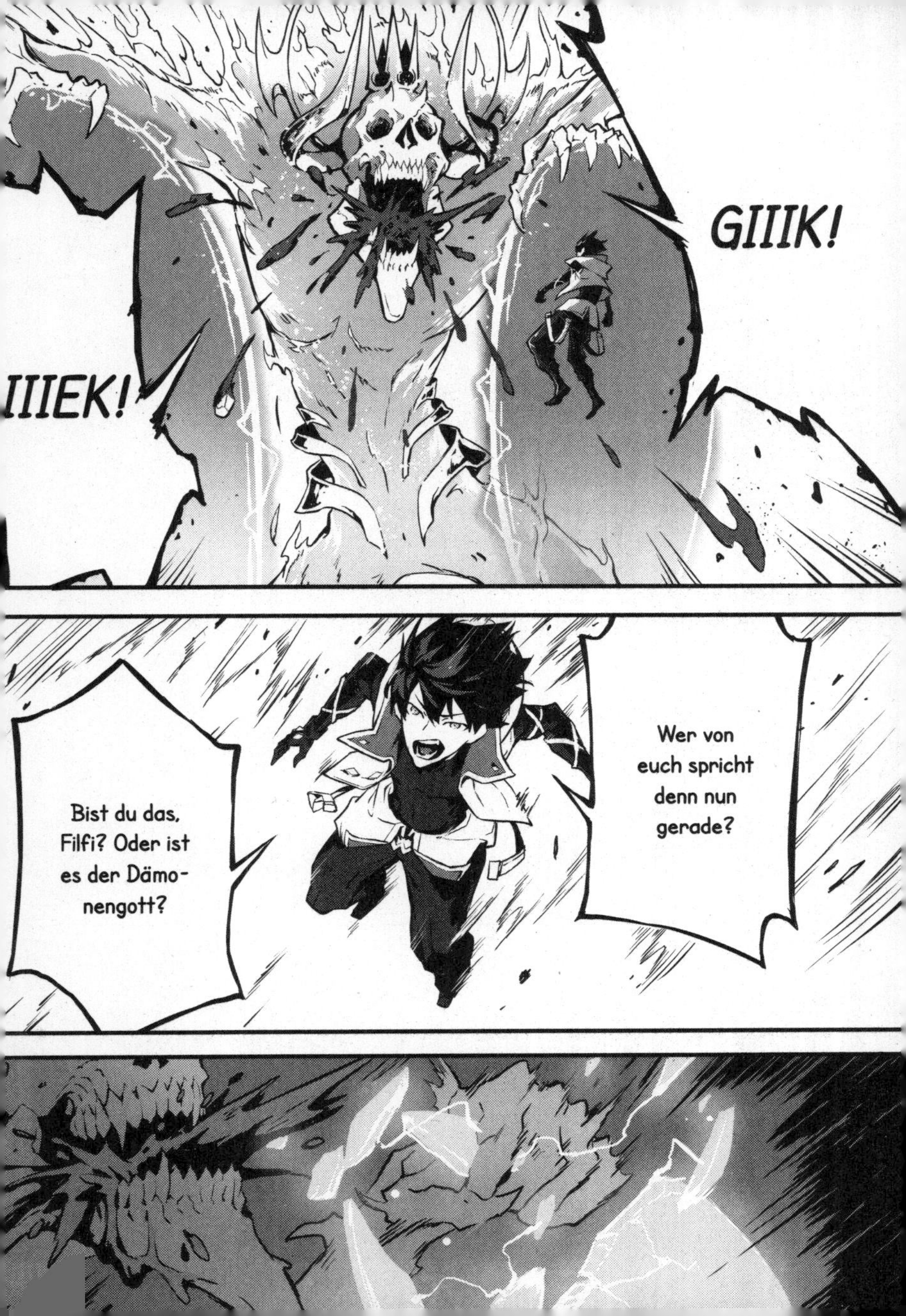
GIIIK!
IIIEK!
Wer von euch spricht denn nun gerade?
Bist du das, Filfi? Oder ist es der Dämonengott?

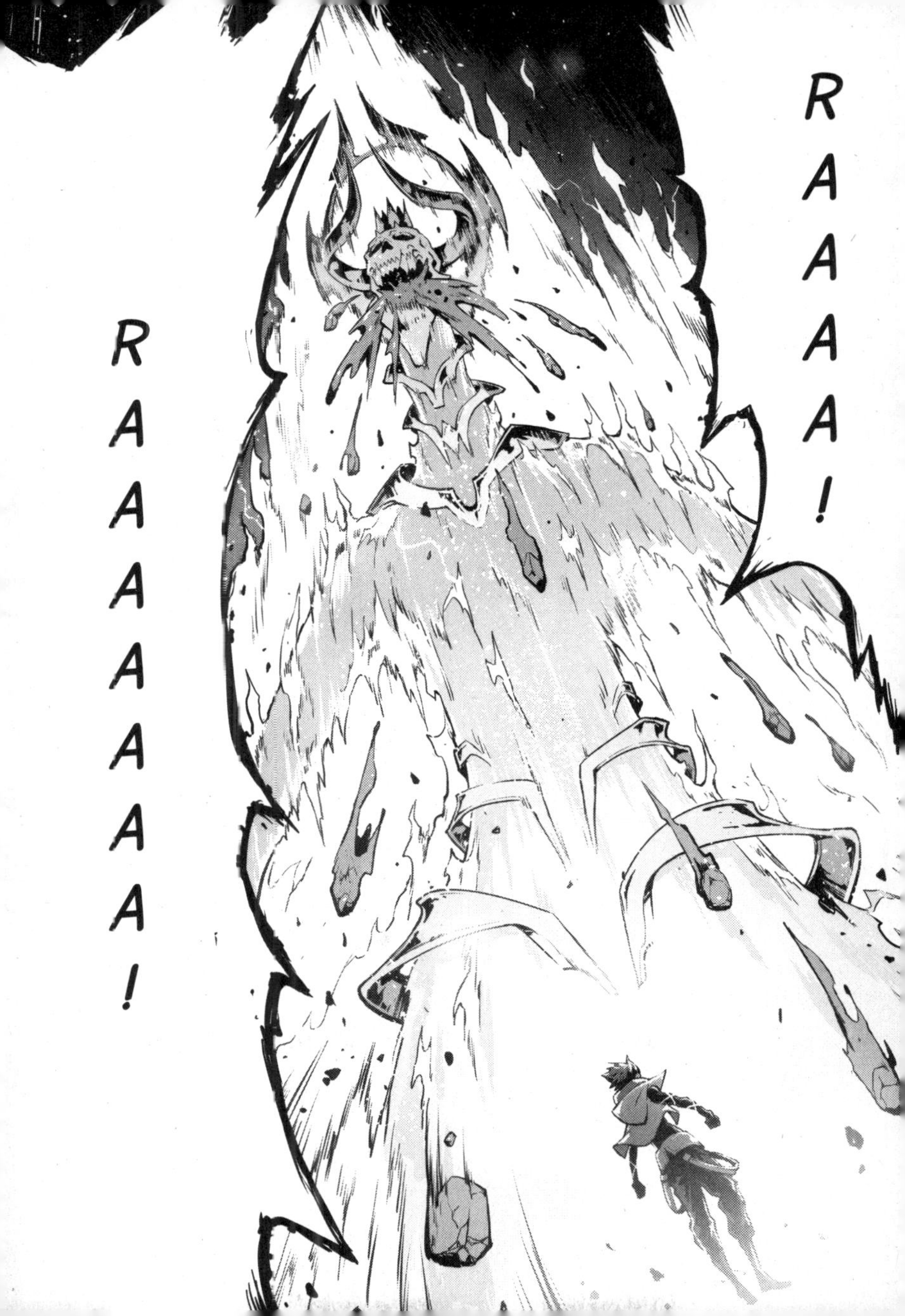
RAAAA!
RAAAAAAA!

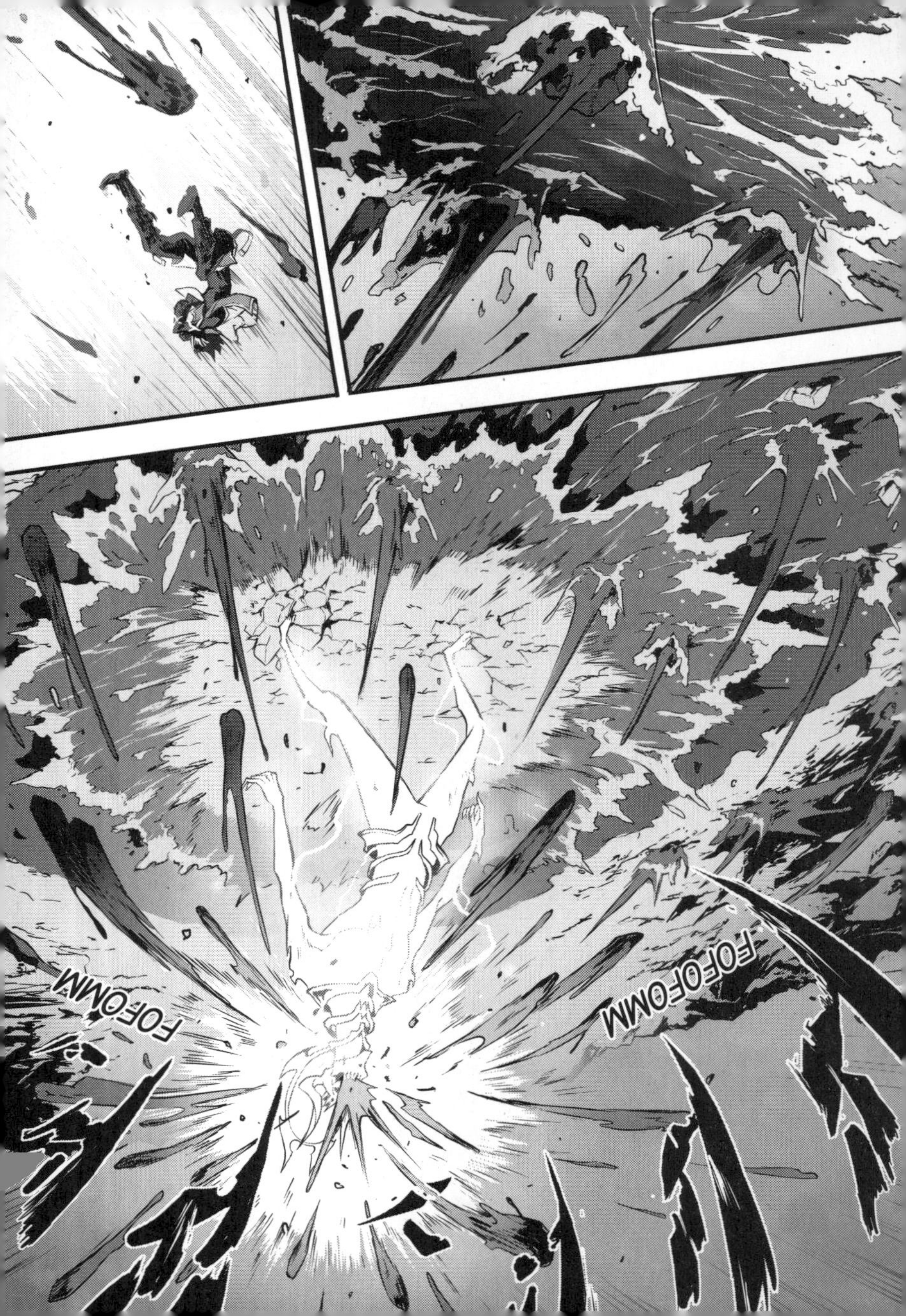
FOFOFOMM
FOFOMM

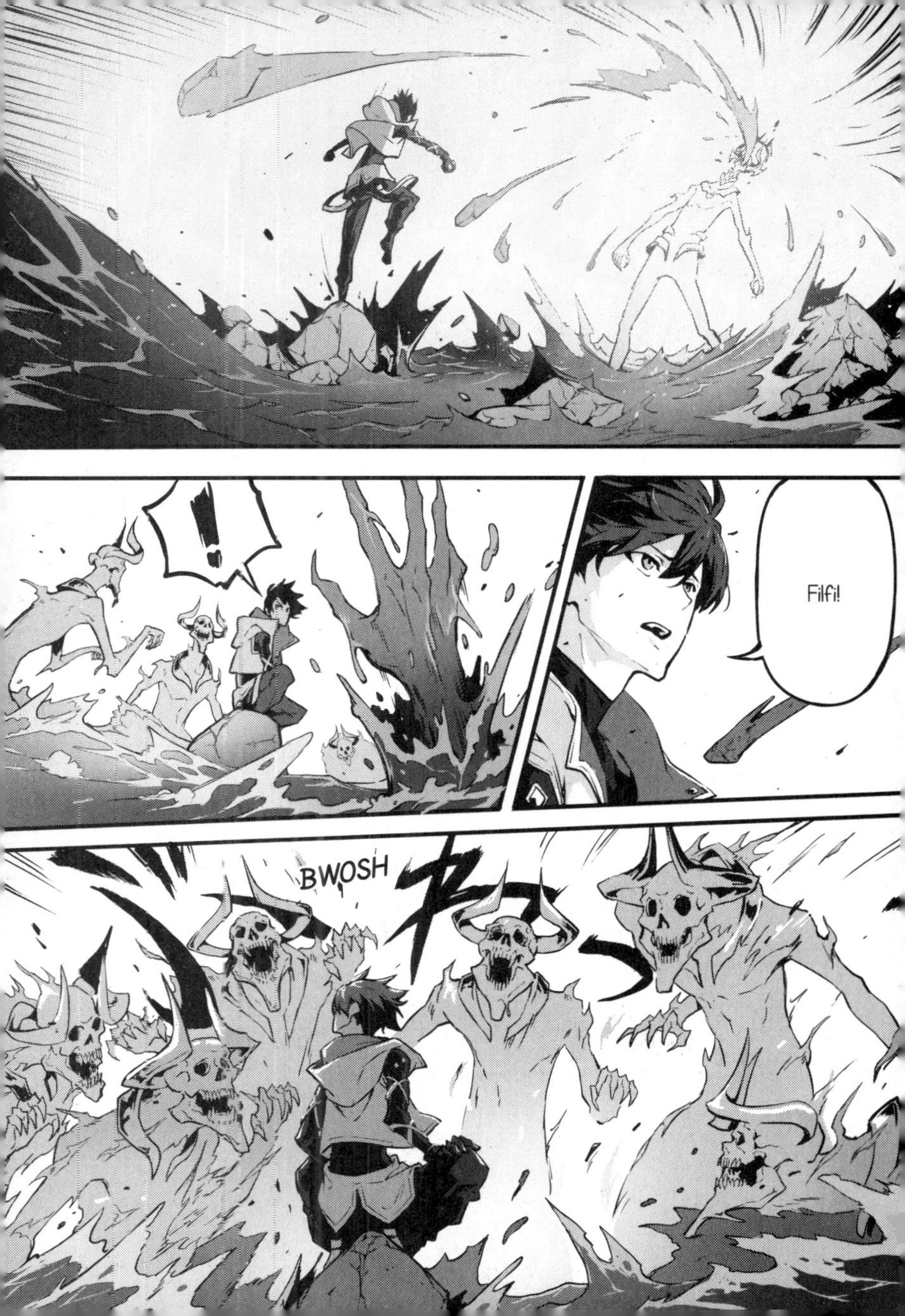
Filfi!
!
BWOSH

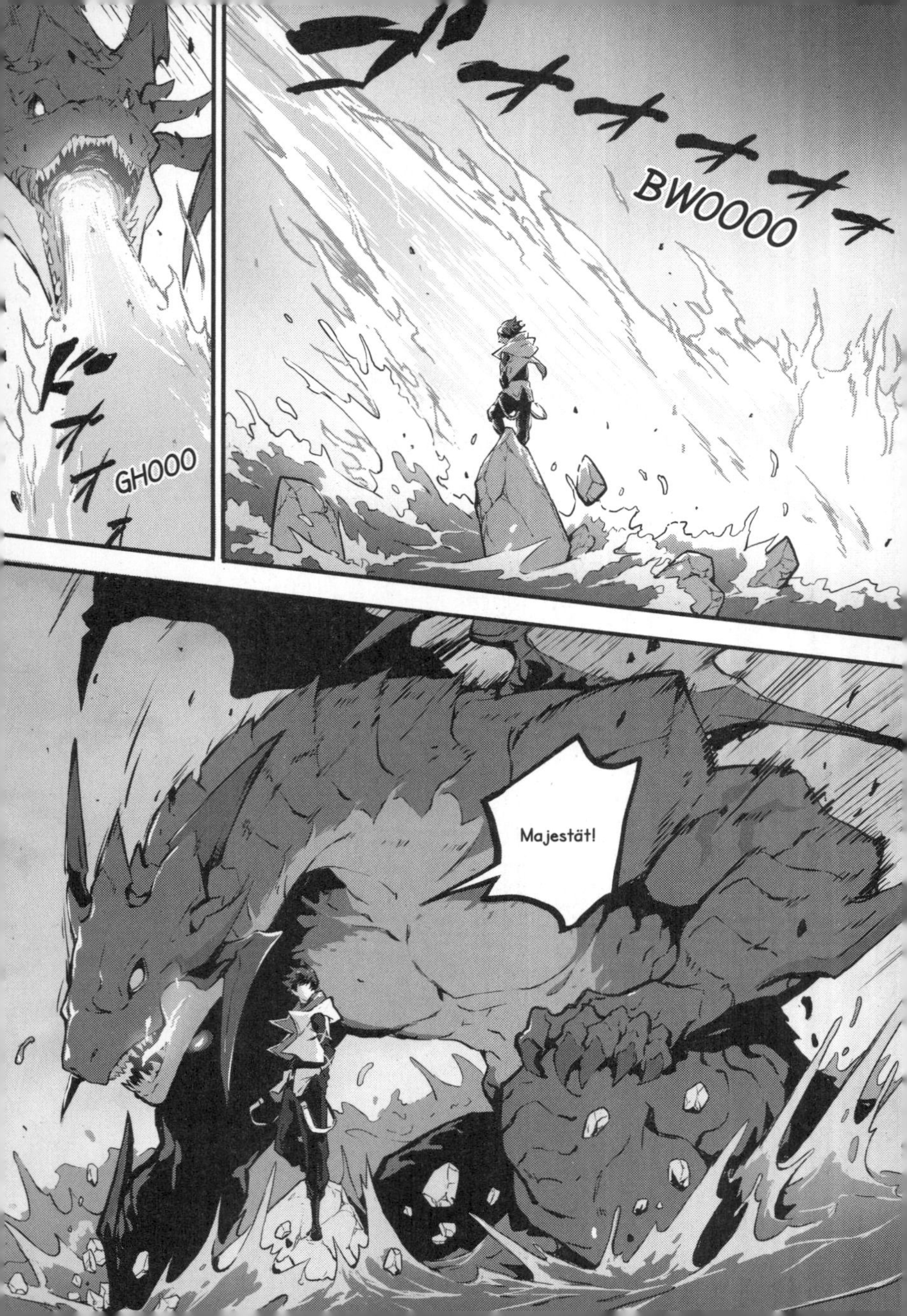
BWOOOO
GHOOO
Majestät!

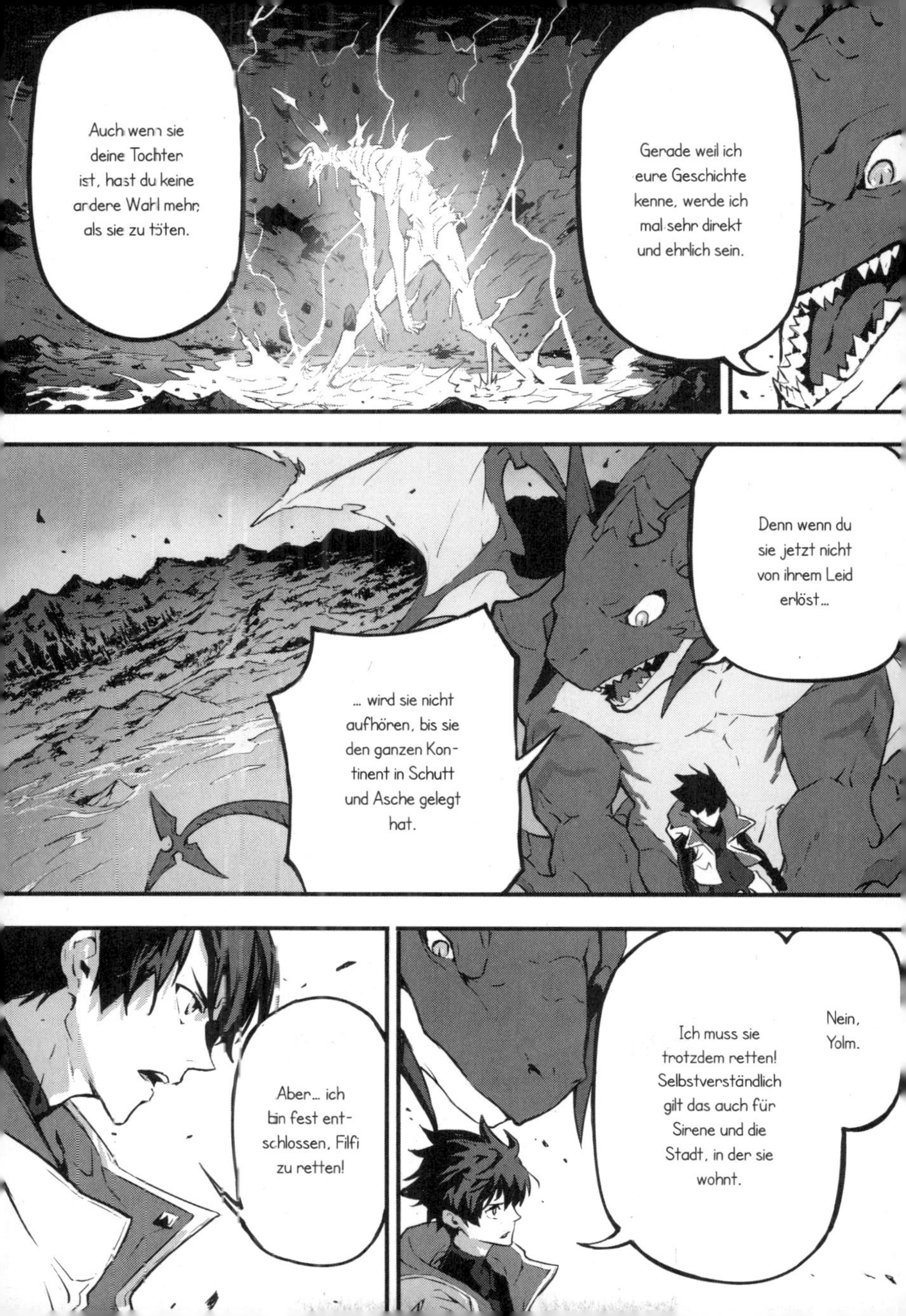
Gerade weil ich eure Geschichte kenne, werde ich mal sehr direkt und ehrlich sein.
Auch wenn sie deine Tochter ist, hast du keine andere Wahl mehr, als sie zu töten.
Denn wenn du sie jetzt nicht von ihrem Leid erlöst...
... wird sie nicht aufhören, bis sie den ganzen Kontinent in Schutt und Asche gelegt hat.
Nein, Yolm.
Ich muss sie trotzdem retten! Selbstverständlich gilt das auch für Sirene und die Stadt, in der sie wohnt.
Aber... ich bin fest entschlossen, Filfi zu retten!

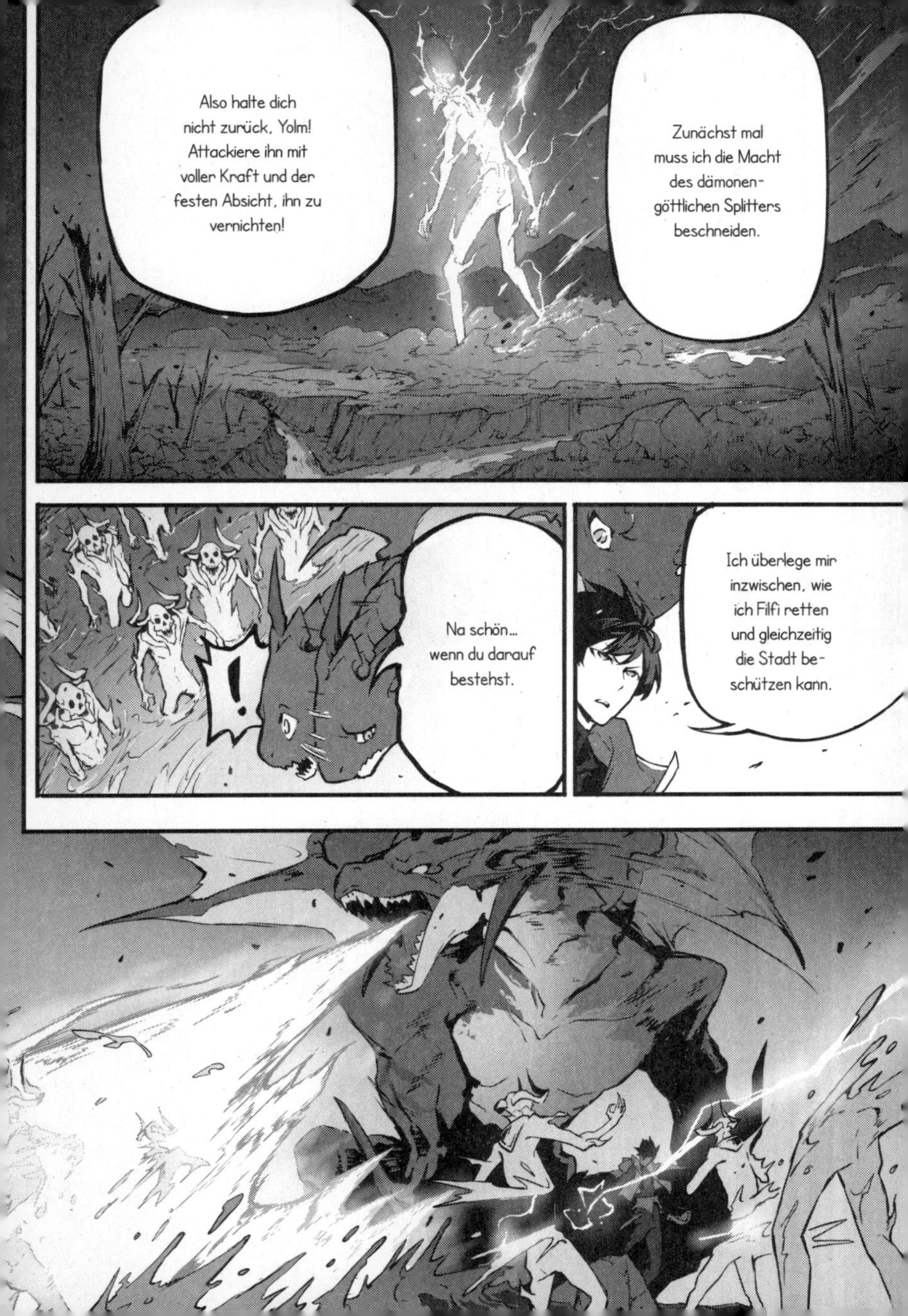
Zunächst mal muss ich die Macht des dämonen-göttlichen Splitters beschneiden.
Also halte dich nicht zurück, Yolm! Attackiere ihn mit voller Kraft und der festen Absicht, ihn zu vernichten!
Ich überlege mir inzwischen, wie ich Filfi retten und gleichzeitig die Stadt be-schützen kann.
Na schön... wenn du darauf bestehst.
!

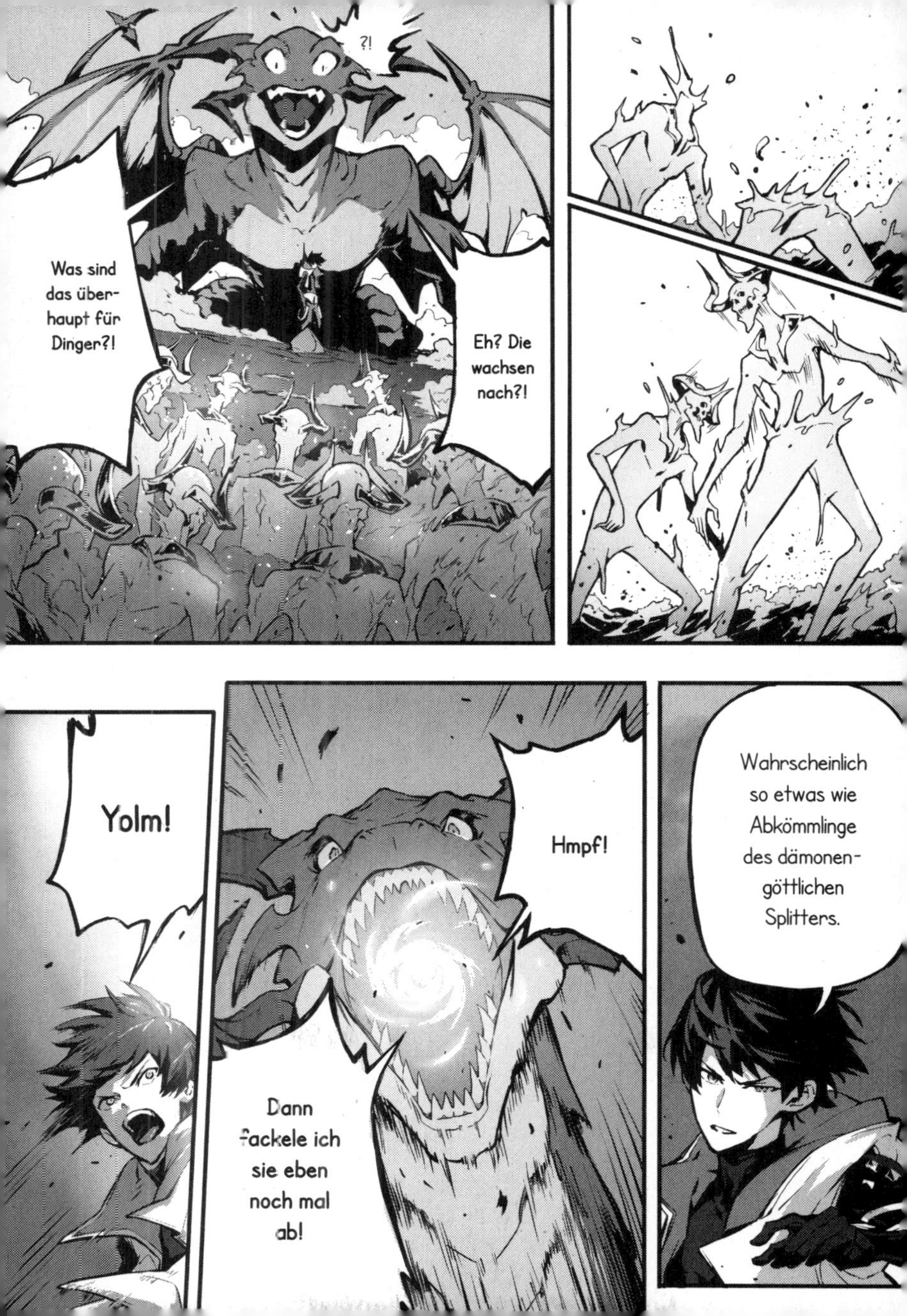
?!
Eh? Die wachsen nach?!
Was sind das überhaupt für Dinger?!
Wahrscheinlich so etwas wie Abkömmlinge des dämonengöttlichen Splitters.
Hmpf!
Dann fackele ich sie eben noch mal ab!
Yolm!

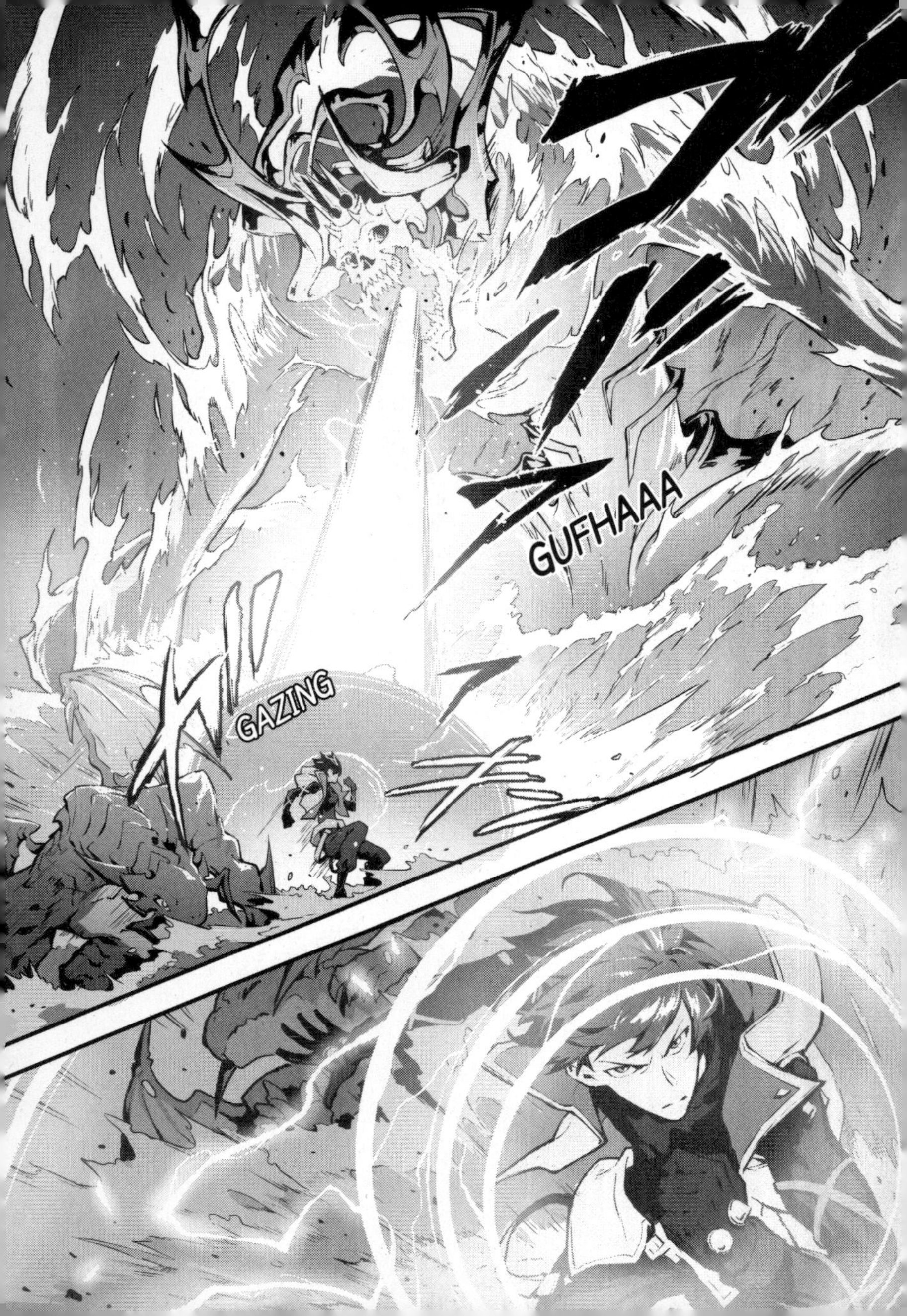
GUFHAAA
GAZING

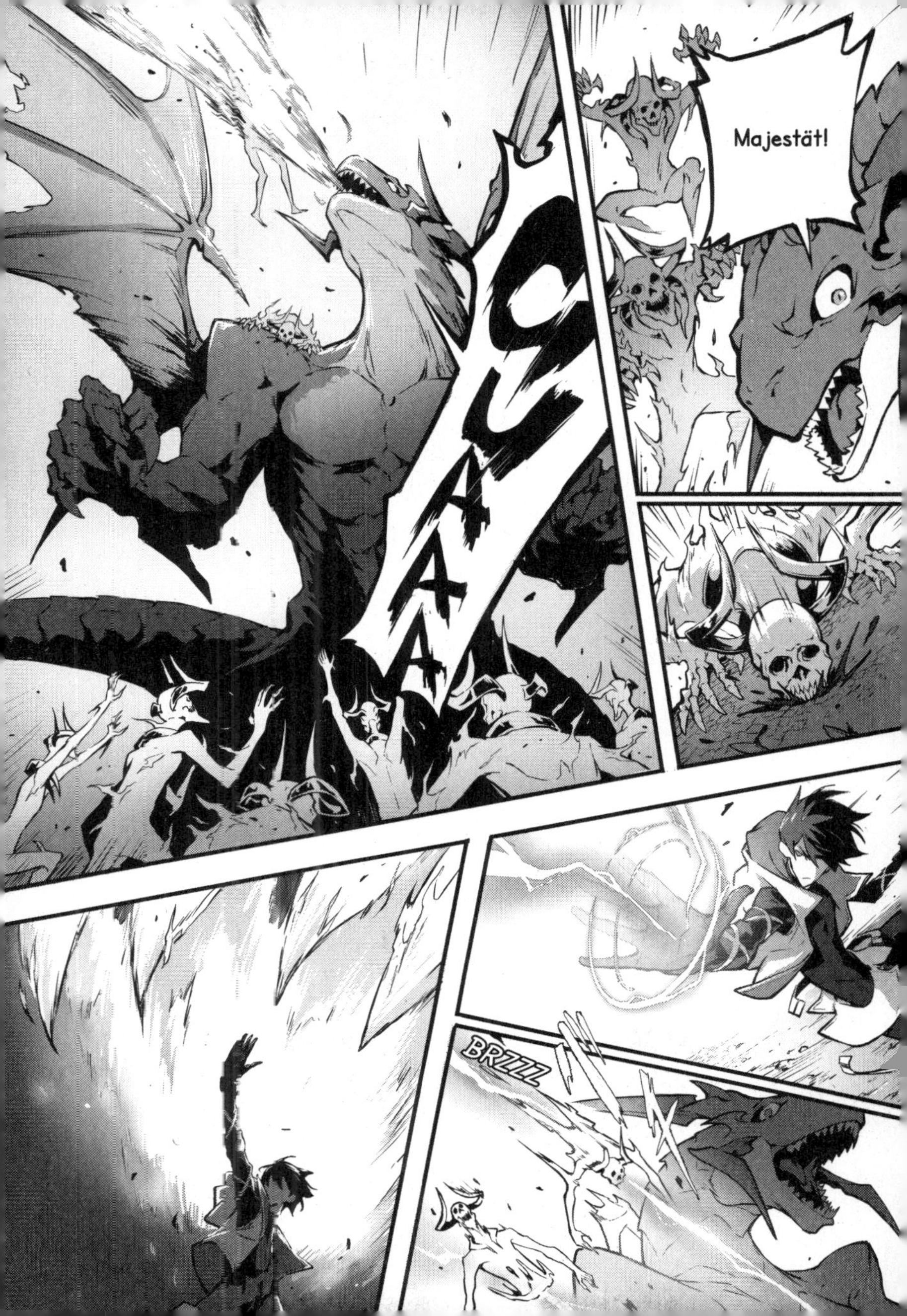
Majestät!
BRZZZ

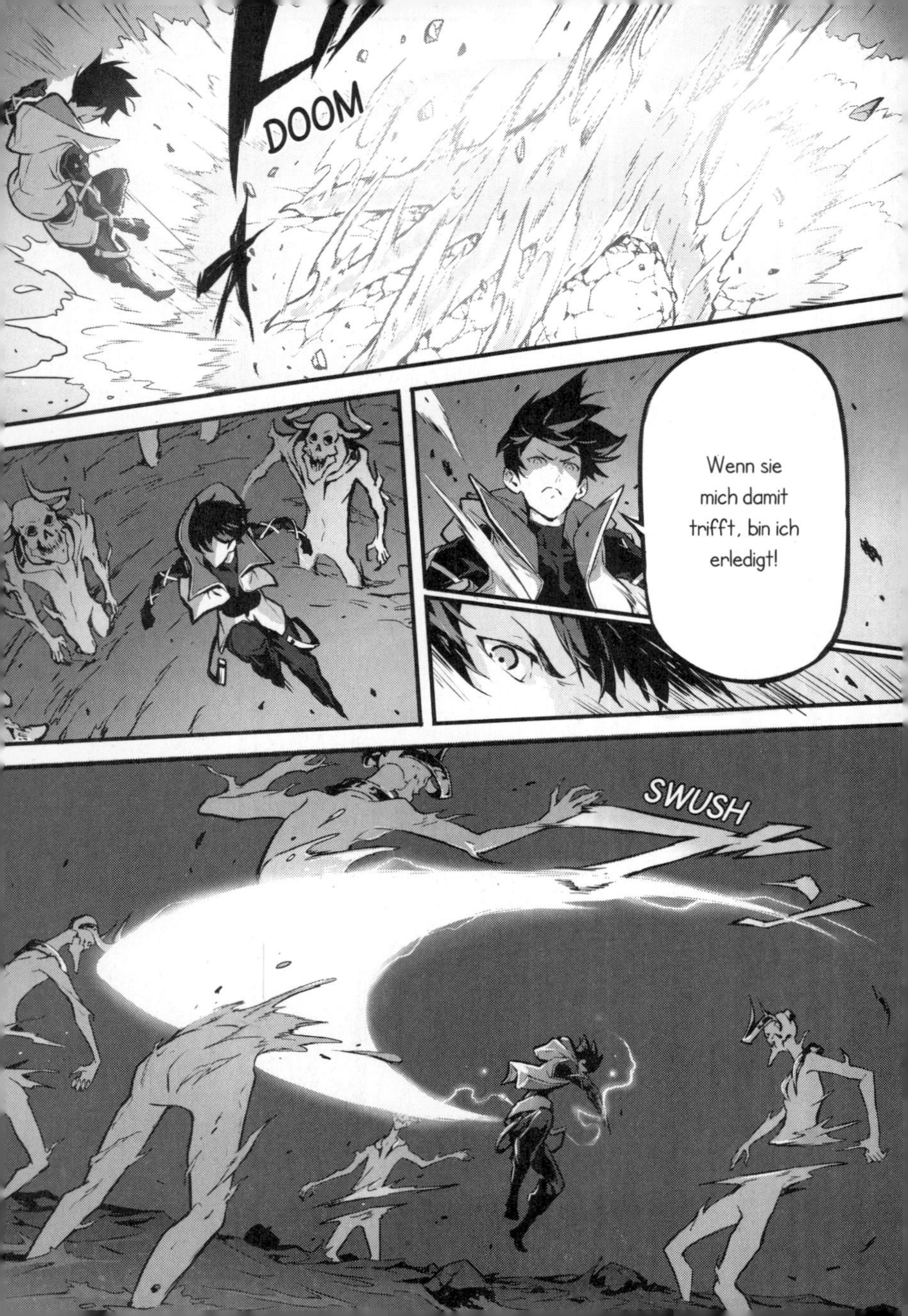
DOOM
Wenn sie mich damit trifft, bin ich erledigt!
SWUSH

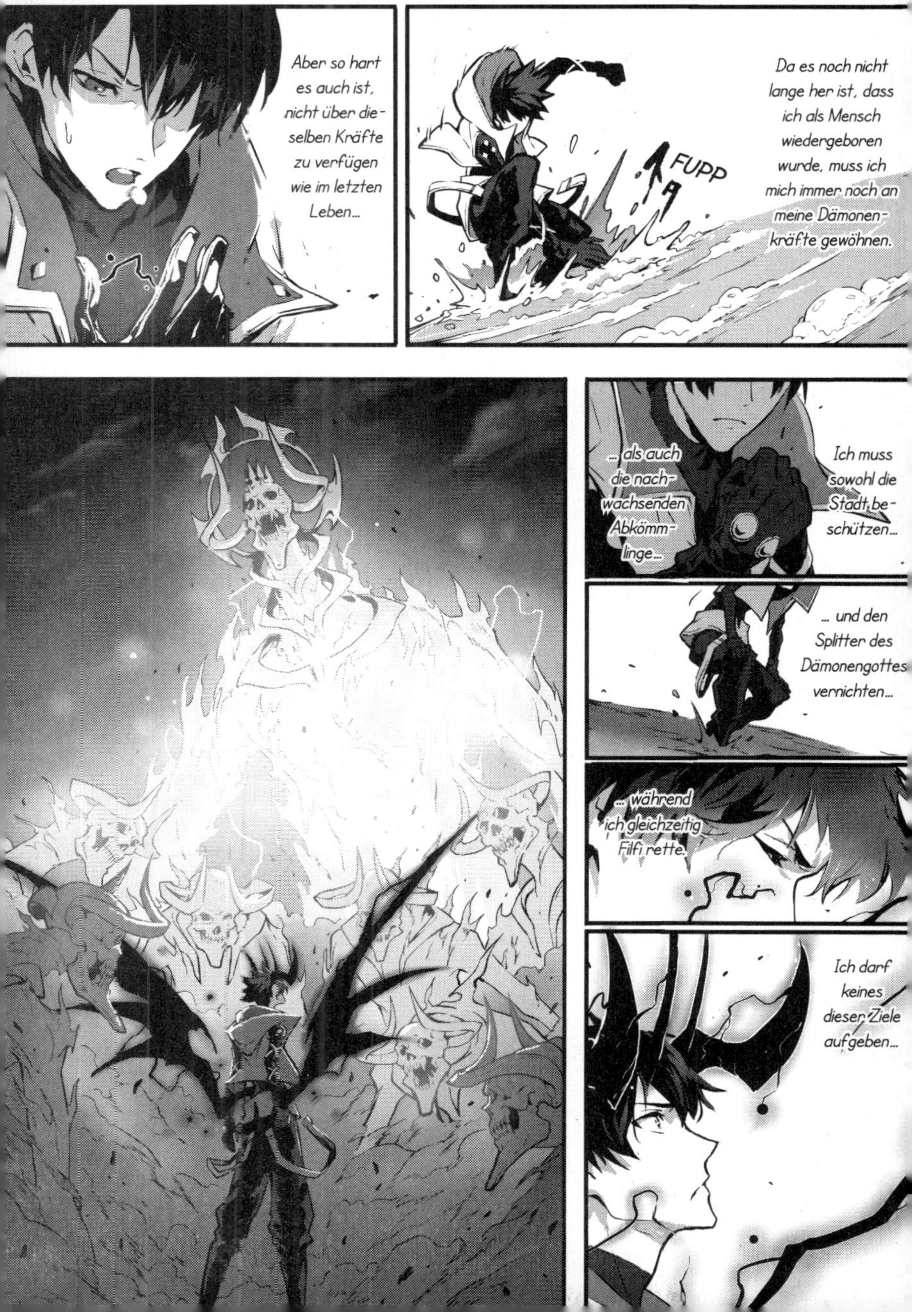
Da es noch nicht lange her ist, dass ich als Mensch wiedergeboren wurde, muss ich mich immer noch an meine Dämonenkräfte gewöhnen.
FUPP
Aber so hart es auch ist, nicht über dieselben Kräfte zu verfügen wie im letzten Leben...
Ich muss sowohl die Stadt beschützen...
... als auch die nachwachsenden Abkömmlinge...
... und den Splitter des Dämonengottes vernichten...
... während ich gleichzeitig Filfi rette.
Ich darf keines dieser Ziele aufgeben...

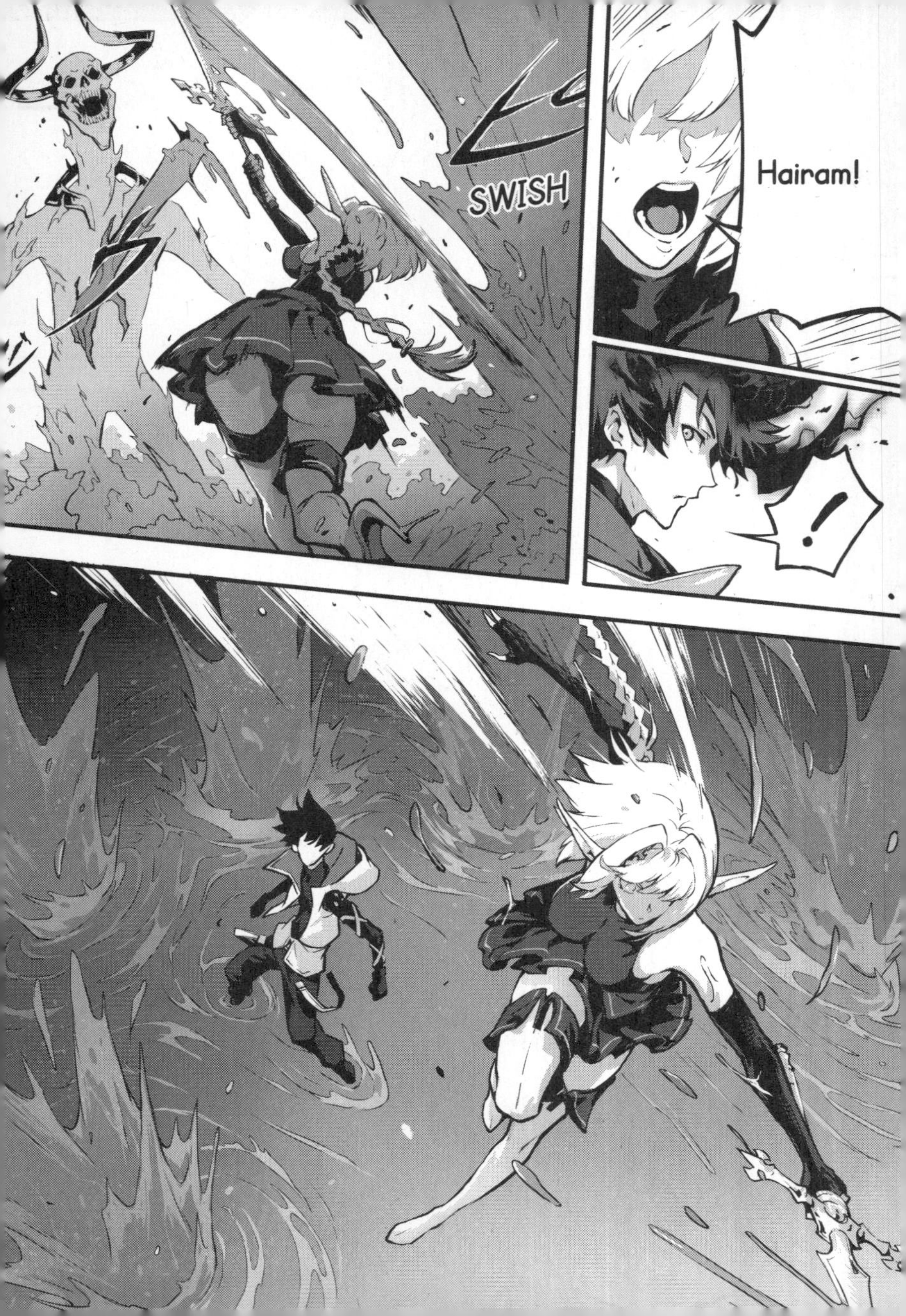
Hairam!
!
SWISH

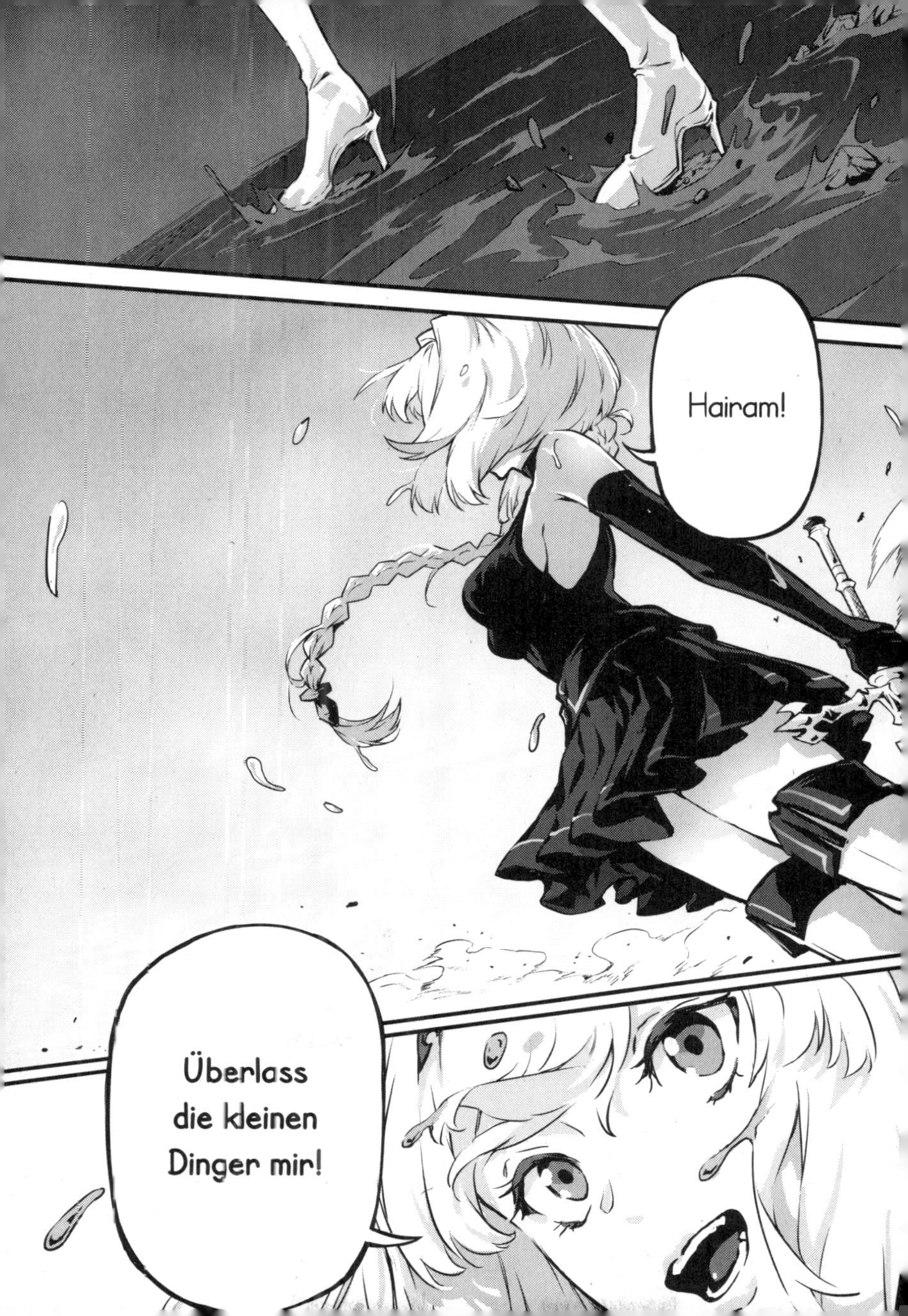
Hairam!
Überlass die kleinen Dinger mir!

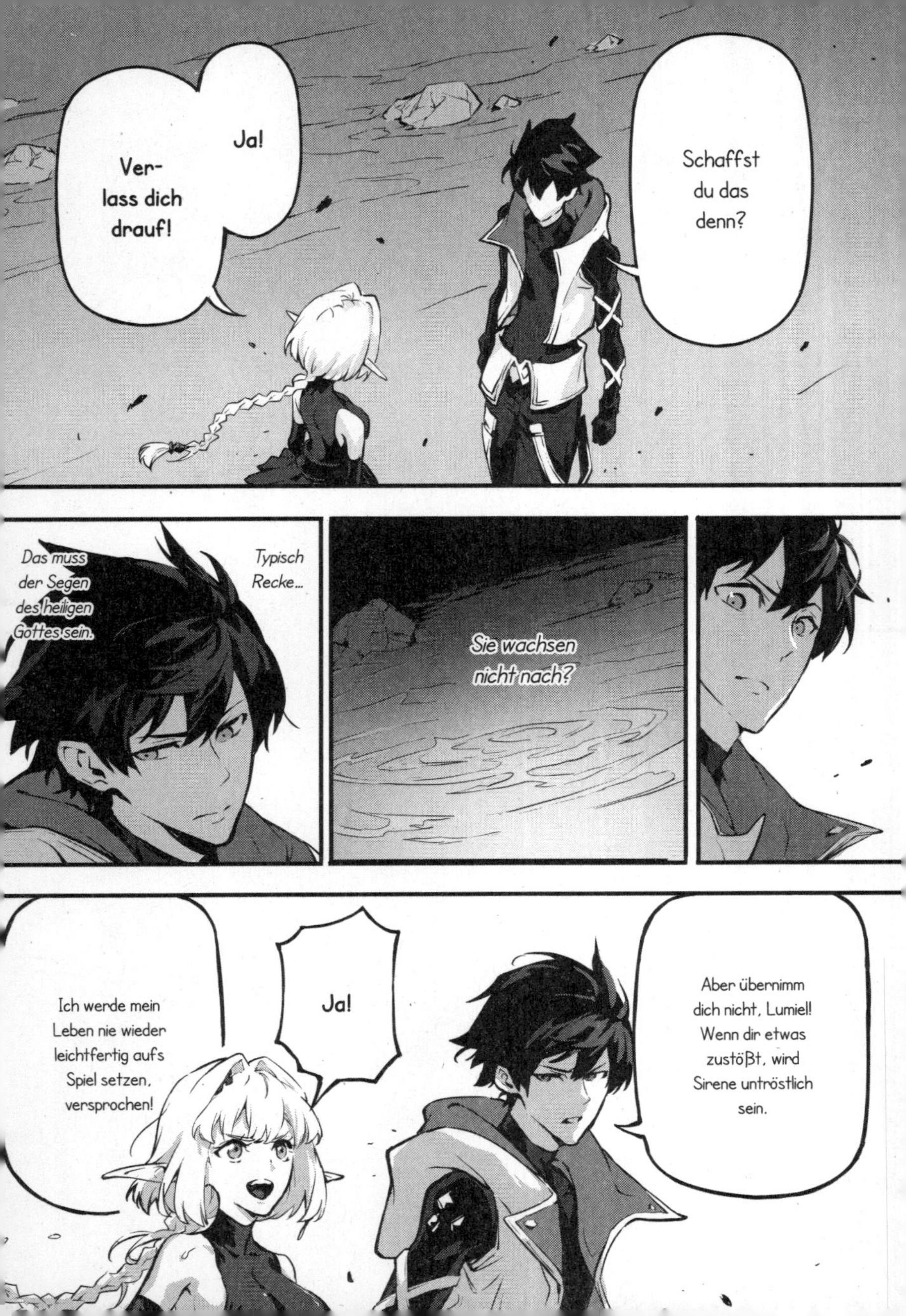
Schaffst du das denn?
Ja!
Verlass dich drauf!
Sie wachsen nicht nach?
Typisch Recke…
Das muss der Segen des heiligen Gottes sein.
Aber übernimm dich nicht, Lumiel! Wenn dir etwas zustößt, wird Sirene untröstlich sein.
Ja!
Ich werde mein Leben nie wieder leichtfertig aufs Spiel setzen, versprochen!

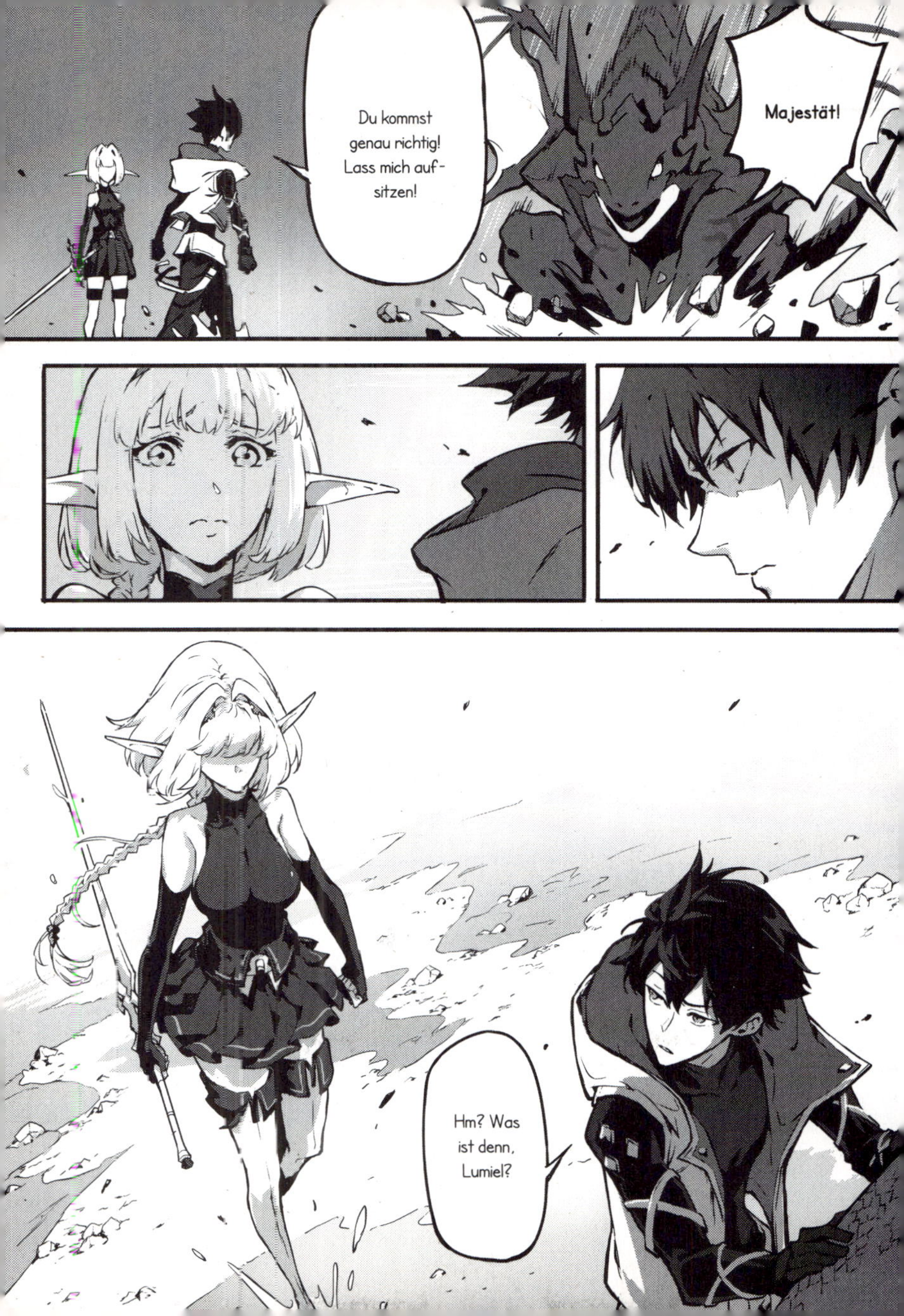
Majestät!
Du kommst genau richtig! Lass mich auf-sitzen!
Hm? Was ist denn, Lumiel?

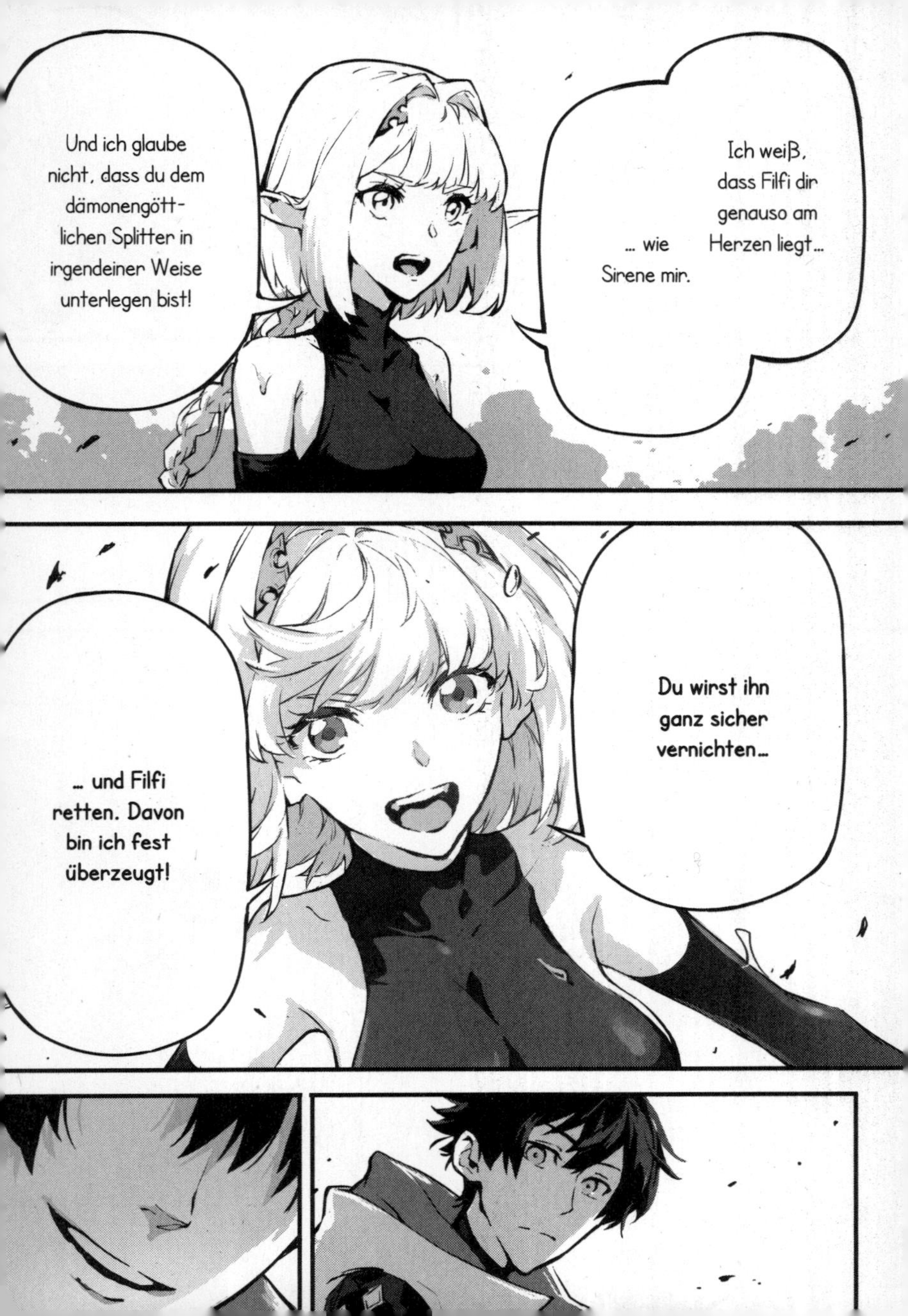
Ich weiß, dass Filfi dir genauso am Herzen liegt…
… wie Sirene mir.
Und ich glaube nicht, dass du dem dämonengött-lichen Splitter in irgendeiner Weise unterlegen bist!
Du wirst ihn ganz sicher vernichten…
… und Filfi retten. Davon bin ich fest überzeugt!

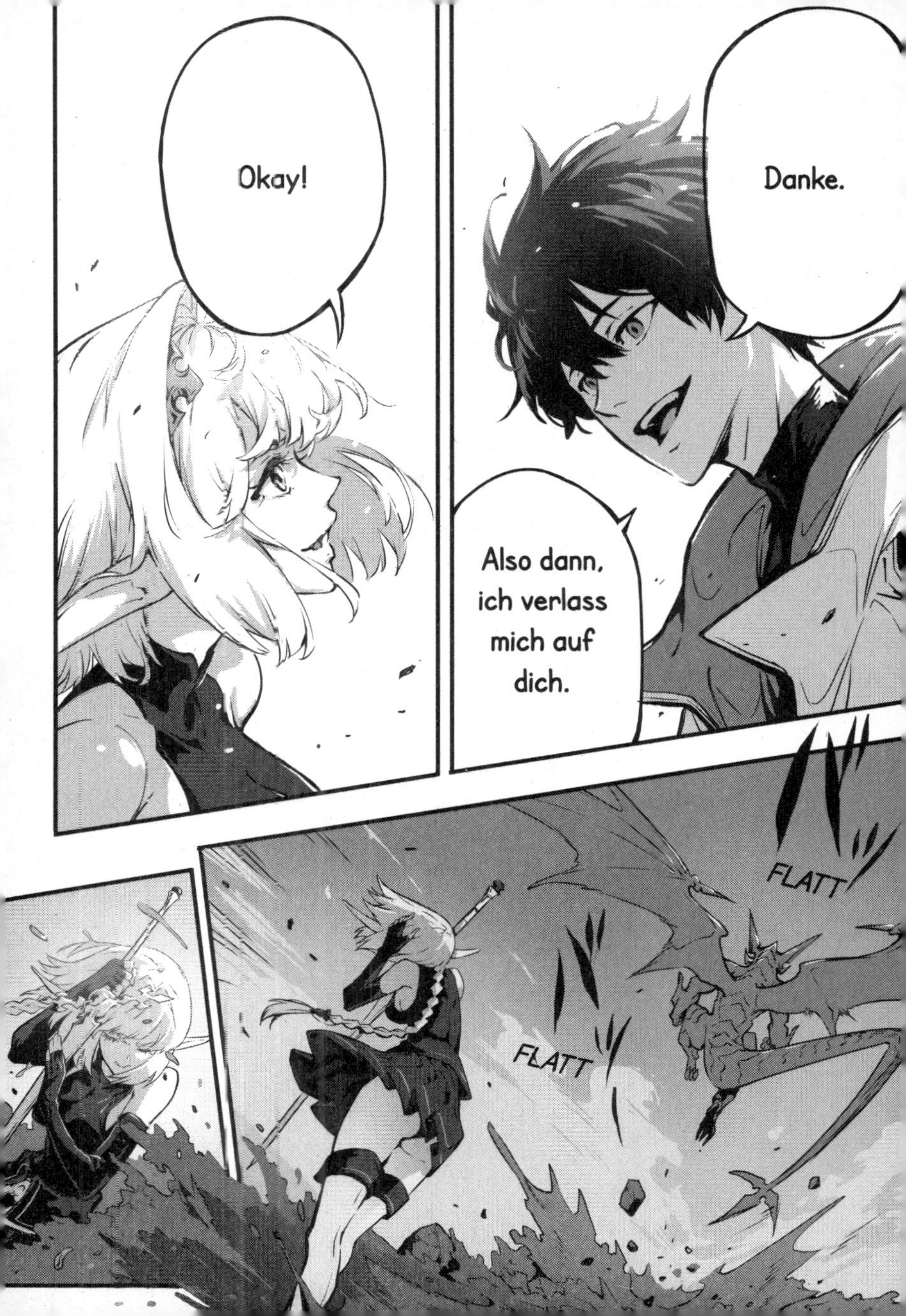
Danke.
Also dann, ich verlass mich auf dich.
Okay!
FLATT
FLATT

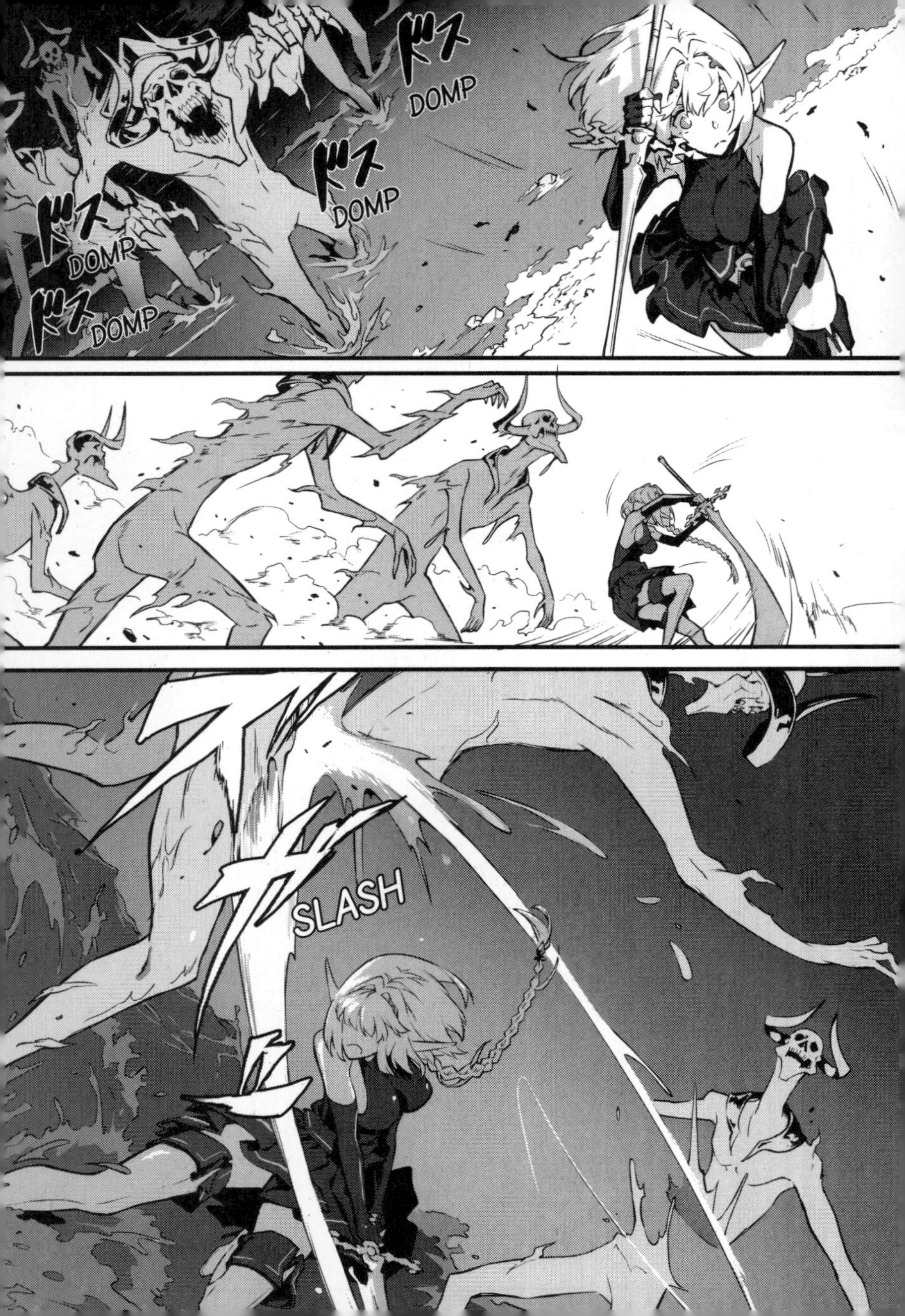

ドス
DOMP
ドス
DOMP
ドス
DOMP
ドス
DOMP
SLASH

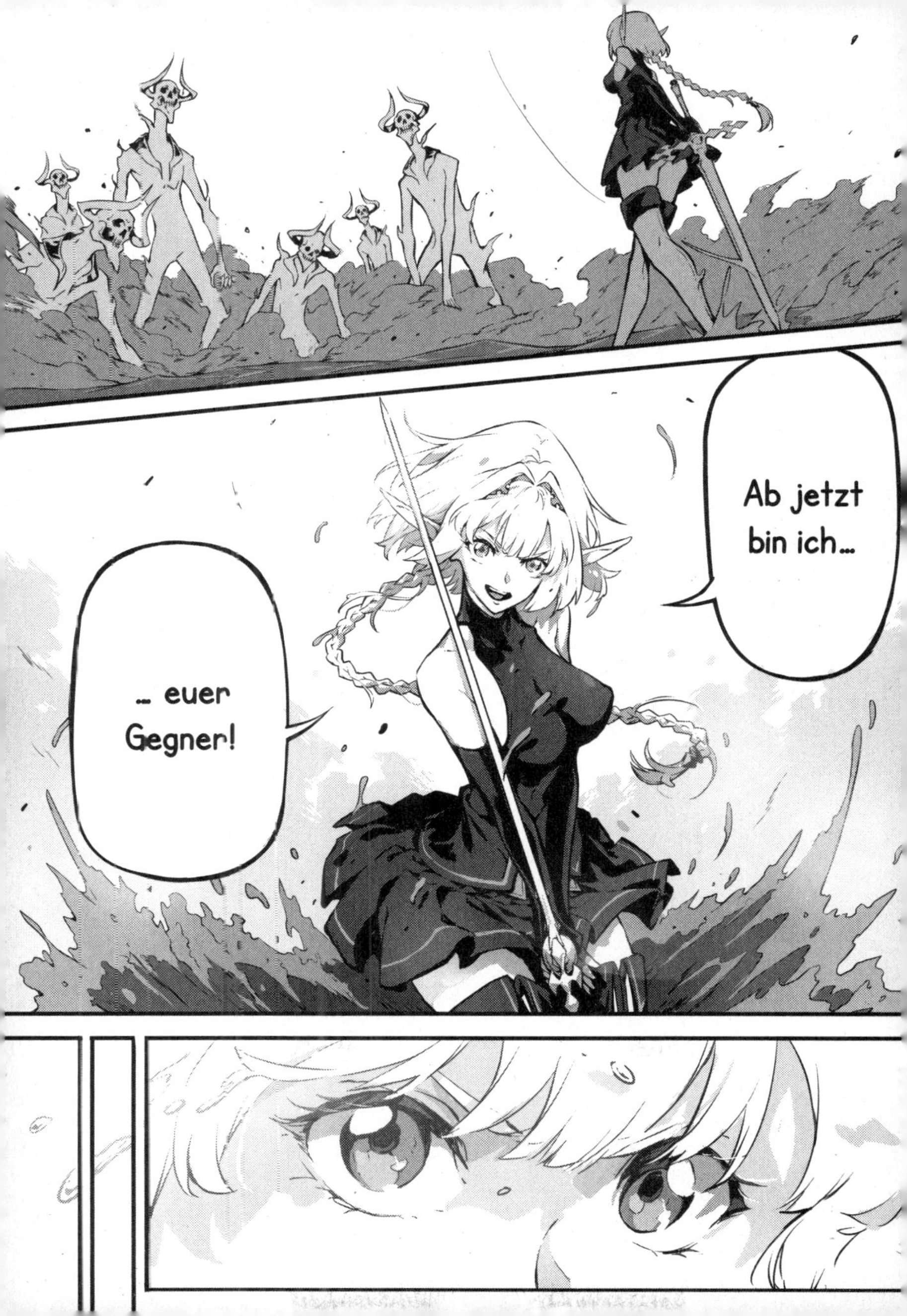
Ab jetzt bin ich…
… euer Gegner!

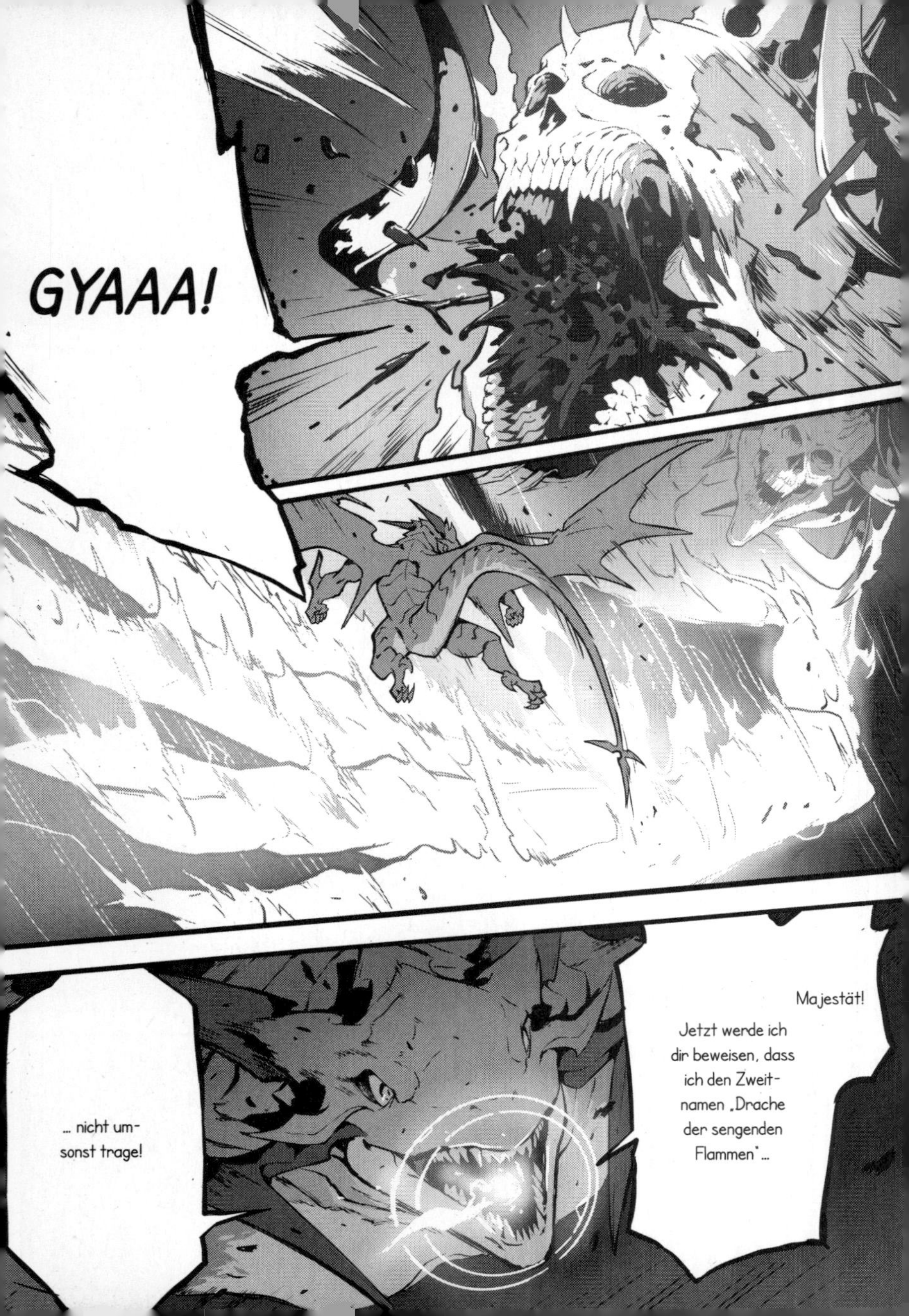
GYAAA!
Majestät!
Jetzt werde ich dir beweisen, dass ich den Zweitnamen „Drache der sengenden Flammen“ ...
... nicht umsonst trage!

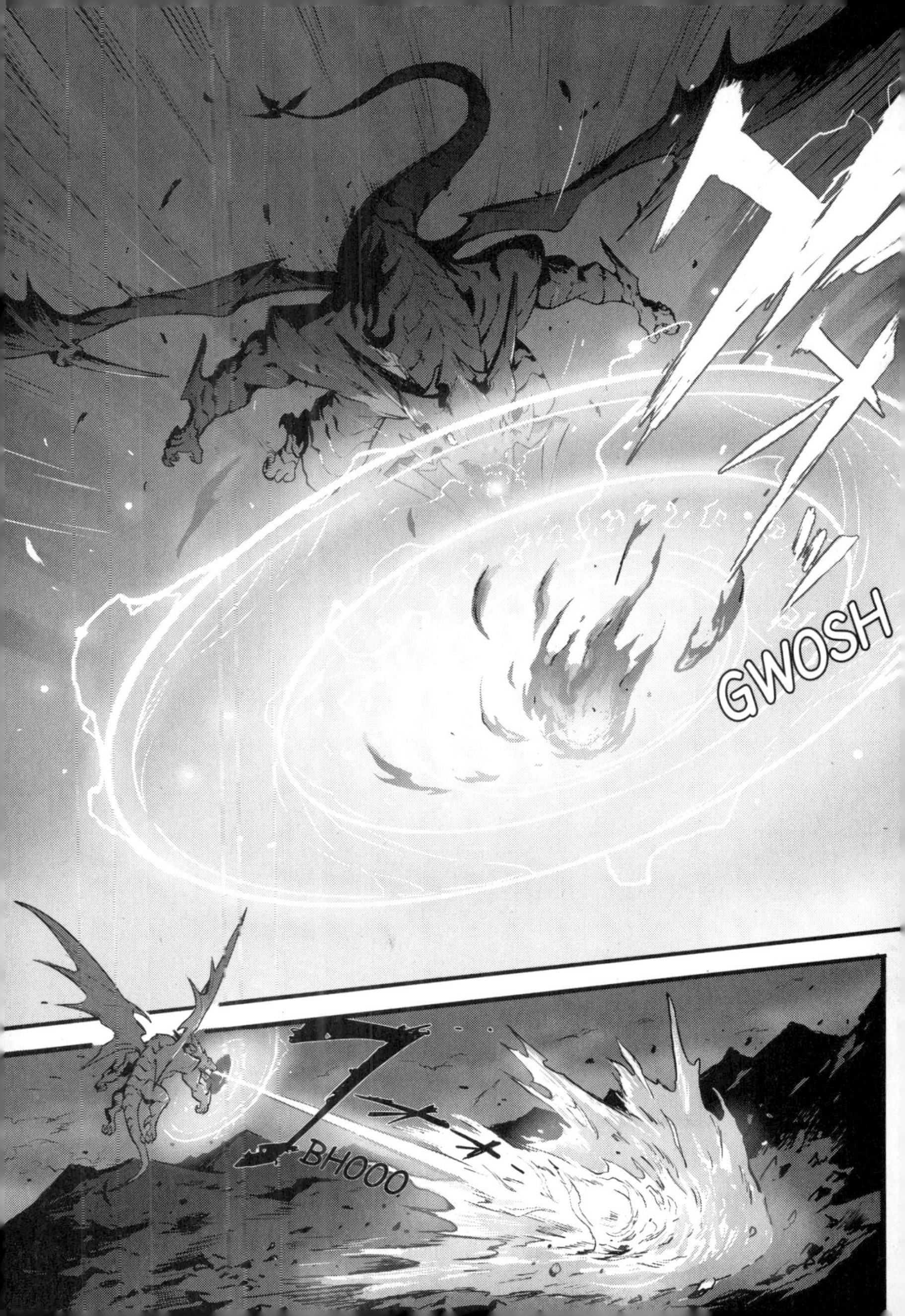
GWOSH
BHOOO

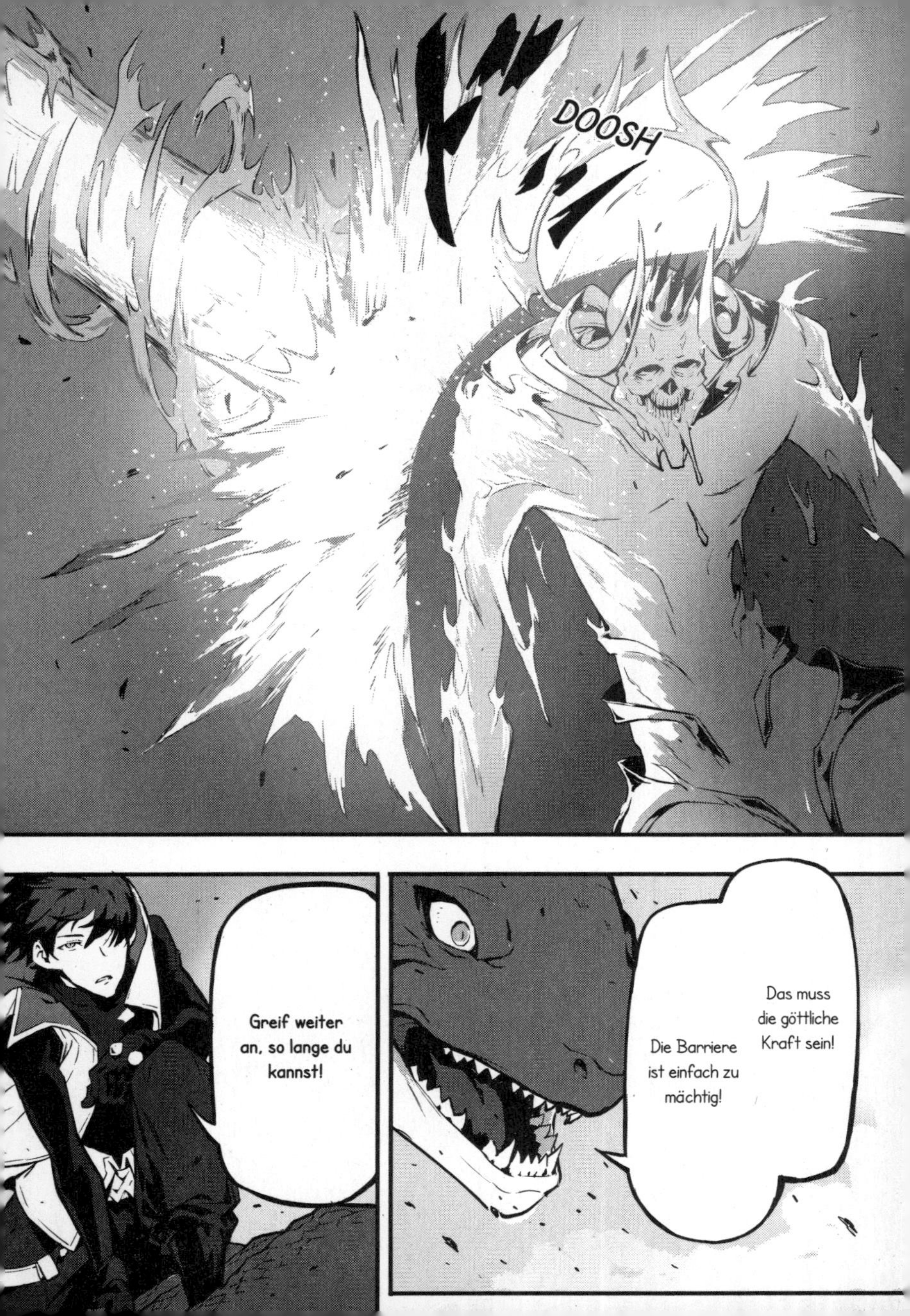
DOOSH
Das muss die göttliche Kraft sein!
Die Barriere ist einfach zu mächtig!
Greif weiter an, so lange du kannst!

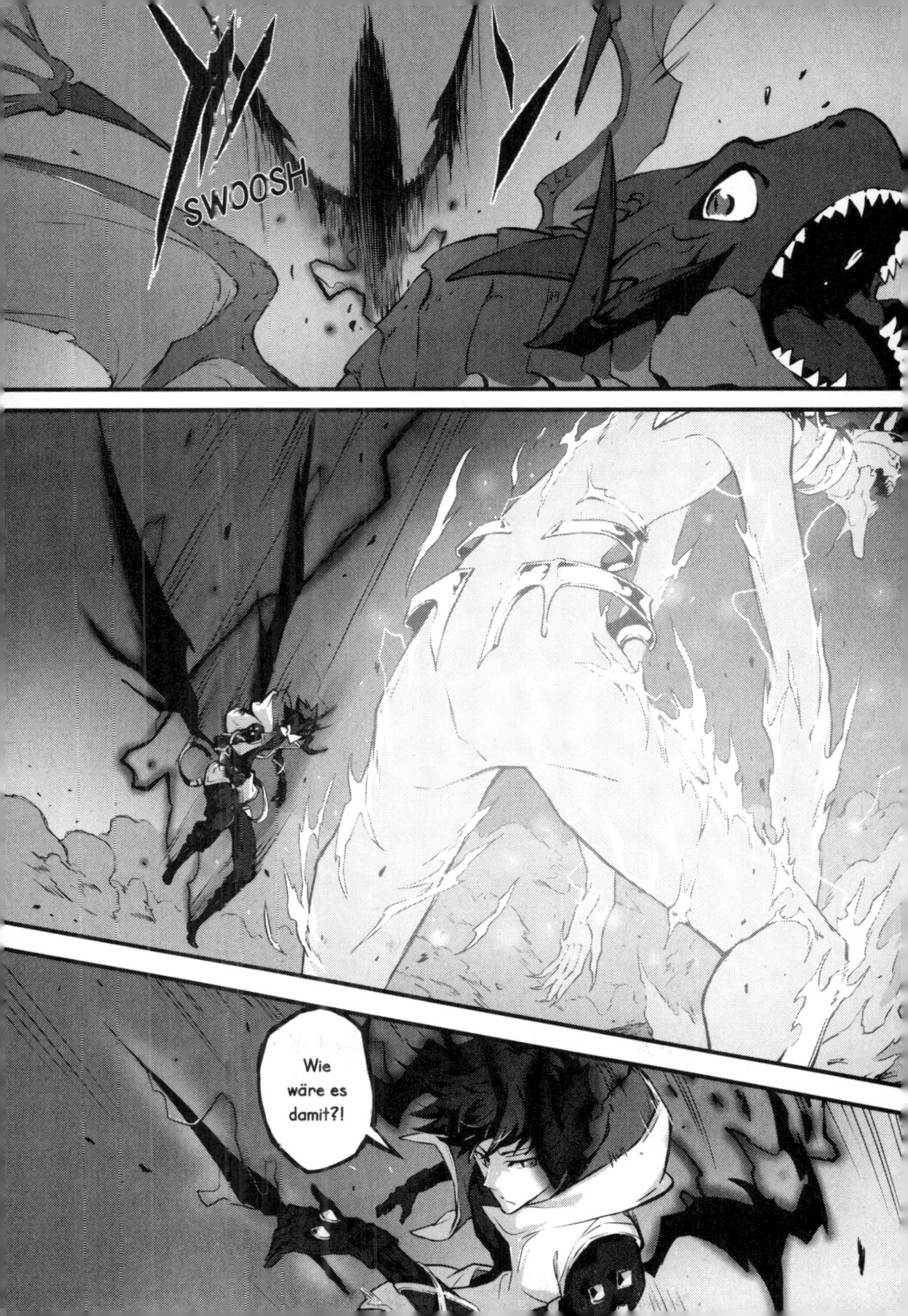
SWOOSH
Wie wäre es damit?!

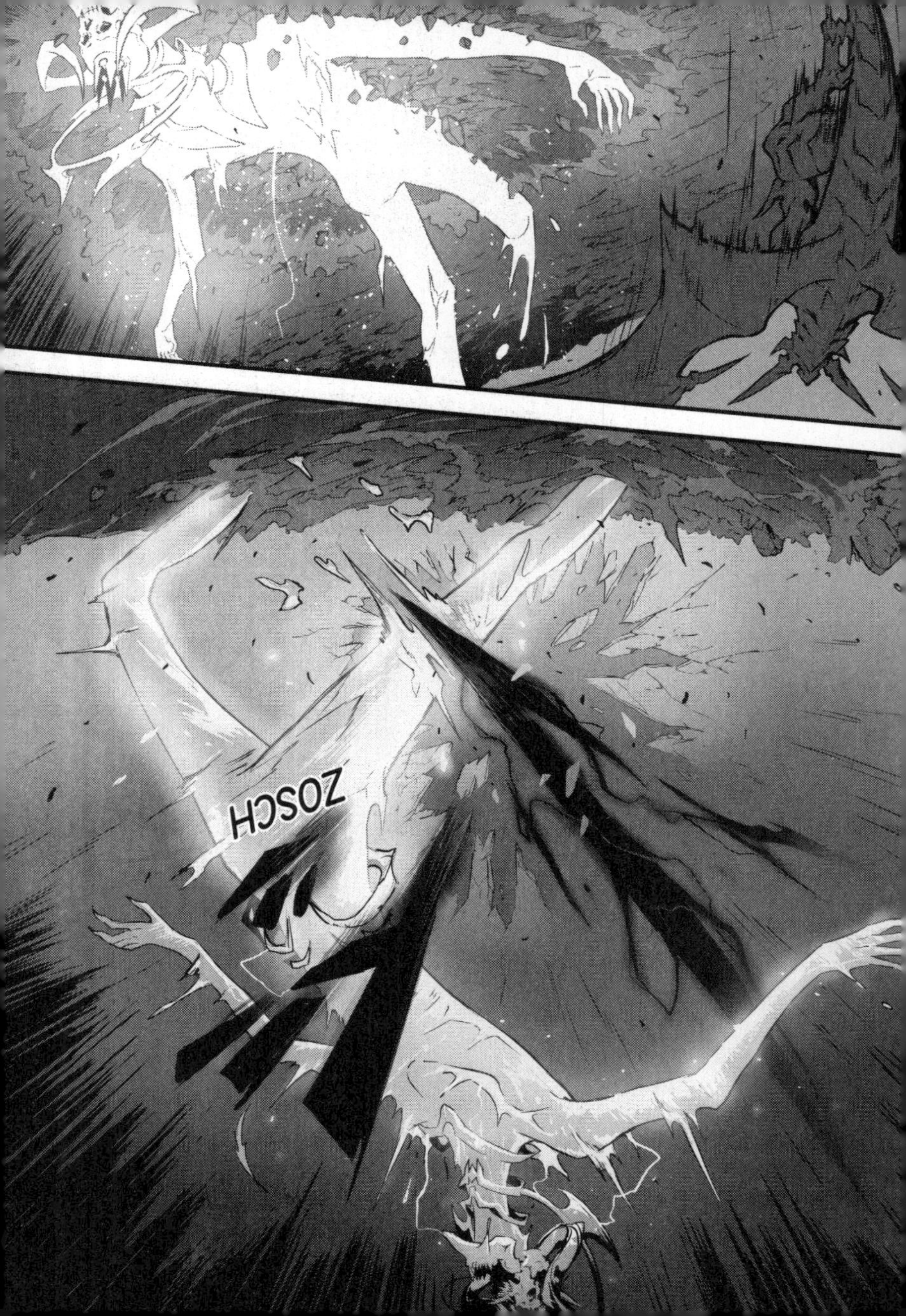
ZOSCH

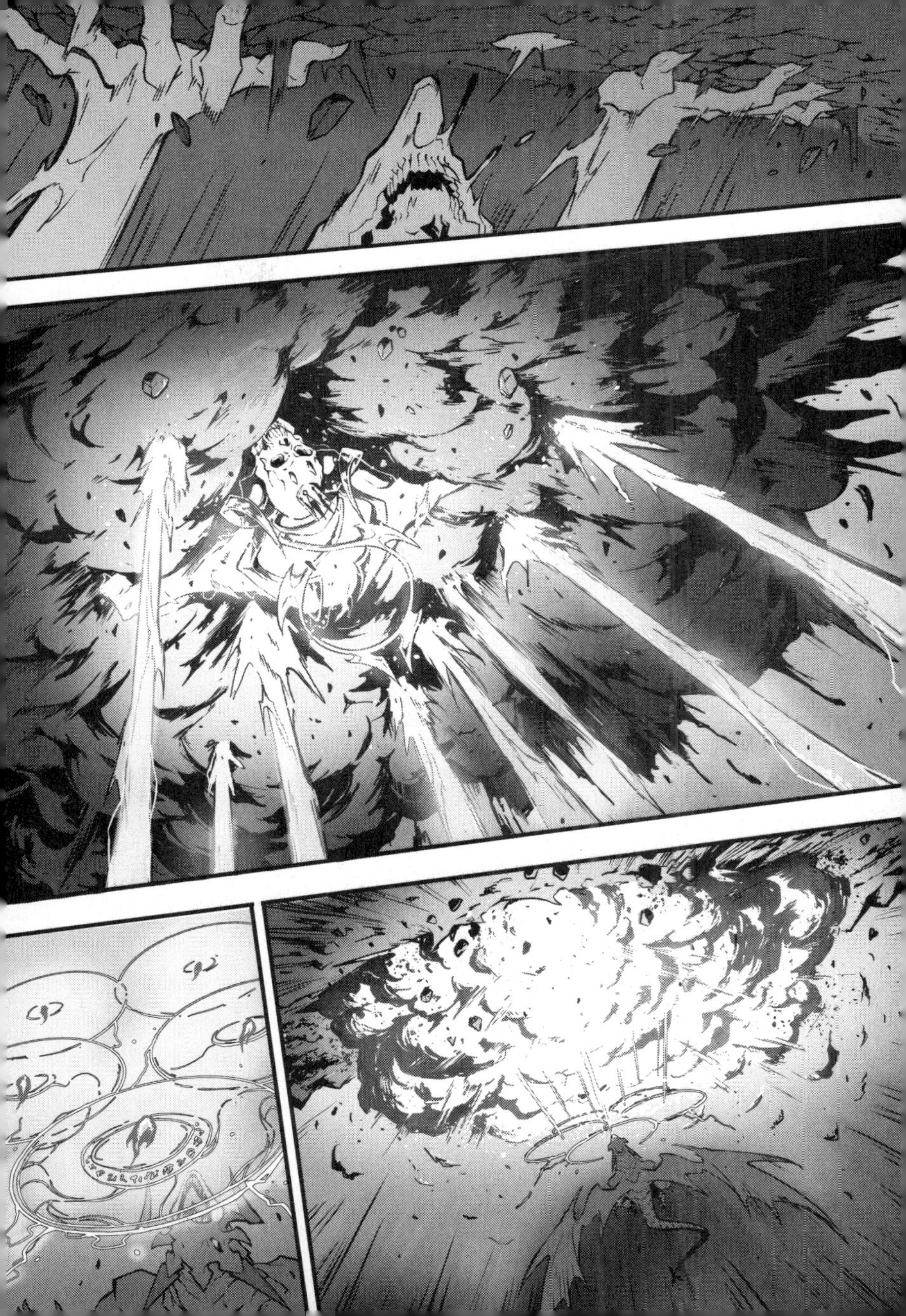

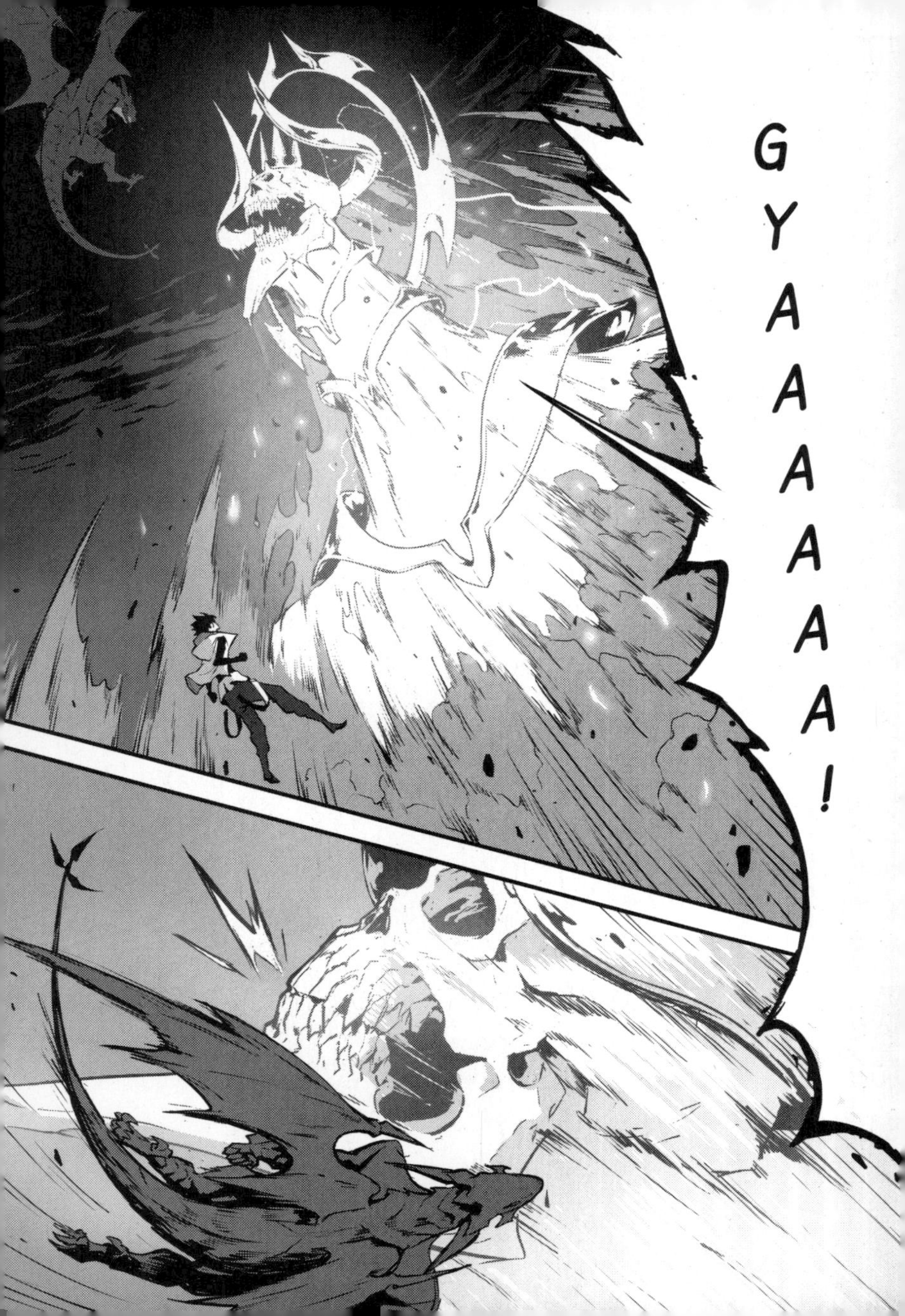
GYAAAAAAA!

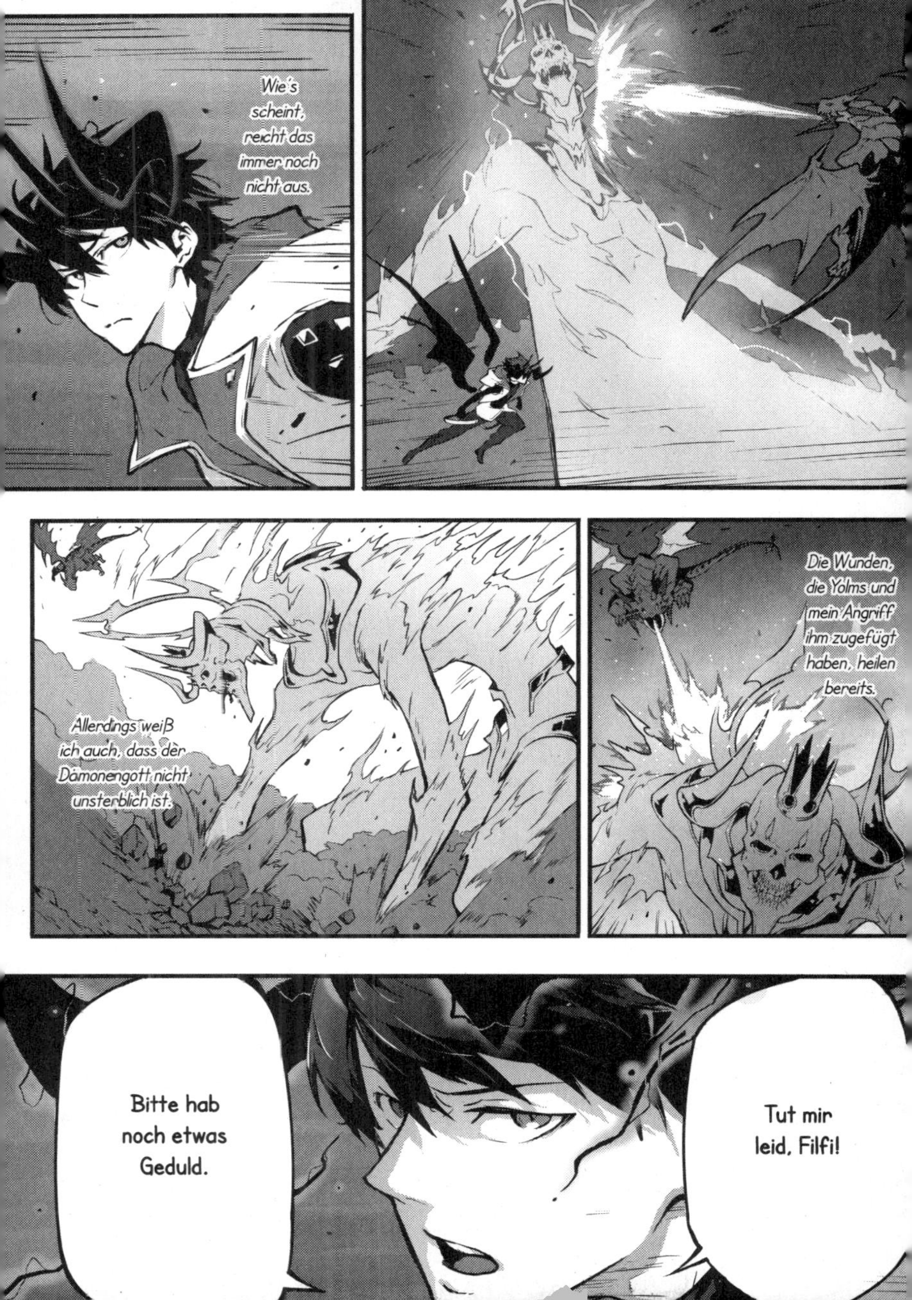

Wie's scheint, reicht das immer noch nicht aus.
Die Wunden, die Yolms und mein Angriff ihm zugefügt haben, heilen bereits.
Allerdings weiß ich auch, dass der Dämonengott nicht unsterblich ist.
Tut mir leid, Filfi!
Bitte hab noch etwas Geduld.

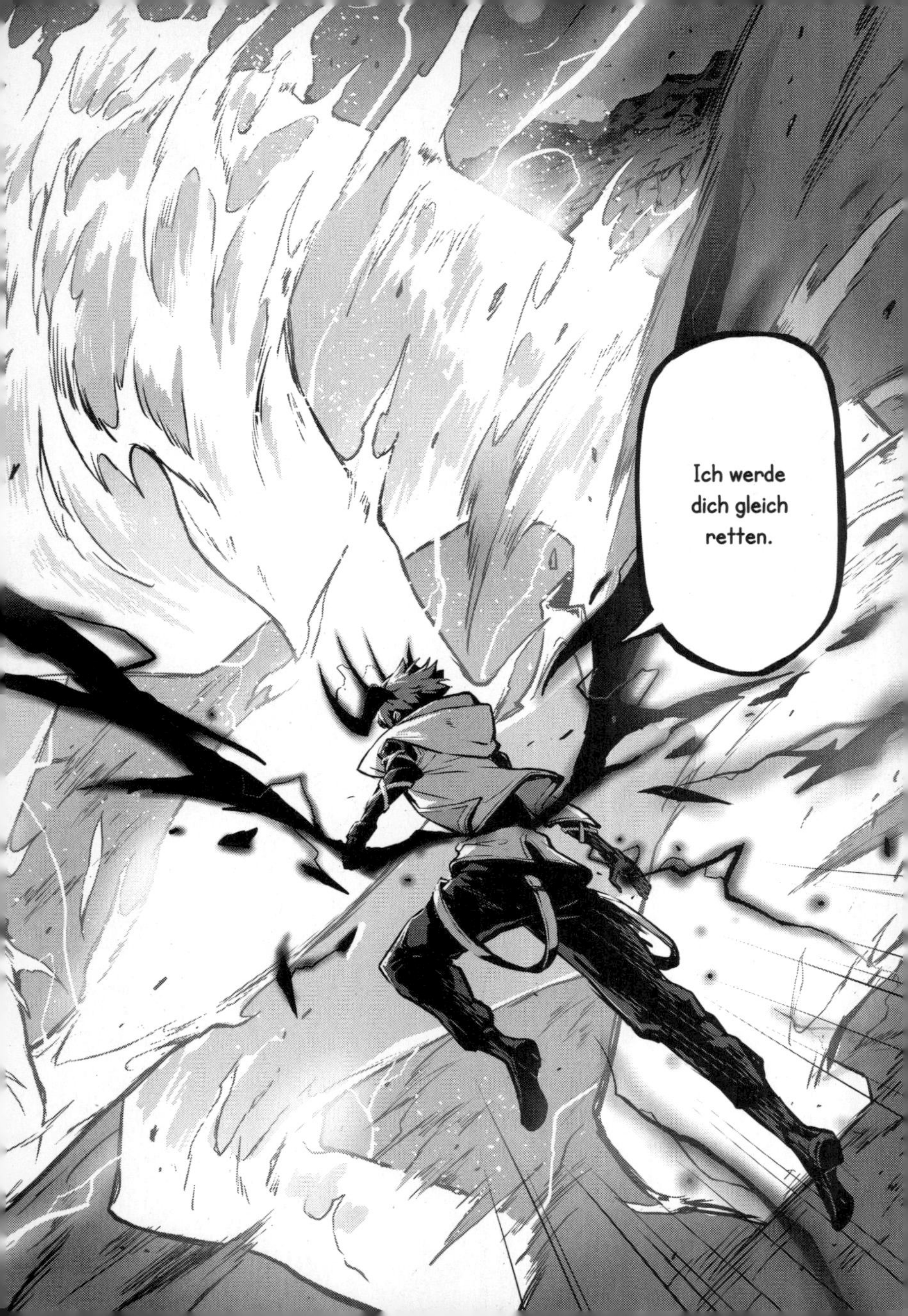
Ich werde dich gleich retten.

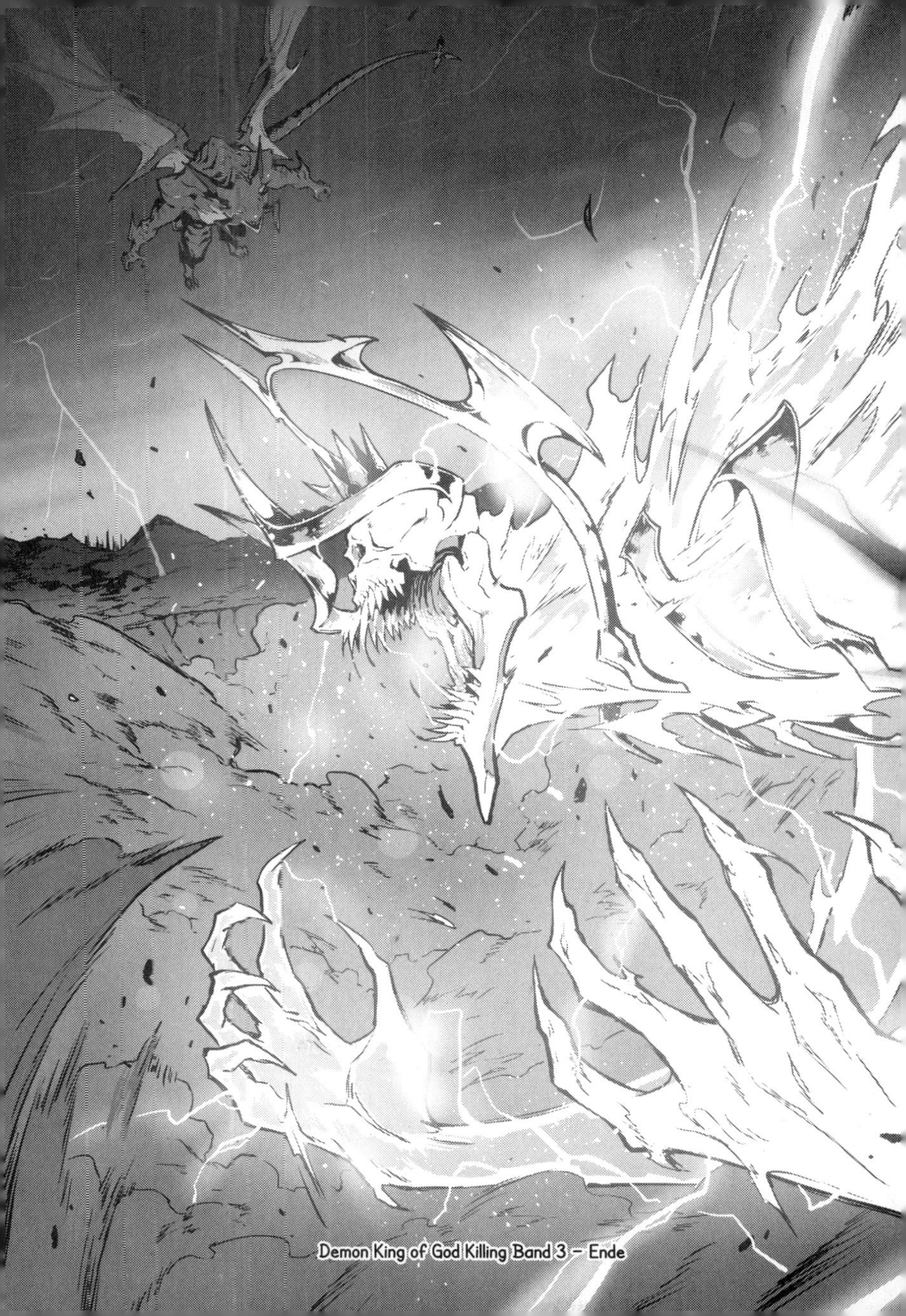
Demon King of God Killing Band 3 – Ende

Bisher unveröffentlichte Kurzgeschichte

Yolm und Sirene

Ezogingitune

Das Folgende ereignete sich an dem Tag, an dem Hairam und Yolm in die königliche Hauptstadt kamen und zum ersten Mal Sirene trafen. Als Hairam und Lumiel Sirenes Zimmer verließen, um zu Abend zu essen, blieb Yolm mit ihr zurück.

„Fhhh…"

Sirene ist eingeschlafen und atmet leise. Ihr kleiner Körper war von Gift, Flüchen und diversen anderen bösen Zaubern zerfressen worden. Aber während er so tat, als würde er das Zimmer untersuchen, hatte Hairam sie von all dem befreit. Und so ist es für Sirene der erste erholsame Schlaf seit Langem.

„Wahrscheinlich ist es das erste Mal seit vielen Jahren, dass sie schlafen kann, ohne von irgendetwas gequält zu werden.", murmelt Yolm und streicht mit der Nasenspitze sanft über Sirenes schlafendes Haupt.

„Für einen alten Drachen wie mich sind viele Jahre ja nicht mehr als ein kurzer Augenblick…"

Aber für Sirene ist es gleichbedeutend mit dem Großteil ihres bisherigen Lebens. Die meiste Zeit davon wurde sie von Kopfschmerzen, Bauchschmerzen, Übelkeit, Fieber, Unwohlsein und Lethargie geplagt.

Und nicht nur das: Hinzu kamen sicher noch schmerzende Gliedmaßen, Schwindel, Taubheit, Atemnot, Herzklopfen, Mundgeschwüre und so weiter und so fort. Bestimmt wurde sie auch noch von anderen körperlichen Beschwerden geplagt und konnte nie ruhig und behaglich schlafen, sondern immer nur kurze, immer wieder unterbrochene Nickerchen halten.

Bei diesen Gedanken überkommt Yolm heftiges Mitleid mit Sirene.

„Hmmm…"

Yolm stellt sich vor, wie es wäre, wenn er permanent von solchen Symptomen heimgesucht würde. Er weiß, wie herrlich es ist zu schlafen, und kann sich ausmalen, wie qualvoll es wäre, wenn ihm das verwehrt würde. Aber wie es sich anfühlt, wenn es einem nicht gut geht, kann er nicht nachvollziehen.

„Keine Ahnung, wie das ist."

Denn als äußerst zäher alter Drache war er noch nie krank.

„Haben Sirenes Fußsohlen vielleicht gejuckt oder so?"

Als Yolm seinen Zweitnamen „Drache der sengenden Flammen" erhielt, hatte er sich ein Kräftemessen mit zwei der mächtigsten alten Drachen geliefert. Und beim Kampf gegen den ersten hatte ihn die scharfe Kralle des Gegners kurz an der rechten Fußsohle erwischt. Natürlich hatte Yolm ihn sofort mit dem linken Fuß weggestoßen, mit einer heftigen Attacke nachgesetzt und den Kampf gewonnen. Aber danach hatte seine Fußsohle tagelang gejuckt.

„Juckende Fußsohlen sind wirklich übel!"

Dazu kommt, dass Yolm einer der stärksten alten Drachen ist und bisher kaum einen Kampf verloren hat. Die Schlappe gegen Hairam war seine erste Niederlage, denn der Wettkampf gegen seinen Vater Yolmgand war kein echter Kampf gewesen. Deshalb zählt er diese Niederlage nicht mit.

„Oder ist es vielleicht so wie damals, als ich verletzt war?"

Beim Kampf gegen den zweiten alten Drachen, bei dem Yolm schließlich seinen Zweitnamen „Drache der sengenden Flammen" erhielt, war er leicht verletzt worden. Sein Gegner hatte ihn in den Hals gebissen, wobei sich einige Schuppen gelöst hatten, sodass er blutete. Und das hatte wehgetan. Natürlich hatte Yolm sofort einen wilden Feuerstrahl gespien, dem Gegner die Schuppen versengt und ihn vermöbelt. Übrigens war sein damaliger Feuerstrahl selbst für die Verhältnisse alter Drachen derart heiß und außergewöhnlich, dass man beschloss, ihm den Zweitnamen „Drache der sengenden Flammen" zu geben.

„Aber die Attacke seiner Majestät war schmerzhafter."

Yolm hatte Hairam mit voller Kraft angegriffen, doch der hatte sämtliche Attacken pariert und ihn mit der Faust geschlagen. Nicht einmal sein sengender Flammenodem, auf den er so stolz war, hatte funktioniert. Obwohl Hairam ihn mit bloßen Händen schlug, tat es wahnsinnig weh. Danach hatte Hairam ihn weggeschleudert und mit Gravitationsmagie niedergedrückt – und die war wirklich scheußlich. Wie sehr er sich auch mühte und wand, er hatte sich weder befreien noch atmen können. Zwar sterben alte Drachen auch dann nicht, wenn ihr Atem stillsteht, aber es hatte gereicht, um Yolm dazu zu bringen, seine Niederlage einzugestehen.

„Ah! So wie ich mich damals gefühlt habe, als ich von der Schwerkraft niedergedrückt wurde, so fühlen sich wahrscheinlich auch Kopfschmerzen an."
Überzeugt, dass dem so ist, wedelt Yolm leicht mit dem Schwanz. In Wahrheit ist es natürlich ganz anders. Aber da Yolm noch nie Kopfschmerzen hatte, kann er das nicht wissen. Was dem Leiden unter Gravitationsmagie am nächsten kommt, ist der Druck, den man spürt, wenn etwas Schweres auf einem draufliegt – nicht Kopfschmerzen. Und da man, wenn man von Gravitationsmagie getroffen wird, nicht mehr atmen kann, ähnelt es eher dem Gefühl zu ersticken. Aber mit solchen Details hält Yolm sich nicht auf.
„Sie ist noch so klein und hat schon so viel durchgemacht", sagt Yolm und streicht mit dem Schwanz sanft über Sirenes schlafendes Haupt.
Yolm mag Kinder nämlich sehr. Und zwar nicht nur Elfenkinder wie Sirene, sondern alle Kinder, seien sie nun von Menschen, Dämonen, Tiermenschen oder was auch immer.
So wie Menschen, die Katzen mögen, sich nicht um die Rasse scheren, sondern alle Katzenbabys lieben, findet Yolm jedes Kind goldig, ganz egal, welcher Rasse es angehört.
„Wie klein und schützenswert die sind."
Yolm stupst mit der Fingerspitze leicht in Sirenes Wange.

Natürlich lässt er dabei äußerste Vorsicht walten, damit seine scharfe Kralle sie nicht verletzt.
„Hi hi..."
Yolm schmiegt sich vorsichtig an die schlafende Sirene, die ihn ohne aufzuwachen sogleich in ihre Arme schließt und fest drückt. Wer weiß, vielleicht hält sie ihn für ein Kuscheltier oder etwas in der Art. Und da Yolm auch ein wenig dösig ist, bleibt er still liegen und passt seinen Atem dem von Sirene an, um ihren Schlaf nicht zu unterbrechen.
Das Bett ist so kuschelig weich, dass Yolm schnell wegdämmert, als er plötzlich außerhalb des Zimmers ein Rascheln vernimmt, das immer lauter wird. Es sind die Schurken, die Lumiels und Hairams Abwesenheit nutzen wollen, um ins Zimmer einzudringen und Sirene als Geisel zu nehmen.
Hairam hatte das Zimmer mit diversen Abwehrzaubern belegt, um ein Eindringen der Feinde und eventuelle magische Attacken zu verhindern. Aber einen Schallschutzzauber hat er nicht angewandt, damit Yolm weiterhin mitkriegt, was draußen vor sich geht.
„Hm? Wer ist das?"
Von dem Krach wacht auch Sirene auf.
„Keine Angst, Sirene. Wahrscheinlich repariert da gerade jemand die Wand oder so."
Sanft versucht er, Sirene zu beruhigen.

„Ach so. Ja. Reparaturen sind wichtig."
„Pass auf, gleich ist es wieder still... okay?"
Während Yolm mit Sirene spricht, belegt er das Zimmerinnere mit einem Schallschutzzauber. Und schon verstummt der Krach.
Natürlich hatte er den Zauber so modifiziert, dass er selbst weiterhin alle Geräusche von draußen hören konnte. Es war ein äußerst raffinierter Zauber, aber für einen alten Drachen wie Yolm das reinste Kinderspiel.
„Du hast recht. Es ist wirklich wieder still."
„Ja. Und nur schlaf weiter, Sirene."
„Ähehe. Das Bett ist so schön warm."
Sirene hat sich erneut ins Bett gekuschelt.
Du hast recht, es ist wirklich gemütlich.
Innerhalb kurzer Zeit ist Sirene wieder eingeschlafen und Yolm hört sie ruhig atmen. Offenbar ist ihr Körper völlig erschöpft.
„Schlaf gut", murmelt Yolm leise und legt vorsichtig seine Nasenspitze auf Sirenes Hand. Nun wird auch er schläfrig, und ehe er sich's versieht, ist er eingeschlafen.

Ende

DEMON
KING OF GOD
KILLING

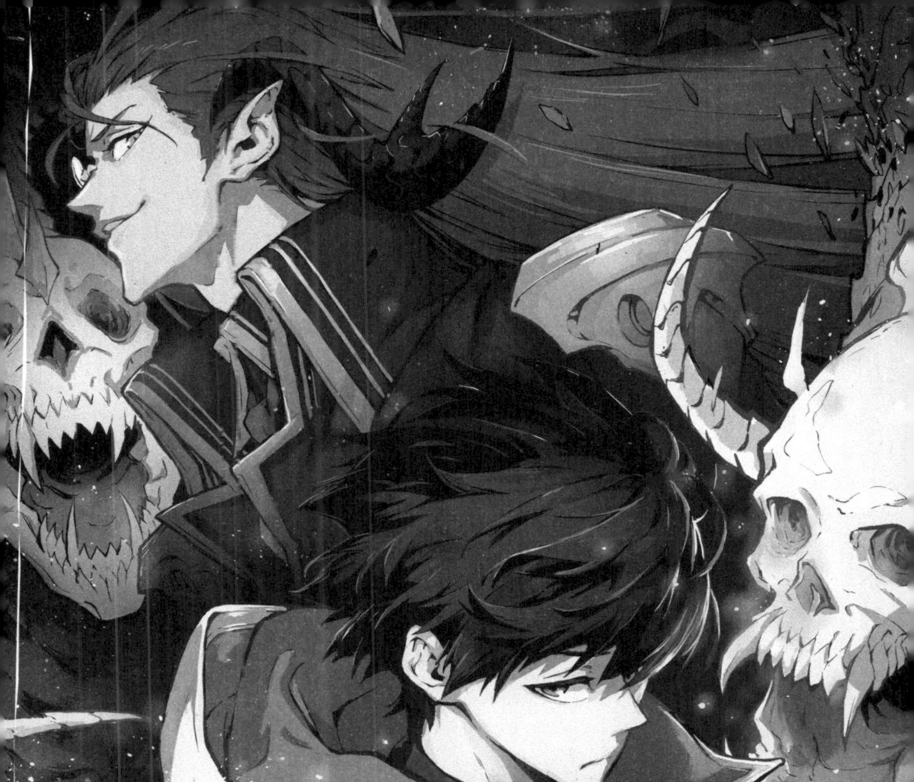

Nachwort vom Autor der Originalstory

Vielen Dank, dass ihr Band 3 gelesen habt. Ich bin Ezogingitune. In diesem Band geht es unter anderem um den Kampf gegen ein hohes Stabsmitglied der Armee der derzeitigen Dämonenkönigin. 500 Jahre zuvor war Hairam der Mächtigste und mit Abstand der Stärkste der Dämonen gewesen. Aber die Dämonen waren in den 500 Jahren alles andere als untätig. Sie haben ihre Kräfte und Techniken verbessert und sind viel stärker geworden.

Ein herzliches Dankeschön an PIG3rd für die stets überragende zeichnerische Umsetzung der Story. Ich bin überglücklich, dass der Hairam der Manga-Version so cool geworden ist. Und ich finde auch Band 3 wieder äußerst gelungen.

Vielen herzlichen Dank!

Ezogingitune

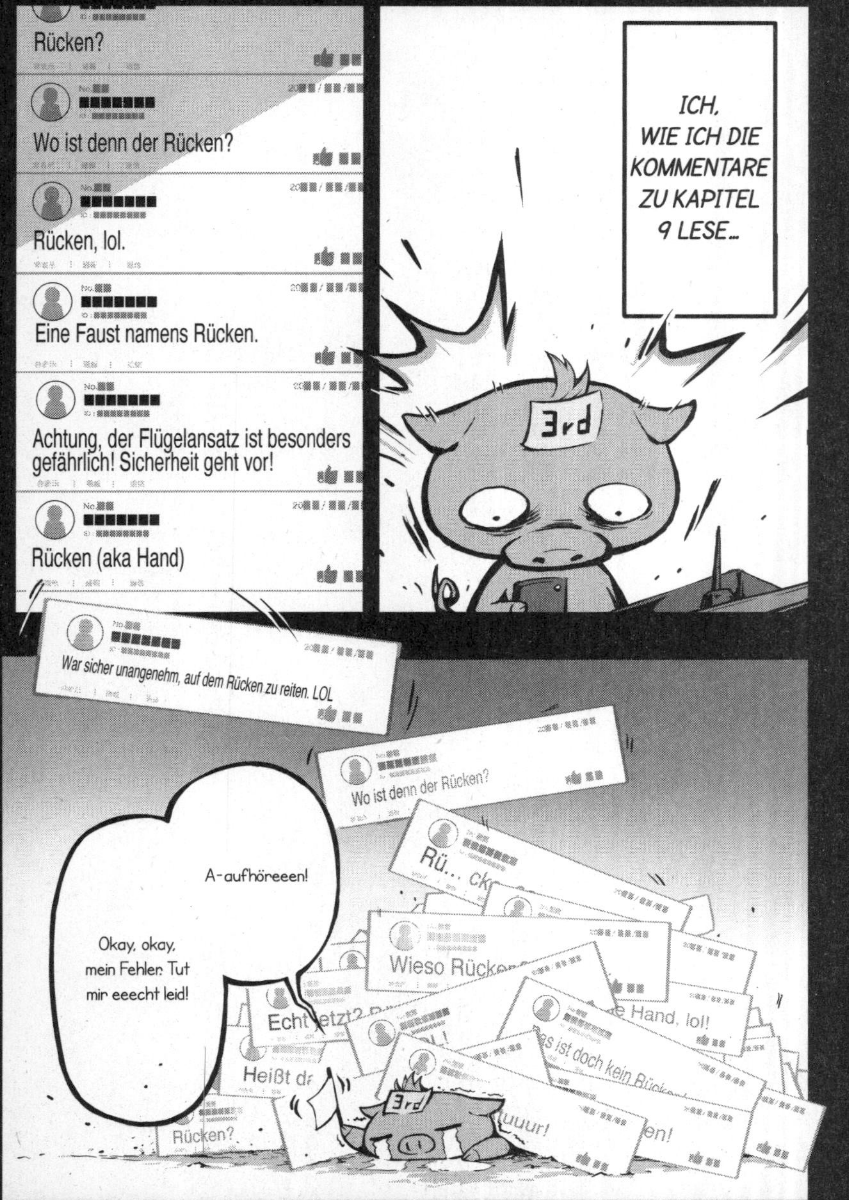

* Liebe Leser! Vielen Dank für eure Kommentare!

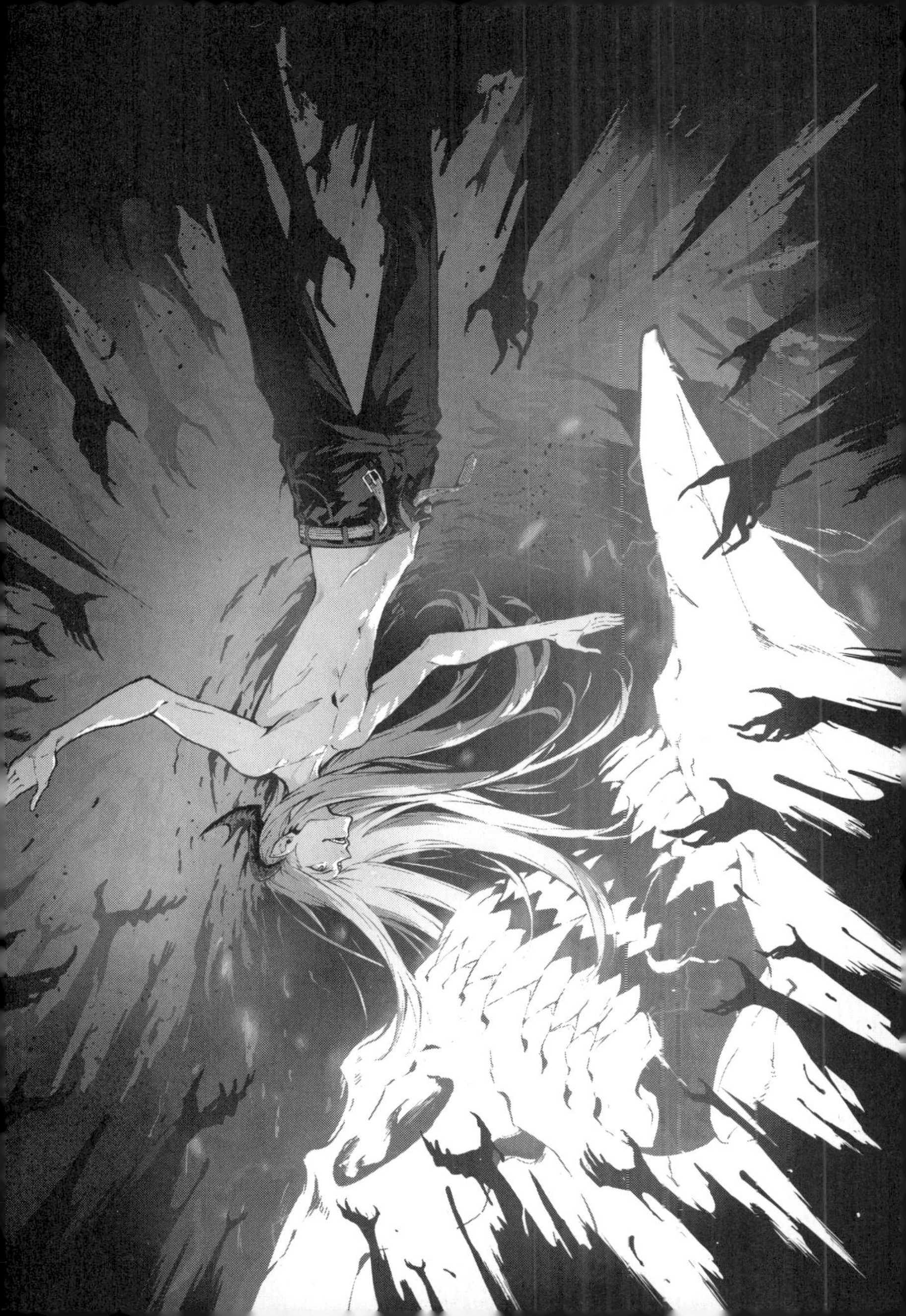

Hairam
(nach seiner
Reinkarnation)

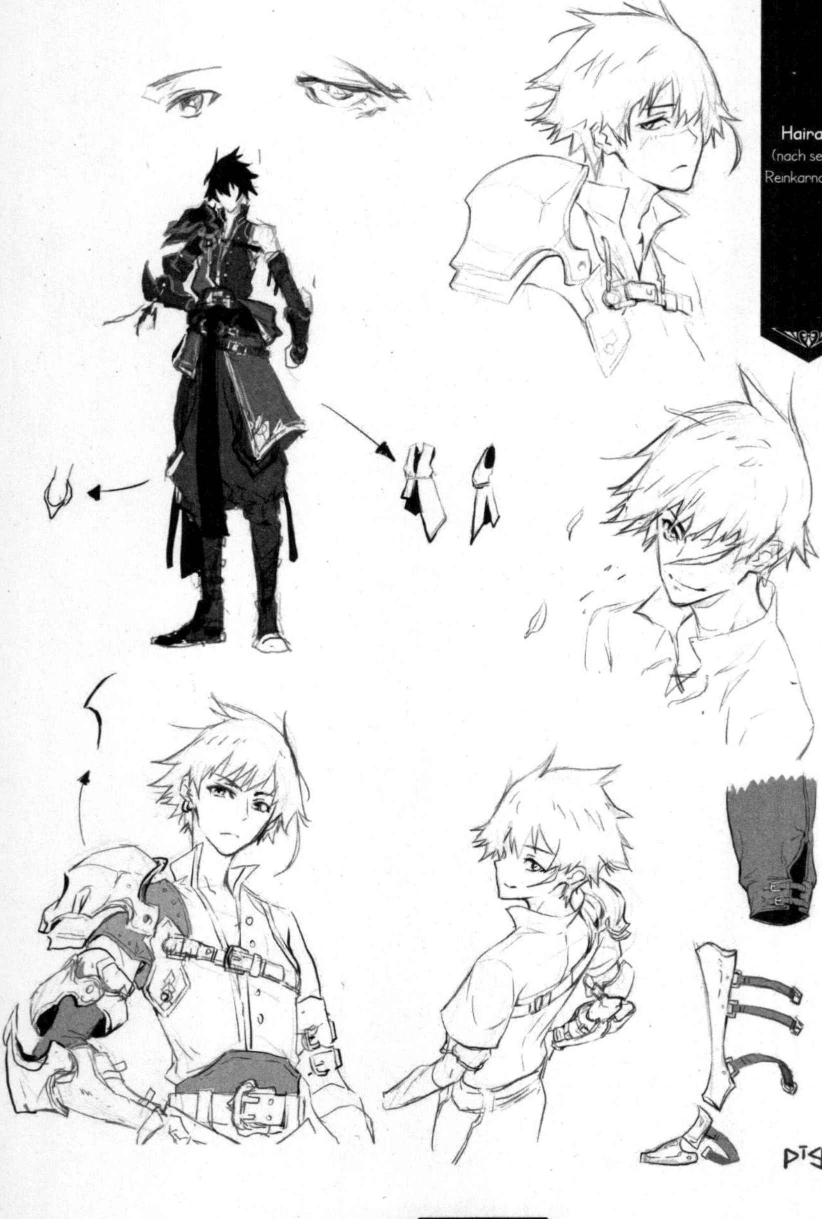

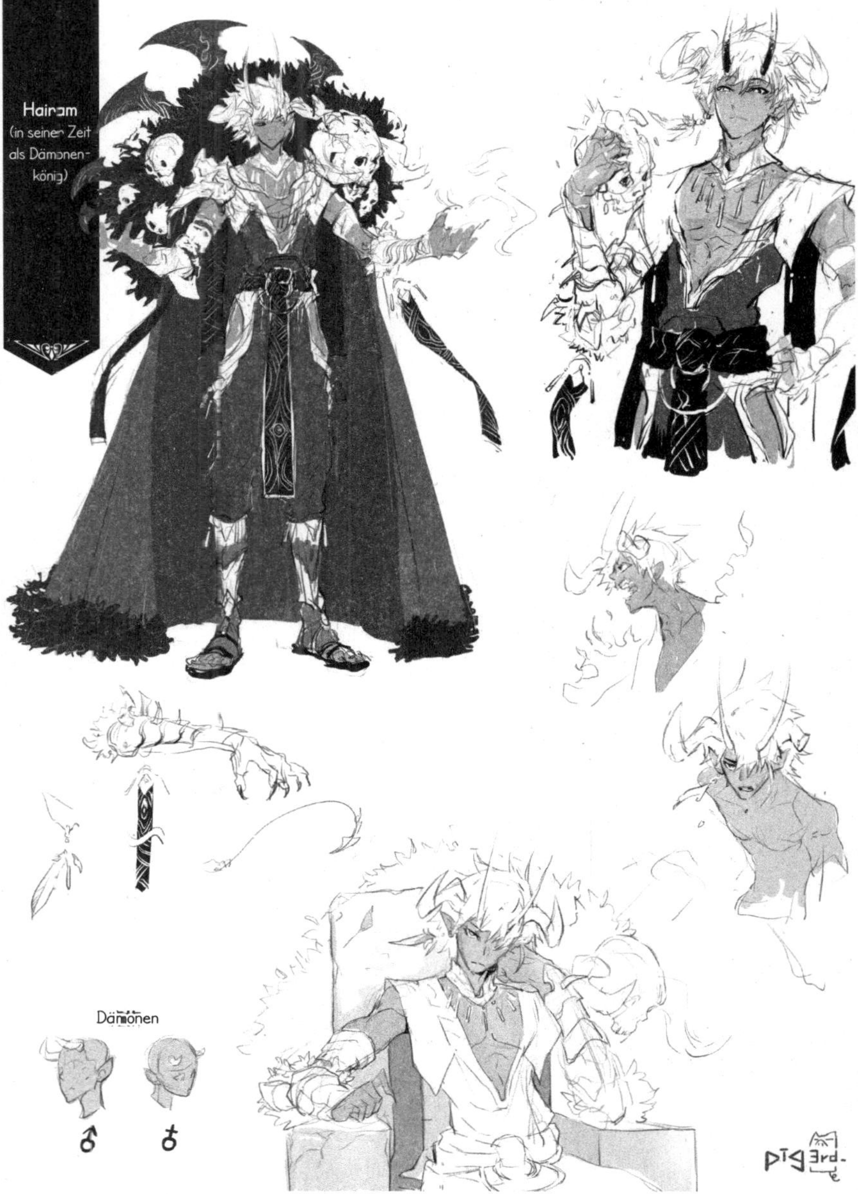
Hairam
(in seiner Zeit
als Dämonen-
könig)
Dämonen
♂
♀
pig 3rd

Yolm

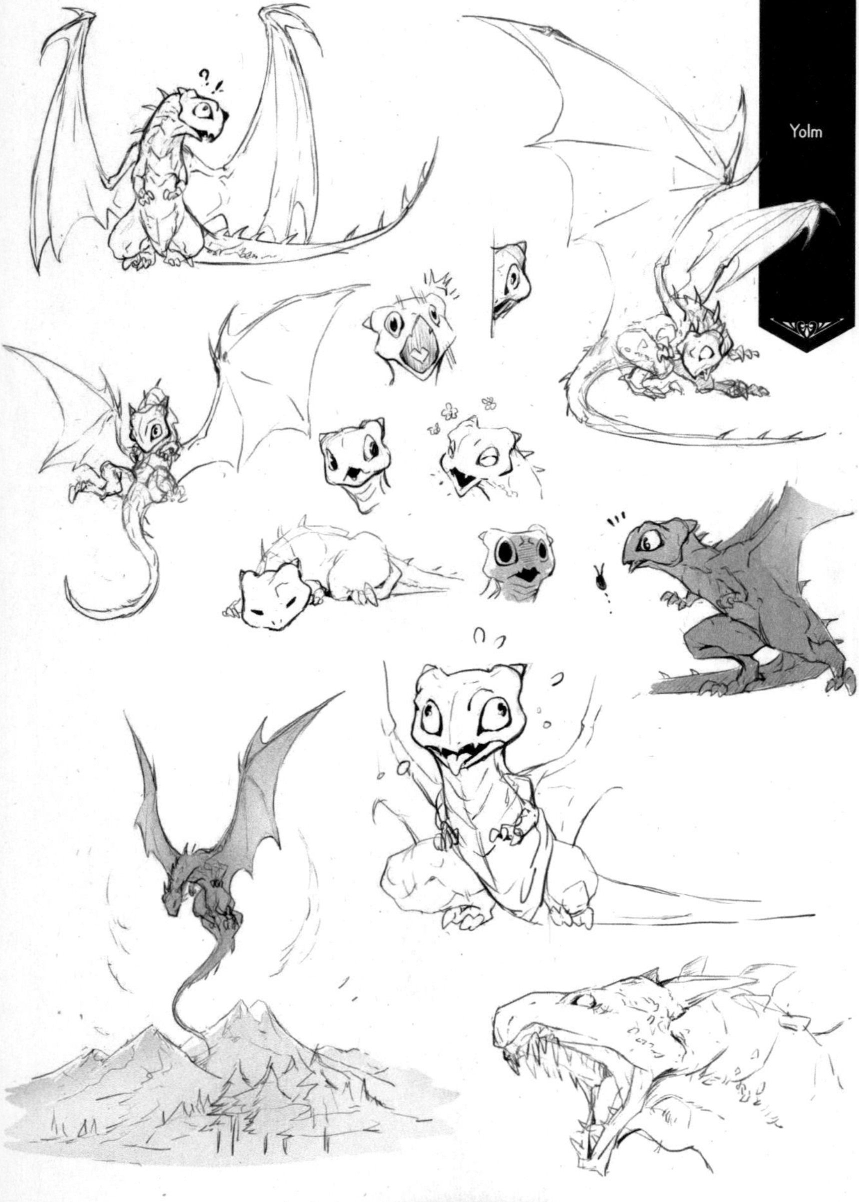

Filfi

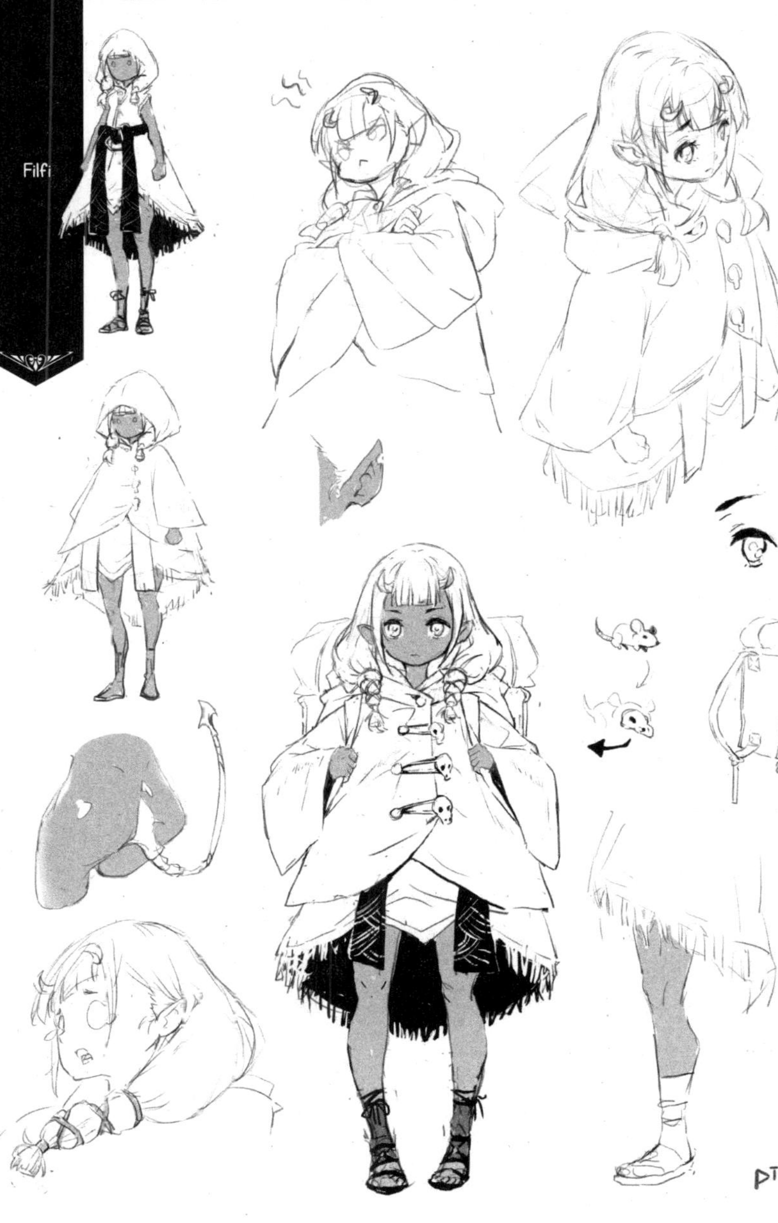

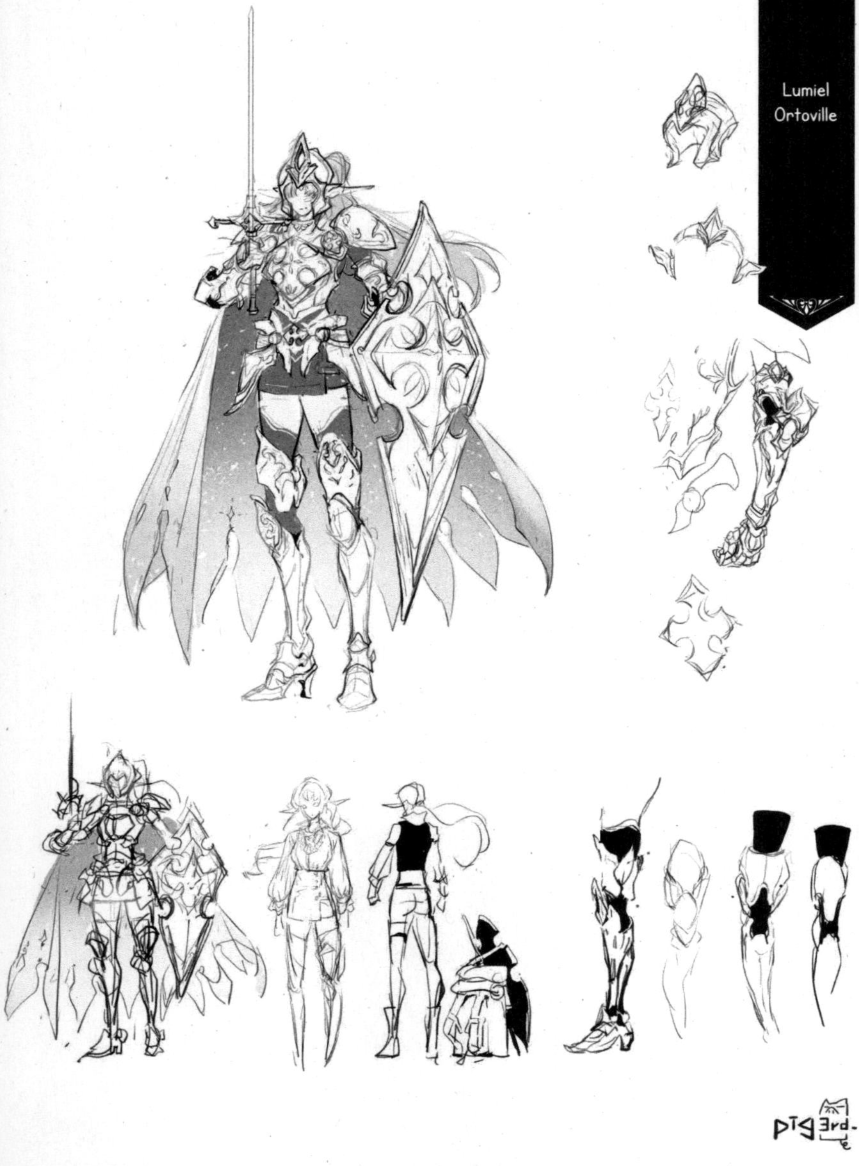

Lumiel
Ortoville

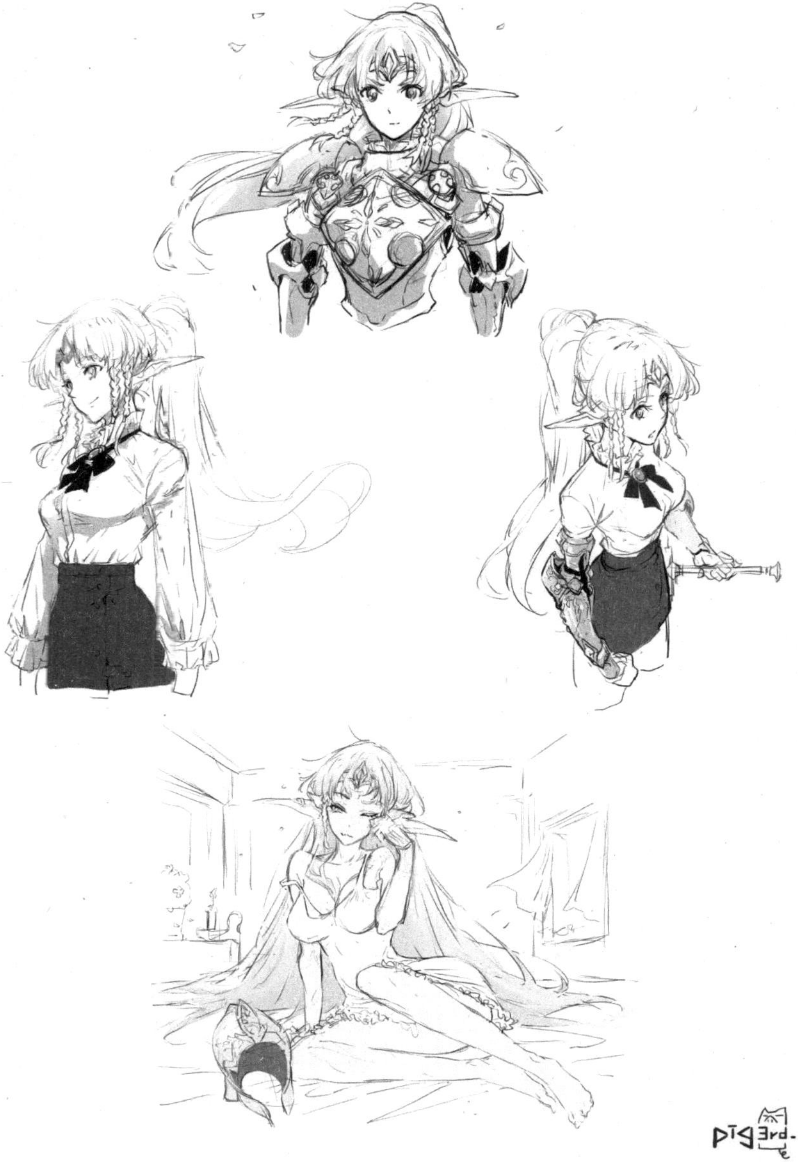

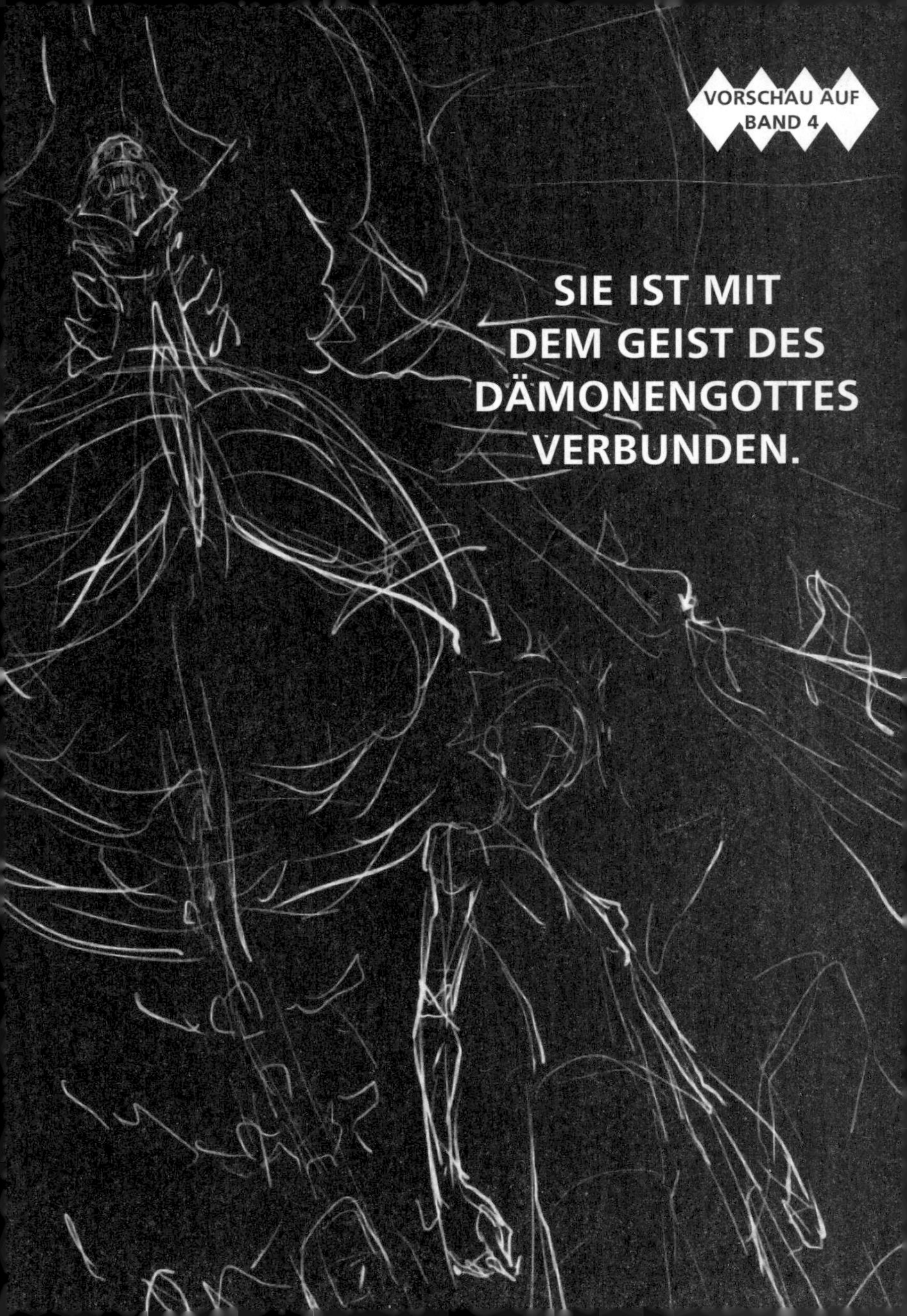
VORSCHAU AUF BAND 4
SIE IST MIT DEM GEIST DES DÄMONENGOTTES VERBUNDEN.

DER EHEMALIGE DÄMONENKÖNIG ZEIGT, WIE HARTNÄCKIG ER SEIN KANN. WIRD SEINE LIEBE ZU IHR DURCHDRINGEN?

DEMON KING OF GOD KILLING

FORTSETZUNG IN BAND 4!

SUTOPPU!

Koko wa kono manga no owari dayo.
Hantaigawa kara yomihajimete ne!
Dewa omatase shimashita!
Tanoshii hitotoki wo dozo!

Egmont-Manga-Chiimu

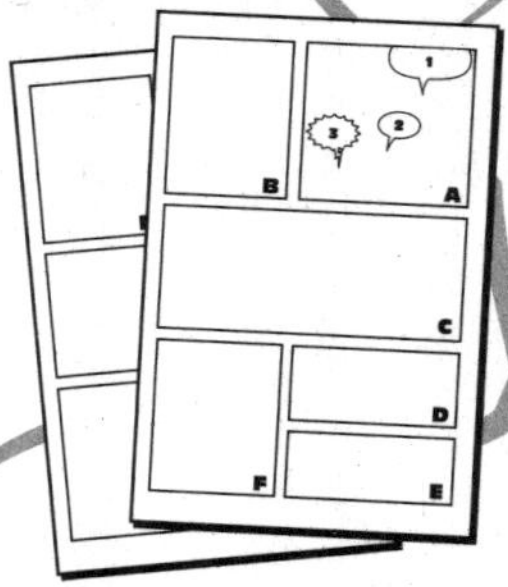

STOPP!

Das ist der Schluss des Mangas.
Fangt bitte am anderen Ende an!
Und nun genug der Vorrede,
viel Spaß beim Lesen!

Euer Egmont-Manga-Team

www.egmont-manga.de
Unsere Bücher findest du im
Buch- und Fachhandel und auf

EGMONT Shop
www.egmont-shop.de

„Demon King of God Killing 03" von Ezogingitune und PIG3rd
Aus dem Japanischen von Claudia Peter
Originaltitel: „Kamigoroshi no Maou, Saijyaku-Shuzoku ni Tensei shi Shijosaikyo ni naru" vol. 03

Originalausgabe:
KAMIGOROSHI NO MAOU, SAIJYAKU-SHUZOKU NI TENSEI SHI SHIJOSAIKYO NI NARU vol. 03

verlegt durch Egmont Verlagsgesellschaften mbH,
Ritterstraße 26, 10969 Berlin

1. Auflage 2024
Verantwortliche Redakteurin: Luisa Steinhäuser
Korrektorat: Madlen Beret
Gestaltung: Laura Bartels
Koordination: Angelika Schönhuber
Printed in the EU
ISBN 978-3-7555-0196-1

story house
EGMONT